国家自然科学基金项目：平台视域下网络公益异化的生成逻辑、影响效果及生态治
公众参与社会化公益价值共创行为的形成机制（项目号：71
江西省管理科学项目：健全科普领域舆情风险防控与处理机制研究（项目

# 连接的力量

## 基于过程视角的
## 网络公益平台用户连接行为研究

王 敏　侯俊东 ◎ 著

经济管理出版社

ECONOMY & MANAGEMENT PUBLISHING HOUSE

**图书在版编目（CIP）数据**

连接的力量：基于过程视角的网络公益平台用户连接行为研究 ／ 王敏，侯俊东著. -- 北京：经济管理出版社，2024. -- ISBN 978-7-5243-0181-3

Ⅰ . C913.7；TP393.4

中国国家版本馆 CIP 数据核字第 20257QV880 号

组稿编辑：张馨予
责任编辑：张馨予
责任印制：许　艳
责任校对：陈　颖

出版发行：经济管理出版社
　　　　　（北京市海淀区北蜂窝 8 号中雅大厦 A 座 11 层　100038）
网　　址：www. E-mp. com. cn
电　　话：(010) 51915602
印　　刷：唐山玺诚印务有限公司
经　　销：新华书店
开　　本：720mm×1000mm/16
印　　张：13.75
字　　数：255 千字
版　　次：2025 年 4 月第 1 版　　2025 年 4 月第 1 次印刷
书　　号：ISBN 978-7-5243-0181-3
定　　价：98.00 元

# 前　言

在互联网时代，网络思维塑造的平台经济正在改变公益慈善领域。互联网以其高效、便捷、透明、高科技等特点，以及在连接用户、动员公益参与方面的天然优势，实现公益资源的合理配置，高效解决公益难题，使得网络公益平台逐渐发展成为低门槛、透明化、方便快捷且高效互动的公益"聚宝盆"，致使慈善公益事业的价值创造模式由传统的捐赠者单方价值输出逐渐转换为网络化的多元主体参与的价值共创，所以，"人人公益""指尖公益""平民公益"成为发展趋势。但随着时间的推移，社会大众越来越不愿意接触公益平台及项目，公益平台及项目也越来越难聚集人气和资源，究其原因是网络公益平台引流出现了问题，即用户连接行为有待强化。

在万物互联的环境中，用户与公益平台、公益项目、其他用户之间的连接是公益价值共创的第一步，其重要性不言而喻。现有文献一致赞同用户连接行为的积极作用，但其路径过程及内在机制尚缺乏相关研究，这导致用户连接行为的路径过程依然是一个未能打开的"黑箱"，严重阻碍了平台发展和价值创造。慈善公益领域的用户连接行为通过用户与平台、用户与项目、用户与用户的精确连接提高了用户的自我效能和能动性，有利于公益资源的引流和积聚，对公益生态的育成具有重要影响，但其路径过程及内在机制并未得到解答。然而，网络公益平台用户连接行为不但带有利他性，其路径过程还受到用户心理变化的影响，并伴随着公益价值共创的实现，是极具动态复杂性的多阶段过程，需通过系统性的研究才能解构。对此，本书将研究问题分解为四个子问题，按照"是什么—为什么—如何—如何更好"的逻辑思路，基于多阶段的分析框架，分别探讨网络公益平台用户连接行为的理论逻辑（路径演进的过程划分及其中的影响因素），以及三个子阶段中用户连接行为的内在机制。

首先，阐释了网络公益平台用户连接行为的理论逻辑。基于关系、交互、过程和方式的整合视角，提出网络公益平台用户连接行为指的是公益资源的供应方访问、关注、浏览、登录或点击各慈善基金会、非营利组织和企业通过互联网设立的 PC 端网站、移动客户端 APP、小程序、链接等，以及包含的一系列心理决策活动。根据扎根理论分析结果，从价值共创的过程视角，基于多阶段分析框架，将网络公益平台用户连接行为路径划分为吸引注意、引起兴趣、价值转化和传播分享四个子阶段，并识别出影响用户连接行为的主要因素，包括主观方面的个体特征、公益素养、感知价值、感知认同、情绪情感因素，以及客观方面的平台因素、项目因素、社会影响和情境因素。

其次，解读了吸引阶段网络公益平台用户连接行为的驱动机制。基于 SOR（Stimulus-Organism-Response Model，SOR），引入社会认同理论和情绪感染理论，通过结构方程模型解读了感知价值和情绪唤醒在社会影响作用于用户—平台连接行为中的双重中介效应，且感知价值的影响程度大于情绪唤醒。证实了项目认同和共情唤起在项目的信息呈现影响用户—项目连接行为中的双重中介作用，且共情唤起的作用大于项目认同。社会影响因素中，公益氛围的刺激作用大于口碑推荐和信息触达。信息呈现因素中，受益人线索的刺激作用大于视觉吸引力和目标可实现。并且，人工神经网络模型验证了结构方程模型分析结果的稳健性。

再次，揭示了转化阶段网络公益平台用户转发链接的组态效应机制。通过 LDA（Latent Dirichlet Allocation，LDA）模型对爬取的 2511 条网络公益平台用户在线评论数据进行主题挖掘，得到影响网络公益平台用户转发选择的六个潜在要素：利他主义、感知有用性、商业元素、可信度、影响力和社交需要。通过 NCA 分析发现，单个影响要素并非致使用户选择转发的必要条件，提高公益项目的可信度对促进用户选择转发策略发挥着更普适的作用。基于复杂理论，通过模糊集定性比较分析法（fuzzy-set Qualitative Comparative Analysis，fsQCA）发现了激发网络公益平台用户贡献其可操作性关系资源（即选择转发公益项目）的三种条件组态——利他型、利己型、双生型和致使用户选择是否转发公益项目的两条组态。

最后，解构了分享阶段公益项目的转发方式对用户点击意愿的影响机制。通过社交网络平台转发项目链接已成为慈善公益获取社交平台用户资源的主要渠道，因此提高潜在捐赠者对项目链接的点击意愿是扩大连接范围、促进用户连接行为的重要议题。基于价值共创理论、社会认同理论和社会交换理论，通过四个情境模拟实验证实了公益项目链接的不同转发方式对用户点击意愿的正向影响存在差异。一是私发方式的影响最大，二是群发，三是圈发。且感知被需要和感知关系压力在其中发挥了双重中介作用。

　　综上所述，本书摒弃了将用户连接行为看作一瞬间操作的观念，充分考虑其路径演进过程中产生的一系列心理活动，从价值共创的过程视角，将网络公益平台用户连接行为路径划分为吸引、转化和分享三个阶段，较完整地描述了网络公益平台用户连接行为由平台连接用户到公益项目自传播连接社交平台用户的多阶段演进过程，并揭示了其中的内在机制，针对网络公益平台提出了促进用户连接的对策建议。本书不仅拓展了用户连接行为在公益领域的研究、弥补了用户连接行为在影响机制方面的研究不足，还为网络公益平台及项目吸纳用户资源、公益价值共创聚集人气提供了指导。

# 目　　录

# 第一章　引言

## 第一节　研究背景与问题

随着互联网、大数据、人工智能在社会发展中的逐步渗透，人类迈入了平台经济时代。作为平台经济的主角，网络平台创造了双方或多方平台参与者交互沟通的虚拟空间，在行业中以连接者、协调者的身份形成了平台生态系统，借助不断扩大的网络效应促进系统内各方的价值增长和共创，成为互联网背景下管理创新和商业模式创新的主要形式。依托网络平台生存的企业发展迅速，如阿里巴巴、腾讯、京东、字节跳动等，为国民经济做出了巨大贡献。根据2020年《中国互联网发展状况统计报告》，截至2020年，我国平台经济总体规模已位居全球第二，网络平台成为国民经济增长新动能、现代化经济体系建设的有效推动力。在此背景下，学者们掀起了网络平台的研究热潮，对平台企业的作用后果、影响因素、机制、路径、战略、模式、价值共创等展开了一系列研究，获得了丰富的研究成果。

在互联网时代，网络思维正在塑造全新的公益慈善领域。互联网以其高效、便捷、透明、科技等特点，以及在连接用户、动员公益参与方面的天然优势，有效实现资源合理配置，高效解决公益难题，以科技连通信任，以产业模式带动公益事业发展，促使互联网公益平台逐步发展成为低门槛、透明化、方便快捷且高效互动的公益"聚宝盆"，并成为公益慈善事业发展的主要方向和特征。在数字技术的支持下，网络公益平台成为人们参与公益的重要载体，也是以数字为媒的重要体现，本质在于通过重塑社会连接方式进一步扩大公益的内涵。网络公益平台一方面通过科技配置资源，极大地整合了社会公益资源，实现公益问题的高效解决；另一方面通过科技连接信任，有效提升用户参与公益的主动性，进一步扩大网络虚拟效应，使得公益事业加速升级，逐步实现大众化、开放化和高效化。作为一种具备连接性、开放性与公共性的"中介力量"，网络公益平台吸引了越来越多的个体通过网络连接公益事业，将原来由少数企业、团体或个人参与的公益活动，变成人人可参与的全民运动，"指尖公益""平民公益"逐渐成为一种生活常态。可见，网络公益平台已被网民认可，成为人们参与慈善公益事业的一个重要渠道。

以习近平同志为核心的党中央大力推动我国慈善公益的有序发展。在国家政策方针的指引以及移动互联网技术的推动下，我国慈善公益事业的价值创造模式发生了巨大变化，由传统的捐赠者单方价值输出逐渐转换为网络化的多元主体参与价值共创，使得"人人公益"成为现实。网络公益价值共创模式吸纳了一切可能的操作性公益资源，以互联互动互助互惠的方式营造慈善公益多维生态，如微信运动捐步、"蚂蚁森林"云种树、淘宝公益宝贝等。并将公益参与融入运动、游戏、购物等日常生活场景，以连接、互动、共创的方式吸纳更多人参与。数字技术赋予互联网平台连接供需用户的能力，打破了信息不对称，平台自带的网络效应促进了价值共创的实现，使得网络平台成为价值创造的新架构。因此，公益平台与价值共创相辅相成。在网络公益平台生态圈中，不同公益主体发挥各自优势，实现资金、项目、信息、用户等各类资源的连接、交换与整合，改变了传统公益模式中单向、线性的运作模式，在多边互连互动机制的基础上共同创造公益价值。

作为新时代公益事业发展的显著特征，网络公益平台通过连接公益资源的供需双方，打破了传统公益的壁垒，实现了多地、多主体、多点、多面、多形式的连通，为公众在线参与公益提供了方便、快捷、可靠的途径，将公益事业转变为社会大众的公益，通过大众力量的集结而迸发出巨大能量，为公益资源的引流和公益价值的共创发挥了积极作用。例如，联合多方开展的"99公益日"、蚂蚁森林、轻松筹、米公益等网络公益项目，在刚面世时得到了网民的广泛关注与支持，公益价值共创顺利实现。但随着时间的推移，公众越来越不愿意接触平台、参与捐助、分享公益项目，公益平台及项目越来越难以聚集人气和资源，究其原因是网络公益平台引流出现了问题，即用户连接行为需要强化。有学者指出平台中创造价值的不同主体间存在互动便构成了连接关系。由此可知，在价值共创过程中，连接与互动一样是极其重要的环节，是聚集平台用户数量、促进用户参与、提升平台发展的基本前提。因此，从公益价值共创的角度而言，有必要展开对网络公益平台用户连接行为的研究。

Web 2.0 时代的学术界和实务界并存着"内容为王"和"关系为王"两种声音，这表明在注重信息传播的内容质量时，还应重视用户连接行为的重要性。互联网具有的便捷、透明、连接社会信任等优势激发了网民参与公益的热情，致使"互联网+公益"模式自出现就受到了社会大众的热捧，人们纷纷通过登录、点击、关注、浏览等方式与网络公益平台创建连接，由此实现与公益项目、其他用户的连接，促进公益的传播与价值共创。2022 年，阿里巴巴公益平台用户在"95 公益周"的参与人次达 7.8 亿人次[①]，腾讯公益平台策划的"一花一梦想"在"99 公益日"期间吸引了近 6000 万人次参与，这表明依托网络公益平台的用户连接生态逐渐形成。然而，用户连接不畅导致慈善公益组织与公益资源供给者之间"你找不到我、我看不到你"的尴尬局面依然存在，用户连接失效导致引流失败的公益项目不在少数，这严重阻碍了公益事业的发展和共同富裕的推进。为此，从公益事业发展的角度而言，通过剖析网络公益平台用户连接行为过程及内在机制获得促进用户连接的有效策略，是各网络公益平台及慈善组织顺利、高效地吸纳用户资源所亟须解决的问题。

在万物互联的环境下，用户与公益平台、公益项目、其他用户间的连接是公益价值共创的前提，在公益资源的积累和配置中发挥着重要作用。现有文献一致赞同用户连接行为的积极作用，认为用户连接是用户获取的一种方式，是平台积累流量的第一步，有助于社会资本的吸纳，"红利"是价值共创，但研究其路径及内在机制的成果较缺乏，导致用户连接行为的路径过程依然是一个未能打开的"黑箱"，严重阻碍了平台的发展。慈善公益领域的连接行为通过人与平台、人与项目的精确连接提高用户的自我效能感和能动性，有利于公益资源的供应，对互联互惠互助公益生态的育成具有重要影响，却并未引起学者们的足够重视。此外，研究已证实商业和信息领域中用户连接行为的产生受到用户内在因素（如自我实现需要和社交需要、个人兴趣与信息需求等）和外在因素（如价值增值、

---

① 央广网 https：//baijiahao. baidu. com/s? id = 1742759304538412873&wfr = spider&for = pc 证券时报网 https：//baijiahao. baidu. com/s? id = 1743569846758825394&wfr = spider&for = pc。

主观规范等）的影响。而网络公益平台用户的连接行为不但带有利他性，还受到平台、用户自身、公益项目、公益环境等多维因素的影响，其路径的演进过程不但极具动态复杂性，还伴随着公益价值共创的实现，需借鉴复杂系统领域的理论和方法、采用多阶段的分析框架对其展开系统研究。因此，本书以网络公益平台为研究情境，从价值共创的过程视角、基于多阶段的分析框架剖析网民参与网络公益价值共创的第一步——用户连接行为，揭示其路径过程、影响因素、内在机制及促进对策。

网络公益平台用户连接行为本质上是互联网情境下的一种用户行为，因此，可借鉴用户行为的相关理论模型（如用户运营模型和消费者决策过程模型）开展研究。AARRR（Acquisition Activation Retention Revenue Referral，AARRR）模型较完整地描述了用户运营从获取新用户到自传播获得新用户的过程，包括五个阶段：用户获取、用户激活、用户留存、用户变现和用户推荐，对应着用户运营的五个重要环节（即拉新、促活、留存、转化和裂变）以及生命周期（即用户的启动期、成长期、成熟期、衰退期与离开期），有效衡量了用户行为的各个阶段。在 AARRR 模型的基础上，日本电通公司结合社交媒体时代的市场特征提出了 AISAS 模式，即引起注意（Attention）、引起兴趣（Interest）、进行搜索（Search）、购买行动（Action）、传播分享（Share）。AARRR 模型展现了互联网情境下用户从被动接收信息到主动传播信息的身份转变过程，而 AISAS 模型充分表现了用户在受到社交媒体特性影响中的主观能动性，二者均被学者们广泛应用于网络平台用户行为的研究。探索网络公益平台用户的连接行为，既要揭示用户的身份转变过程，还要考虑用户的主观能动性，且需同时考虑互联网情境和社交媒体特征。因此，本书在整合 AARRR 模型和 AISAS 模型的基础上，结合全链路营销理论（即消费者行为路径由吸引关注、价值传递、激发转化三个模块构成），从公益价值共创的过程视角，基于多阶段的分析框架将网络公益平台用户连接行为路径划分为吸引注意、引起兴趣、价值转化、传播分享这四个子阶段（见图 1.1），体现了用户连接行为从平台连接用户到项目凭借忠实用户自传播获得新用户的完整过程。

为解决网络公益平台用户引流、公益资源积累的问题，以促进公益价值的共创，根据图 1.1，本书提出如图 1.2 所示的总体研究框架，旨在基于理论分析，从价值共创的过程视角厘清网络公益平台用户连接行为的路径过程、影响因素及内在机制，具体的管理科学问题如下：

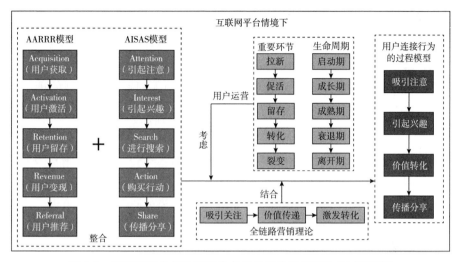

**图 1.1 基于理论分析的网络公益平台用户连接行为的过程模型**

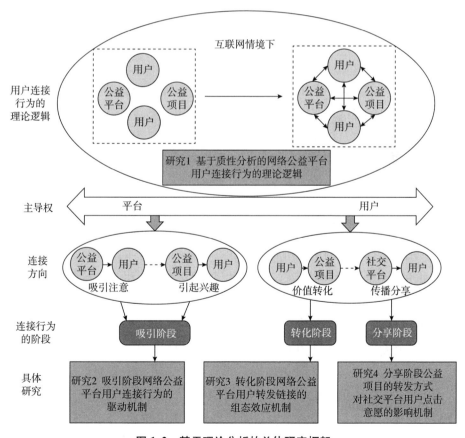

**图 1.2 基于理论分析的总体研究框架**

诠释网络公益平台用户连接行为的理论逻辑是本书开展研究的前提。虽然，本书在整合 AARRR 模型和 AISAS 模型的基础上，结合用户运营理论和全链路营销理论，已将网络公益平台用户连接行为的路径过程划分为吸引注意、引起兴趣、价值转化、传播分享四个阶段。但这是基于前人研究成果得到的理论性划分，是否符合实践中的一般情况不得而知，因此，需要基于现有数据对此进行验证和修正。此外，无论是 AARRR 模型还是 AISAS 模型，抑或用户运营理论和全链路营销理论，均是商业网络平台用户行为的研究成果。公益网络平台与商业网络平台在服务性质和使命上具有本质性差别，需要用户在没有盈利回报的情况下，贡献出自己的社会关系网、时间、精力及金钱等可操作性公益资源，这导致网络公益平台用户连接行为的内涵、路径过程、影响因素等有着不同于商业网络平台情境的差异。因此，本书关注的第一个研究问题是：

问题1：现实中网络公益平台用户连接行为的路径如何演进，受哪些因素的影响？

首先，吸引潜在用户是互联网平台用户运营的第一步，是后续业务发展的基石，关系着用户运营的成效，得到网络平台的高度重视。例如，小红书不但采用广告植入等传统方式，还利用微博、微信、QQ、b站等介质以及优惠券、佣金补贴、兑奖回馈等优惠活动来吸引目标用户。潜在用户被网络公益平台吸引了注意力后，以登录、浏览、关注、点击等方式加载到平台界面，这是平台吸引用户注意的过程。其次，用户浏览平台界面上呈现的公益项目信息，如图片、标题、关键词等，如果用户被公益项目信息勾起探究兴趣，就有可能通过点击的方式跳转到项目界面，这便是公益项目引起用户兴趣的阶段。无论是平台吸引用户注意的过程，还是项目引起用户兴趣的过程，均由平台起主导作用。那么，在这两个子阶段中，用户连接行为的形成机制会有哪些相同点以及不同点呢？对此，本书将平台吸引用户注意和项目引起用户兴趣两个阶段整合为用户连接行为的吸引阶段，并探索其中的异同。由此引出本书的第二个研究问题：

问题2：在吸引阶段，用户为何、如何连接网络公益平台及其公益项目？

在各行各业激烈竞争的当下，对于网络平台而言，用户数量积累到一定阶段后，平台面临更重要的问题是如何促进现有的用户连接关系朝更深入的方向发展，即连接关系的价值转化。而用户连接关系价值转化的前提是用户产生转发公益项目的意愿，对此，各公益平台在项目界面设置了转发/分享按钮，用户点击该按钮就可以贡献自身可操作性的关系资源帮助公益项目传播。用户是否选择转发/分享项目反映了用户是否愿意将其可操作性关系资源的价值转化为公益平台及项目的助力，属于用户的心理决策过程，是用户连接行为扩散的前提，对公益价值共创的实现有着重要作用。在该阶段中，网络公益平台用户连接行为的主角发生变化，从平台主导转化为用户主导，用户开始主动转化自身的关系网络价值，属于用户连接关系的价值转化过程，简称为转化阶段。虽然用户具有可操作性关系资源可供转化，但不是所有用户都愿意在没有物质回报的情况下贡献自己的关系资源，其中受到诸多因素的影响，且作用机制复杂。因此，有必要探索网络公益平台情境下，用户为什么会贡献自身的可操作性关系资源去转发公益项目，这就是本书的第三个研究问题：

问题3：在转化阶段，用户为何、如何贡献自身可操作性的关系资源（即用户为何、如何做出转发公益项目链接的决策）？

网络公益平台用户依托社交平台转发公益项目已成为网络公益平台吸引社交平台用户流量的重要渠道。除了内容及呈现形式外，公益项目的转发方式会直接影响社交平台用户的行为反应，从而影响着用户连接价值的转化效果。信息的转发方式表达了转发者的态度和主观判断。当转发者认为某一信息很重要、很紧急、很隐秘时，倾向于采用私发的方式转发。当某一信息具有公开性和不紧急性时，转发者则倾向于选择微信朋友圈、QQ动态空间等更为便利的公开分享方式（如在微信朋友圈发布简称为圈发）转发。当某一信息的接收者具有特定范围，且针对某一或某几个社群时，转发者则偏向于社群内发布（简称群发）的方式传播。因此，人们可以从信息的转发方式推断转发者对待信息的态度、信息与自己的关联性以及转发者对彼此间关系的认同度，从而决定自己是否点击该信息。揭示公益项目的转发方式作用于用户点击意愿的内在影响机制，能为促进公益项目的传播、提高用户关系资源的价值转化成效、促进用户连接行为的扩散提供理论借鉴，从而有助于网络公益多维立体连接生态的营造。然而，将转发方式作为前因变量，探讨其如何影响用户点击意愿（用户参与的"关口"）的研究成果尚未引起学者们的关注。因此，为弥补研究不足、解决现实的跨平台引流问题，本书提出第四个研究问题：

问题4：在分享阶段，网络公益平台用户转发公益项目链接的方式如何影响社交平台用户的点击意愿？

# 第二节 研究目的及研究意义

## 一、研究目的

本书从价值共创的过程视角，基于多阶段的分析框架解构了网络公益平台用户连接行为在吸引、转化、分享阶段的影响因素、内在机制及促进对策。研究目的如下：

第一，基于质性分析的网络公益平台用户连接行为的理论逻辑，回答研究问题1。采用扎根理论方法对深度访谈数据进行开放性编码、主轴性编码和选择性编码，构建网络公益平台用户连接行为的多阶段分析框架，得到网络公益平台情境下潜在用户被吸引到帮助社交平台用户连接公益的完整路径和行为机理，为后续章节提供研究框架和理论基础。

第二，探究吸引阶段网络公益平台用户连接行为的驱动机制，回答研究问题2。该部分有两个研究目标：一是基于SOR模型，引入社会认同理论和情绪感染理论，结合深度访谈的现实情况，构建网络公益平台用户连接行为在吸引阶段的理论模型，解构网络公益平台用户连接行为在吸引注意阶段和引起兴趣阶段的驱动机制。二是基于前人研究的成熟量表形成调查问卷，采用结构方程模型检验理论模型和研究假设，以验证网络公益平台用户连接行为吸引阶段的驱动机制。

第三，解析转化阶段网络公益平台用户转发链接的组态效应机制，回答研究问题3。本部分有两个研究目标：一是针对网络公益平台用户的在线评论，从连接过程和用户视角，运用LDA主题建模甄别影响网络公益平台用户转发公益项目的关键因素。二是基于影响因素之间的复杂组合关系进行组态建模，运用fsQCA探索用户选择转发/不转发公益项目的条件组态。

第四，探索分享阶段公益项目的转发方式对社交平台用户点击意愿的影响机制，回答研究问题4。针对用户采用何种方式转发公益项目能更有效转化连接价值的问题，基于价值共创、社会交换和社会认同等理论，构建公益项目的不同转发方式影响用户点击意愿的双重中介模型，通过四个情境实验解构网络公益平台用户连接行为分享阶段的内在影响机制。

## 二、研究意义

本书立足网络公益平台用户资源引流实践，从公益价值共创的过程视角、采用多阶段的分析框架解构了网络公益平台用户连接行为的路径及内在机制。基于网络公益平台用户的问卷调查数据，采用结构方程模型剖析吸引阶段网络公益平台用户连接行为的驱动机制；基于网络公益平台用户在线评论数据，采用 LDA 主题建模甄别影响用户转发链接的关键因素，运用 fsQCA 识别出致使用户选择转发/不转发公益项目的组态；采用四个情境模拟实验揭示分享阶段公益项目的转发方式对用户点击意愿的影响机制。本书展示了网络公益平台用户连接行为从平台连接用户到公益项目凭借忠实用户自传播连接社交平台用户的完整路径，回答了用户为什么、如何连接网络公益平台及项目以及为什么、如何帮助公益项目连接社交平台用户，不但在理论层面推进了用户连接行为在慈善公益领域的研究，而且在实务层面为网络公益平台及项目引流、积聚用户资源提供了重要启示。

### （一）理论意义

首先，扩展了用户连接行为在慈善公益领域的研究，并丰富了公益参与行为的研究成果。作为一种参与行为，用户连接行为的研究成果在信息、商务领域较丰富，但在慈善公益领域未得到充分探索。本书基于价值共创理论、SOR 模型、社会认同理论、情绪感染理论和社会交换理论等，探讨网络公益平台用户连接行为在演进过程中的多阶段路径、影响因素及内在机制，既扩展了用户连接行为的研究范畴，又丰富了公益参与行为的研究成果。

其次，补充了用户连接行为基于价值共创过程视角的研究。用户连接行为的影响因素、实现途径和作用结果得到了充分探索，但其路径演进过程及内在机制尚缺乏解释。本书在深度访谈的基础上，从价值共创的过程视角，基于多阶段分析框架将网络公益平台用户连接行为路径划分为平台主导和用户主导两个环节。其中平台主导包括吸引注意和引起兴趣两个子阶段，用户主导包括价值转化和传播分享两个子阶段，诠释了潜在用户从受到社会影响的刺激，再到连接公益项目，并最终帮助公益项目自传播连接社交平台用户的完整过程和心理机制，是对基于价值共创过程视角的用户连接行为研究的补充。

最后，厘清了网络公益平台用户连接行为多阶段的内在机制。现有研究在用户连接行为的影响因素、实现途径和作用结果方面得到了一些重要结论，但其路径过程中的内在机制仍是一个未打开的"黑箱"。本书基于 SOR 模型，结合社会认同和情绪感染理论，采用结构方程模型解构了网络公益平台用户连接行为吸引阶段的驱动机制；基于复杂性理论和网络公益平台用户在线评论数据，采用 LDA 模型和 fsQCA 揭示了网络公益平台用户转发链接的前因条件间的交互关系及组态效应机制；基于社会认同和社会交换理论，运用情境模拟实验揭示了转发方式及感知被需要、感知关系压力对于用户传播分享公益项目效果的影响机制。在探索各内在机制的过程中，本书同时考虑了个体认知和情感的变化，弥补了单方面考查认知或情感因素的局限性，使得用户连接行为的路径过程及内在机制更加合理。

（二）现实意义

首先，本书将有助于网络公益平台及相关公益组织转变思维，重视用户连接行为，以价值共创视角看待用户连接行为在公益资源积累中的重要作用。通过对网络公益平台用户连接行为的内涵、路径及内在机制的探索，可帮助网络公益平台及公益组织准确把握用户连接行为的本质，识别自身在促进用户连接行为方面的欠缺，为进一步改进并提升公益服务提供依据。

其次，本书为网络公益平台及相关公益组织如何促进用户连接行为提供了经验证据，从价值共创的过程视角，得到了网络公益平台用户连接行为的完整路径：吸引→转化→分享，以及各子阶段的影响因素及内在机制。网络公益平台及相关公益组织可根据本书研究成果，针对不同阶段采用不同的策略以引导用户主动贡献自身的可操作性资源，促进连接行为的产生，帮助公益资源积累和价值共创。

再次，本书为网络公益平台及相关公益组织如何提升公益资源积累提供了策略建议。用户连接是企业扩增用户量的重要模式，亦是推进公益价值共创的必要路径。作为连接公益资源供需双方的中介，网络公益平台需重视用户连接行为。本书基于平台和慈善公益组织层面提炼出促进网络公益平台用户连接行为的对策建议，网络公益平台及相关公益组织可以从中选择符合自身的对策建议，精准发力，稳步提升公益资源的积累效果。

最后，本书挖掘了用户能动性的重要性，有助于引导用户以互助互惠互赢的状态参与公益价值共创。网络公益平台可呼吁用户通过转发公益项目帮助项目触达社交平台用户，呼吁用户正确认识、理性看待公益项目链接及其转发方式，在节省时间和精力的同时，给迫切需要帮助的项目一个被了解及扩大圈层的机会。

## 第三节　核心概念界定

### 一、网络公益平台用户

　　界定网络公益平台用户的概念应先明确网络公益平台的范畴。基于网络平台的定义，网络公益平台可被定义为各慈善基金会、非营利组织、企业通过互联网设立的 PC 端网站、移动客户端 APP、小程序等数字服务，是用户连接公益项目、平台后端、平台员工、其他用户的虚拟空间。广义的网络公益平台指的是致力于解决社会中各种问题的非营利机构，既包括各种募捐众筹平台，也包括免费提供科技服务、科普服务等机构。狭义的网络公益平台指的是互联网募捐信息平台，其中，广为公众熟悉的是已得到民政部授权的 30 家互联网募捐信息平台，如腾讯公益、支付宝公益、水滴筹等。本节聚焦狭义的网络公益平台，对其用户连接行为展开研究。

　　网络公益平台用户连接行为的主体是网络公益平台的用户，即未来有可能、正在或已经与网络公益平台创建连接的个体。按照公益资源的来源，网络公益平台用户可分为公益资源的需求方和供应方两类，由于本书旨在为平台解决引流及公益资源积聚问题，因此，将研究对象限定为公益资源供应方，包括通过网络公益平台贡献和有可能贡献的时间、金钱、精力、人际关系的任何个体。按照活跃程度，网络公益平台用户划分为活跃用户、一般用户和潜在用户三大类，还可细分为五类（增加忠实用户和新用户）。活跃用户是与平台有一定黏性的用户，能主动行事、影响其他个体。一般用户是被动接受平台任务的非活跃用户，易受周围人员及环境的影响。潜在用户本质上不是平台的当前用户，而是未来有可能成为一般或活跃用户的个体。综上，本书的研究对象是提供公益资源的所有用户。

　　网络公益平台用户具有两个特征：一是掌握不完全信息，只能通过连接网络公益平台获得有限数量的公益项目，或通过连接公益项目获得关于项目的有限信息，故而连接行为是用户参与网络公益的必然产物。二是有限理性，且具有特定的性格和偏好，其行为不可避免地受到环境、认知、情绪、情感等因素的影响，具有较大的不确定性，决策过程倾向于遵循满意原则，而非最优原则。因此，研究网络公益平台用户连接行为时，应考虑用户的特征，将用户的心理感知、价值判断、情绪情感等内在因素纳入研究范畴。

## 二、网络公益平台用户连接行为

针对用户连接、连接行为的概念，学术界尚未形成统一结论，但基本是在网络（如社交网络、互联网）的范畴内界定，可归纳为四个视角（见表 1.1）。基于关系/联系视角，用户连接行为指的是用户与系统或平台之间、用户与产品或服务之间、用户与用户之间建立起一种能带来价值的关系或联系。基于交互视角，用户连接被认为是个体与互联网中任何服务点（包括）的交互，并强调了交互的重要作用。基于过程视角，杨学成和涂科（2017）认为出行共享情境下的用户连接是指从乘客发出出行请求到其上车前的阶段，即需要出行的乘客与愿意提供出行服务的车主进行供需匹配的过程。基于方式视角，用户连接是指个体基于互联网产品形成关系网络的方式，如点击"关注"按钮或标题的方式。

**表 1.1　用户连接行为概念的主要观点**

| 视角 | 核心观点 | 文献来源 |
|---|---|---|
| 关系/联系 | 用户与系统/平台之间、用户与产品/服务之间、用户与用户之间建立起的一种带来价值的关系或联系 | Rostami 和 Chiew（2013） |
| 交互 | 个体与互联网中任何服务点的交互 | 马英红等（2018） |
| 过程 | 是从乘客发出出行请求直到其上车前供需匹配阶段中的一系列行为 | 杨学成和涂科（2017） |
| 方式 | 个体基于互联网产品形成关系网络的方式 | 江积海和李琴（2016） |

本书整合上述四个视角后，认为网络公益平台用户连接行为指的是公益资源的供应方访问、关注、浏览或点击各慈善基金会、非营利组织和企业通过互联网设立的 PC 端网站、移动客户端 APP、小程序、链接等行为，以及平台与用户、项目与用户、用户与用户双向匹配的一系列心理决策活动。网络公益平台用户连接行为的完整路径涵盖多方主体间的多次匹配，是一个复杂的动态过程，根据用户行为划分相关理论，可划分为吸引注意、引起兴趣、价值转化、传播分享四个阶段。

表 1.2 用户连接行为与用户使用行为、用户采纳行为的异同点

| 研究对象 | 相同点 | 不同点 |
|---|---|---|
| 用户使用行为 | 用户心理活动的外在表现；伴随着心理接受过程 | 概念及内涵较抽象；范畴涵盖了连接行为，还包括其他非连接行为 |
| 用户连接行为 | | 是用户使用行为的一种，包括用户浏览、关注、访问、点击等操作以及其中的心理决策活动；具有动态性，涵盖采纳行为的心理选择和接受过程，且伴随着关系或联系的建立、断开 |
| 用户采纳行为 | | 更适合用于意见、方案、技术等无形资源的采纳 |

用户连接行为不同于用户使用行为和用户采纳行为，但三者容易被混淆。虽然用户连接行为、用户使用行为、用户采纳行为都是用户心理活动的外在表现，都伴随着心理接受过程，但三者有着不可忽视的差异（见表1.2）。首先，使用行为的概念、内涵比较抽象，涵盖了连接行为，即用户连接行为是用户使用行为的一种，例如，网络公益平台的用户使用行为既包括了用户浏览、关注、访问、点击等连接行为，也包括捐款等其他行为。其次，采纳行为除了可以采纳有形物体（如平台、系统等），运用更广的是意见、方案、技术等无形资源的采纳。连接行为不但涵盖了采纳行为的心理选择和接受过程，还包含了关系或联系的建立和断开。

# 第四节 研究内容、技术路线与结构框架

## 一、研究内容

本书旨在探究价值共创过程视角下网络公益平台用户连接行为的多阶段路径及内在机制。首先，剖析网络公益平台用户连接行为的逻辑基础，解读网络公益平台用户连接行为的内涵、路径过程及影响因素，此为研究1。基于多阶段分析框架，网络公益平台用户连接行为是一个动态复杂的多阶段链路，可划分为四个主要阶段，共同推动着网络公益平台用户连接行为从平台吸引用户连接到公益项目凭借忠实用户连接社交平台用户的自循环演进过程。其次，本书依次探究多阶段过程中网络公益平台用户连接行为的内在机制。具体来说，针对吸引阶段，探

究网络公益平台用户连接行为的驱动机制，此为研究2。再次，针对转化阶段，探究网络公益平台用户产生转发公益项目意愿的组态效应机制，此为研究3。最后，针对分享阶段，探究公益项目的转发方式对社交平台用户点击意愿的影响机制，此为研究4。总体研究内容框架如图1.3所示。

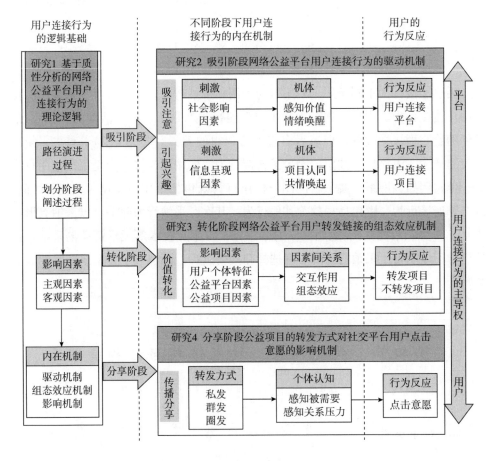

**图 1.3　研究内容框架**

**二、技术路线**

　　本书按照"是什么—为什么以及如何—如何更好"的逻辑思路，根据研究内容，采用总分总结构，得到如图1.4所示的技术路线，全书由"基础研究、理论逻辑、驱动机制、组态效应机制、影响机制以及总结、建议与展望"这种环环相扣、层层递进的六大核心部分组成。

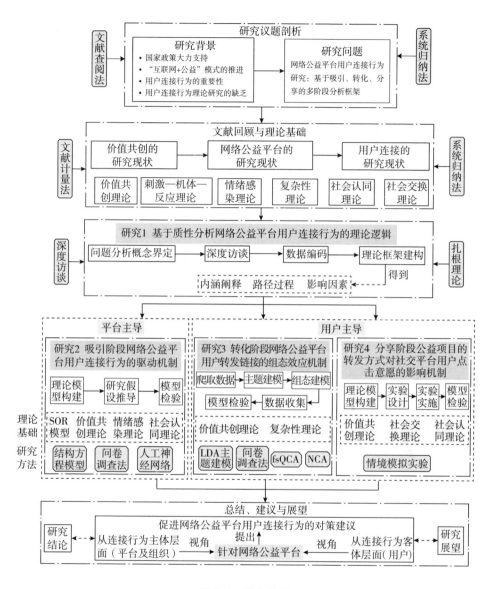

图 1.4 技术路线

## 三、结构框架

本书紧紧围绕"网络公益平台用户连接行为"这一研究议题，对用户连接行为的路径过程、成因、内在机制、促进对策进行分析，全书设置七章（见图1.5），内容如下：

第一章，引言。首先，论述本书的研究背景，提出四个管理科学问题。其次，阐述本书的目的与意义，介绍研究内容、技术路线和结构。最后，概述本书的创新之处。

第二章，文献回顾与理论基础。首先，对网络公益平台、用户连接行为及公益价值共创的相关文献进行总结、归纳和述评，为后续研究的开展提供切入点和研究基础。其次，分别对价值共创理论、SOR 理论、情绪感染理论、复杂性理论、社会交换理论、社会认同理论进行了回顾和阐述，明确各理论在本书中的应用。

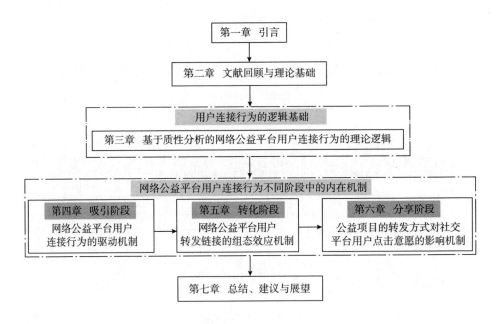

图 1.5　结构框架

第三章，基于质性分析的网络公益平台用户连接行为的理论逻辑。根据网络公益平台用户访谈资料的文本分析，从价值共创的过程视角，对网络公益平台用户连接行为展开质性研究，具体包括对网络公益平台用户连接行为内涵的解读、路径过程的解构、影响因素的识别，并构建研究的理论框架。

第四章，吸引阶段网络公益平台用户连接行为的驱动机制。首先，基于 SOR模型，引入社会认同理论和情绪感染理论，构建吸引阶段网络公益平台用户连接行为的理论模型。其次，对本书假设所涉及的变量进行问卷设计、变量测量和预调研。采用纵向追踪调查法，依次针对两个阶段发放问卷收集数据。再次，运用

SPSS（Statistical Package for the Social Sciences，SPSS）对各变量进行描述性统计，采用SmartPLS软件对正式量表的信度、效度和多重共线性进行检验，对结构模型和研究假设进行验证。最后，运用人工神经网络检验研究结果的稳健性。

第五章，转化阶段网络公益平台用户转发链接的组态效应机制。首先，本章以知乎、百度知道、微博为数据获取源，爬取关于腾讯公益、水滴筹、轻松筹、支付宝公益等网络公益平台用户的在线评论数据，运用LDA模型进行聚类和分析，从而获得影响用户转发选择的主要因素。其次，基于复杂性理论，以LDA模型识别的影响要素构建网络公益平台用户转发意愿的形成模型。再次，基于前人的成熟量表设计本书的测量量表，并收集数据。最后，运用必要条件分析法（Necessary Condition Analysis，NCA）和fsQCA分析问卷调查案例，得到用户产生转发/不转发公益项目意愿的条件组态。

第六章，分享阶段公益项目的转发方式对社交平台用户点击意愿的影响机制。首先，基于价值共创理论、社会交换理论和社会认同理论，构建公益项目的不同转发方式通过感知被需要和感知关系压力影响用户点击意愿的双重中介模型。其次，通过实验1验证主效应和中介效应。再次，通过实验2的两个子实验排除转发渠道、公益项目类型、实验方式以及替代解释因素的干扰，验证结果的稳健性。最后，通过实验3检验自我建构在转发方式影响用户感知被需要、感知关系压力、点击意愿过程中的调节作用。

第七章，总结、建议与展望。首先，对本书的主要研究结论进行归纳和总结。其次，从连接行为的主体（网络公益平台）、客体（用户）两个层面，针对网络公益平台提出促进用户连接行为的对策建议，为网络公益平台及项目吸纳用户流量、公益价值共创的实现提供指导意见。最后，分析本书存在的局限，对未来可能的拓展研究进行展望。

# 第五节　研究的创新之处

本书的创新之处体现在以下四个方面：

（1）提出的四阶段过程模型描述了网络公益平台用户连接行为由平台连接用户到项目自传播连接用户的完整路径，扩展了用户连接行为在公益领域的研究。本书摒弃了将用户连接行为看作瞬间操作的观念，充分考虑网络公益平台用户连接行为在演进过程中产生的一系列心理活动，从价值共创的过程视角，基于多阶段分析框架，运用扎根理论分析方法识别出网络公益平台用户连接行为路径的四阶段过程，即"吸引注意→引起兴趣→价值转化→传播分享"，解构了网络公益平台用户连接行为由平台主导转化为用户主导的完整过程。用户连接行为的已有研究主要集中在信息研究和商业领域，研究内容聚焦于作用结果、影响因素和形成途径三个方面，对用户连接行为的路径、演进过程及内在机制的研究尚不充分，且慈善公益领域用户连接行为及其路径过程、内在机制的研究尚未引起关注。若无法全面诠释网络公益平台用户连接行为的路径及内在机制，将严重影响网络公益平台及项目的引流、公益资源的积累以及共同富裕举措的推进。本书从价值共创的过程视角解读了网络公益平台用户连接行为四个阶段的路径过程及内在机制。因此，本书的结论不仅推进了用户连接行为在公益领域的研究，还为促进用户连接行为的实践提供了理论经验。

（2）基于"微观（用户）—中观（公益平台和项目）—宏观（公益环境）"三个维度从价值共创视角剖析吸引阶段网络公益平台用户连接行为的驱动机制，弥补了用户连接行为在影响机制方面研究的不足。现有研究得到了影响用户连接行为的诸多因素，如社交需要、个人兴趣与信息需求、信息质量、交互、趣味性和时间等，但尚未打开影响机制的"黑箱"。本书不再基于微观个体视角的线性归因，而是将个体行为置于社会生态系统中，同时考虑用户自身、公益平台和项目、公益环境对用户连接行为的影响，在整合吸引注意和引起兴趣两个子阶段的基础上，构建了吸引阶段的理论模型，并运用结构方程模型解构了吸引阶段网络公益平台情境下用户连接行为的驱动机制，补充了用户连接行为在影响机制方面的研究。

（3）基于复杂性理论揭示了分享阶段网络公益平台用户转发链接的组态效应机制，为用户为何会贡献自身可操作性关系资源、用户连接行为为何由平台主导向用户主导转化提供了新的理论解释。现有关于用户转发行为的研究大多基于线性关系假设，采用结构方程、回归分析等方法探寻各影响要素对用户转发行为的净效应，在一定程度上忽视了影响要素间的交互作用、耦合效应以及影响路径间的非对称关系，导致研究结果不能充分、完美地解释用户为何会贡献自身可操作性资源以帮助公益项目触达其他用户。本书通过对网络公益平台用户在线评论数据进行 LDA 主题挖掘，识别出影响网络公益平台用户转发选择的要素，根据复杂性理论构建的理论模型关注了各要素之间的复杂交互关系、各组态之间的不对称替代作用、个体与情境因素的耦合效应，合理地诠释了网络公益平台用户满足何种条件会贡献自身的可操作性关系资源以帮助公益项目传播，丰富了已有的理论模型，且将定性比较方法的应用拓展到了用户连接行为的研究中。

（4）通过四个情境实验解构了分享阶段公益项目的转发方式对社交平台用户点击意愿的影响机制，清晰地解释了用户如何贡献自身可操作性关系资源，补充了公益项目如何自传播连接用户的研究成果。现有研究聚焦于用户转发行为本身的影响因素、形成机理及传播模式等，忽视了转发方式（转发行为的三要素之一）作为前置因素影响用户点击意愿（用户参与的"关口"）的内在机制研究。然而，信息的接收者本身就会对信息的传播方式有一定的偏好和选择性，这会直接影响接收者对信息的点击意愿。特别是在社交媒体平台的情境下，不同转发方式之间的区别与基于不同社交关系的身份认同以及基于不同社会资源的需求交换息息相关。因此，本书基于价值共创理论、社会交换理论和社会认同理论，构建了公益项目的转发方式，并通过感知被需要和感知关系压力影响用户点击意愿的双重中介模型，还运用四个情境实验揭示了网络公益平台用户如何贡献其可操作性关系资源以帮助公益项目自传播连接社交平台用户，无疑是对用户连接行为相关研究的进一步补充。

# 第二章 文献回顾与理论基础

本章对文献进行综述，并介绍后续章节需要用到的理论。首先，对网络公益平台、用户连接行为及公益价值共创的相关文献进行总结、归纳和述评，为后续研究的开展提供切入点和研究基础。其次，对价值共创理论、刺激—机体—反应理论、情绪感染理论、复杂性理论、社会交换理论、社会认同理论进行阐述和分析，明确各理论应用于本书的合适性，为第三至第六章的研究开展奠定理论基础。最后，对本章内容进行小结。

## 第一节 文献回顾

### 一、网络公益平台的研究现状

随着"互联网+公益"效应的凸显，互联网平台成为公众参与公益活动的重要渠道。网络公益又称为互联网公益、在线公益、线上公益，是互联网与慈善公益事业的有效结合，是指利用移动互联网技术实现慈善公益网络化的新型公益事业。网络平台是一种促进两个或多个不同但相互依赖的用户（无论是公司还是个人）之间通过互联网进行交互的数字服务，如网页、手机应用程序等。基于网络公益和网络平台的定义可知，网络公益平台是各慈善基金会、公益组织、企业（如蚂蚁科技集团股份有限公司）等通过互联网设立的 PC 端网站、移动客户端 APP 应用软件（如公益中国）以及小程序（如腾讯公益）等数字服务，是用户连接用户、平台后端的虚拟空间，旨在为爱心人士提供慈善公益资讯以及搜寻、连接、关注、转发、捐助、查询、交互等服务，亦可向用户反馈项目进度、推荐项目、宣传公益理念等。网络公益平台是一个可以在线实现公益各项功能、积聚爱心人士、推进公益价值共创的大舞台，也可称为互联网公益平台、在线公益平台、线上公益平台等。目前，我国的网络公益平台包括三类：一是在综合性网络平台上专门设立募捐平台，如新华公益服务平台。二是在专业众筹平台上设立公益频道，如轻松筹等。三是专业的公益募捐平台，如公益宝等。

网络公益平台作为在线公益的核心主体，为公众捐助提供了方便、快捷、可靠的途径，连接了公益资源的供需两方，成为在线公益健康快速发展的重要推手，具有以下特征：①便捷性。网络公益平台作为随手公益、指尖公益、随时公益的代表，用户只要有网络和意愿，可在任何地点、任何时间以任何方式表达爱心，即只要个体能连接到公益平台或公益项目，就能参与公益价值共创。便捷性使得民众参与网络公益的热情迅速增加，2018 年，民政部指定的 20 家互联网公益平台获得的网民点击、关注和参与就超过 84.6 亿人次，募集善款总额超 31.7 亿元，"互联网+公益"的价值共创效应明显。②可及性。网络公益平台打破了"有钱人公益"的传统思想，其捐款额度无限制，促进了小额化、大众化、平民化公益的实现，让网络公益的资源以积少成多的方式形成积聚效应，为公益价值的共创提供了渠道。③成本低。一方面，通过网络公益平台开展公益项目不受时间、空间以及地域的限制，为非营利组织节省了线下公益的场地费用和人力成本等。另一方面，民众通过网络公益平台参与公益不需要亲临现场，且可自由决定捐赠金额和参与方式，降低了参与成本。④高效性。网络公益平台为公益资源的供需双方提供了直接连接、互动交流的渠道，加快了资源的高效配置和价值共创的速度。将公益开展的通知、招募和管理转为线上运行，提升了公益项目的运行效率。将各类公益项目"在线点对点"推广，实现了公益项目的精准触达。⑤透明化。互联网技术使得公益项目的信息公开更加透明，有助于社会信任的提高和公益氛围的培育，推动了慈善公益事业的持续发展。

尽管网络公益平台的内涵和特征已得到归纳和总结，但成果不够丰富。以互联网公益平台为研究情境的研究成果主要集中于网络公益平台情境下的捐赠、分享和转发、参与等用户行为和意愿以及众筹效果等。网络公益平台依然存有研究空隙，需要学者们持续关注。

**二、用户连接行为的研究现状**

用户连接行为在学术界和实务界的重要性已逐渐被关注，但尚未形成系统的研究成果。目前，有学者将"用户连接"等同于"用户链接"和"用户联结"使用，但三者之间仍然存在细微差别（见表 2.1）。"链接"侧重于技术性，是一个词、图片或信息对象到另一个的可选连接关系。"联结"则带有"附着""情感带入""参与"等相关意思①，是意识形成的核心环节。而"连接"的基本含义是物理性的，含有使动意义，且含有的解释更多、更广，内涵范围囊括了链接和联结。用户联结行为是指基于认知、情感和行动上的认同，用户与用户、用户与品牌/产品之间产生的沟通、互动并共同创造价值的行为，网上的用户"黏性"行为也是用户联结的一种表现。用户链接行为是用户在使用社交媒体、互联网时的点击行为。基于连接、链接和联结的关系可知，用户连接行为包括了用户的链接和联结行为，既含有使动意义，又涵盖认知、情感等心理活动。

表 2.1 用户连接与用户链接、用户联结的概念区分

| 研究对象 | 概念定义 | 概念特色 | 研究视角 | 文献来源 |
|---|---|---|---|---|
| 用户链接行为 | 用户在使用社交媒体、互联网时可以点击的对象 | 侧重于技术性，是一个词、图片或信息对象到另一个的可选连接关系 | 技术 | 孙建军和顾东晓（2014） |
| 用户联结行为 | 指基于认知、情感和行动上的认同，用户之间产生的以及用户与品牌/产品之间产生的沟通、互动并共同创造价值的行为 | 带有"附着""情感带入""参与"等相关意思 | 心理意识 | London 等（2007） |
| 用户连接行为 | 用户通过访问、关注、浏览或点击等方式与互联网中的任何服务点建立起关系或联系，进行交互，包含用户的动态决策和操作 | 基本含义是物理性的，含有使动意义，被加入更多的解释，包括了链接和联结行为 | 操作及心理决策 | Rostami 和 Chiew（2013）；杨学成和涂科（2017）；江积海和李琴（2016） |

用户连接行为的研究虽然取得一些成果，但仍处于发展初期，在学术界并未形成广泛热议，高质量论文的数量较少，主要研究成果可归纳为影响因素、形成途径和作用结果三个方面（见图 2.1）。

---

① 经济日报 https://www.gov.cn/xinwen/2019-04/05/content_5379822.htm。

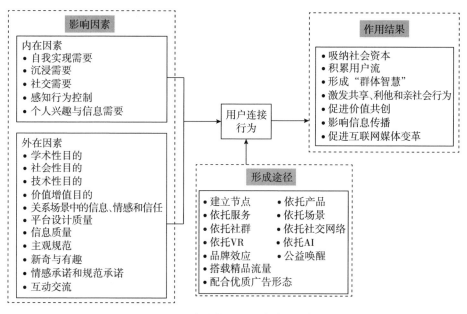

**图 2.1　用户连接行为研究成果的框架**

（一）用户连接行为的作用结果

互联网是一种"共享型经济"，用户越多，用户之间的连接就越有价值。智能设备与移动互联网的流行使得社交媒体平台以扁平化网络关系连接用户，由此吸纳了更多的社会资本。开放、连接的网络将分散的、异质的个体连接起来，产生"整体大于部分"的协同效应，个体之间的交互、协同、互补形成了"群体智慧"，并激发了共享、共创、利他行为。互联网通过人与媒介组织、人与人的连接，实现信息的连接与共享，共同塑造了一个使亲社会行为更普遍发生的场景。互联网中用户间的精准连接，不仅能提高个体的自我效能感和能动性，还能形成互助的良性循环，让用户体验到帮助他人的喜悦，由此增加帮助他人的意愿，从而形成互助的良好氛围。志愿者与社区成员连接的程度以及接触的频率会正向影响其参与志愿服务的意愿。

用户连接是用户获取的手段，是平台积累用户流量的第一步，是用户运营的关键，影响着用户的参与意愿、关系维系意愿、线下联系、贡献意愿以及忠诚度。价值共创是用户连接的"红利"，企业可通过改变用户连接的强度、交互性、清晰度等属性来重构价值网络，以实现价值的共创。杨学成和陶晓波（2015）对小米公司的社会化价值共创活动展开案例研究发现，用户链接驱动的价值共创是价值共创的主线之一，通过用户间的链接实现信息的分享与传播，进而达成价值共创。社会化网络中稳定的和紧密的人际连接可促进价值共创的实现，个体的联结数越多，其在价值共创中发挥的效应就越大。此外，用户连接在信息传播中发挥着至关重要的作用，传统媒体的融合转型和新媒体的健康成长都离不开与忠实用户快速、持久的连接。信息传播的内容和范围同时受用户连接强度和邻居节点的影响。

（二）用户连接行为的影响因素

网络用户连接的过程受诸多内在因素、外在因素的影响。内在因素主要包括自我实现需要、沉浸需要、社交需要、感知行为控制、个人兴趣与信息需求等。外在因素方面，Wilkinson 等（2003）将用户链接行为的动机抽象为学术性目的、社会性目的、技术性目的和价值增值目的四类。晁亚男等（2017）通过构建模型发现，平台设计质量、用户期望和信息质量是用户链接行为产生的主要影响因素。用户的链接行为可能存在一种从众效应，外部动机中的主观规范对社交网络链接行为意向的影响最大，关系场景中的信息、情感和信任的作用也不可忽视，但总体上内部动机的影响大于外部动机。

连接行为是动态变化的，可通过用户间的互动交流进行转化，其强度会随时间发生变化，且连接类型的某些维度能在一定范围内随时间变化，连接的方向可随连接行为的次数增加从单向连接转向双向连接。已有的连接会在不同程度上促进新连接行为的产生，但当连接建立后，如果个体之间没有交互，连接则有可能断裂。用户会不会参与连接，主要取决于新奇与有趣。而群体内成员间连接行为的产生会同时受到成员情感承诺和规范承诺高低关系的影响。

（三）用户连接行为的形成途径

如何覆盖更多用户，打开新用户的流量入口，是用户连接行为的重要前提。平台化的社交媒体通过广泛建立节点与用户的弱关系，以较低成本吸纳海量用户连接平台。从用户的视角真正创造出新的市场机制和社会价值，才能真正地、紧密地连接用户。进入智能互联时代，连接用户的手段变得多元化，产品、服务、场景、社群、VR（虚拟现实）、AI（人工智能）等手段必须综合运用。场景化的连接能够促进用户连接行为的批量产生，而基于地理因素的用户连接行为通过智能化平台分层，能够实现用户连接的精准化。与用户需求建立关联，从维度、广度、深度入手，才能更好地促进用户连接行为的产生。

实现用户连接的持续性需要从关系属性（社交关联树，增强用户连接的共享性）、品牌属性（品牌忠诚度，增强用户连接的持久性）、公益属性（公益活动唤起用户连接的同理心）、媒介素养（通过舆论有效引导，实现用户连接的延续性）等方面加持助力。网络亲社会行为的用户连接路径主要有两种：一种是以媒介组织为主导，实现媒介组织对用户需求的适配；另一种是以媒介组织为中介，实现用户之间的连接。微博、腾讯公益、轻松筹等这一类公益平台通过"关注""评论""去看看""帮帮他"等按钮方便用户随时连接某一公益项目，由此加速用户连接行为的产生。共享经济中的"人—人"连接以问题作为用户连接纽带、内容生产为精确匹配过程，为互联网中人与人的关系提供一种超出"强关系""弱关系"的新线索，即供求关系的匹配。

用户和内容是媒体行业用户连接行为产生的关键环节。以互联网为核心的数字媒体改变了传统媒体的"传—受"单向传播关系，转变为用户和媒介组织（平台）之间、用户与用户之间的相互连接。媒体只有充分了解每位用户的兴趣、习惯，才能与其建立长久连接，提高用户的黏性和忠诚度。要想在特色区域连接用户，就要尽可能地满足用户全方位的需求，搭载精品流量、配合优质广告形态是催生用户连接行为的最佳"连接器"。因此，新媒体成功的关键在于其靠"有用"的内容激发"有效"的连接，秉持动态平衡的思维与用户建立紧密的、长久的连接。

综上所述，用户连接行为的重要性已引起了学术界的关注，但目前的研究成果不多，分散且不深入，亟须进一步的系统性研究以全面解构该议题，并获得高质量的成果。关于用户连接行为的概念，学术界虽未有统一的界定，但所有的定义都限定在网络的范畴内。针对用户连接行为的结果效应，学者们一致认为用户连接行为会给连接各方带来积极作用。用户连接行为的影响因素，主要聚焦于用户内部、外部两个方面。用户连接行为的形成途径较多，但研究成果尚缺乏系统性。因此，有必要对用户连接行为展开系统、深入的研究。

### 三、公益价值共创的研究现状

价值共创的研究非常丰富，其成果大致可归纳为三类主题：如何进行价值共创、价值共创的前因及行为结果。成果最多的是如何进行价值共创这一主题，主要包括价值共创中的资源、顾客角色与作用、价值共创过程、驱动因素与管理等。价值共创的维度测量主要包括 Yi 和 Gong 的参与行为和公民行为两维度、Randall 等的连接、信任和承诺三维度以及 Neghina 的个性化、关联性、授权性、道德感、发展性和协调性六维度等。学者们主要从顾客、组织、环境三个层面探讨了价值共创的前因。价值共创行为的结果包括积极和消极两面，但学者们更关注其积聚和扩大效应。

"互联网+"给传统的价值共创带来了新的内容和挑战，使得虚拟世界的价值共创突出了众多相关利益者的多向关系。于是，作为数字时代重要的代表，社交媒体、虚拟社群和网络平台成为价值共创的新范式。在社交媒体价值共创的研究中，互动模式得到了重点关注，Kao 等（2016）构建了社交媒体情境下互动、融入、建议、行动和认知的五阶段模型。而 Singaraju 等（2016）采用角色—角色价值共创互动模型以解释社交媒体作为平台如何服务于价值共创。关于品牌社群价值共创的研究，主要成果集中在品牌社群的共创活动、共创机理、共创角色、共创结果、价值共创与品牌创建等方面。网络平台价值共创的研究主要讨论与传统商业模式价值共创的差异以及某一领域内网络平台价值共创的实现过程、伦理问题等。总的来看，数字世界的价值共创研究强调利益相关者通过线上媒体与平台共同参与、创造企业 CSR 活动的内容，处于起步阶段，有很大的拓展空间。但关于用户为何、如何连接平台以参与价值共创等内容没有学者提及，这正是本书要探讨的关键议题。

与商业价值共创的研究进展相比，公益价值共创的研究显得极为不足，且主要集中在公益众筹话题。从文献梳理的结果来看，公益价值共创的研究主要体现在公益价值的构成和如何共创两个方面。

公益价值的概念来源于捐赠者价值，包括公益事项价值和服务价值。随后，研究视角由捐赠者所获得的价值逐渐转换到整个公益活动，并强调公益价值是公益慈善活动中产生的社会收益与经济投入之间的差额。于是，学者们分别从政府、组织、网络、公众、公共管理等层面，对慈善参与模式共创的公益价值的内涵和构成进行了剖析。不管是哪个层面，学者们一致认为公益价值具有经济和社会两个方面的属性。具体而言，公益价值包括需求和动机的满足、传播价值及社会保障价值等，但仍不够系统和统一。也有学者从多维度对共创的公益价值进行归纳，如功能体验价值、享乐体验价值、社会体验价值的三维度，经济价值、享乐价值、学习价值、关系价值的四维度以及自我展示、社会存在感、享乐价值、实用价值的四维度，娱乐、信息搜索、打发时间、维系人际关系、追寻便捷性的五维度，利他动机、对任务的热情、自我表达、个人身份、人际关系需要、归属感、自我认同感、对社会地位的需要的八维度。

公众在公益价值共创中可扮演共同实施者、共同设计者和发起者三类角色。

公众参与在公益价值共创中发挥着积极作用，可帮助公共管理者增强事务处理能力、快速准确把握民意等，可增加公益组织的透明度及信任度。除了公众外，公益价值的创造主体还包括政府、公益组织、捐助者（包括个人和企业）、受助人等，它们在价值创造中的作用及关系是学者们关注的重点。Sorensen（2021）等探讨了政府、非营利管理者、公众在执行共创公益价值中的关系。敬乂嘉（2014）基于代理理论和管家理论的视角对中国基层社区公共服务的外包进行了质性研究，深入探讨了基层政府与非营利组织的合作关系和程度。Moshtari 和 Gonçalves（2017）研究了在灾害救援情境下，跨部门合作的价值以及影响合作的情境因素、跨部门因素和部门内因素。另外，还有学者研究公益价值共创的过程，Haug 和 Mergel（2021）以"生活实验室"为研究对象，解读了公益价值共创的过程及影响因素。Huang 和 Yu（2011）以一家网络图书馆为案例对象，揭示了小型公益慈善项目在运营过程中经济价值和无形价值的共创过程。

虽然价值共创的研究成果非常丰富，但关于公益价值共创的研究仍处于发展阶段，成果较少。从文献梳理的结果来看，公益价值共创的相关成果主要体现在公益众筹话题和公益价值的构成、如何共创两个方面。关于公益价值的构成，学者们的研究视角集中在捐赠者所获得的价值、整个公益活动获得的价值两个方面，虽得到了多个层面的价值构成，但不管从哪个层面剖析，他们都认为公益价值均呈现出经济和社会两个方面的属性。关于公益价值的共创，创造主体在价值共创中的作用及关系是研究的重点，展开了质性与量化研究，但研究成果依然不够丰富。

### 四、现有研究的总结与局限性

总体来说，现有研究已肯定了网络公益平台、用户连接行为、公益价值共创对于公益事业发展的重要性，研究成果为本书提供了重要的理论基础。现有研究虽然对网络公益平台的内涵和特征进行了初步归纳和总结，但鲜有针对网络公益平台本身的研究，主要集中于平台上用户的捐赠、分享和转发、参与等行为。关于用户连接行为的研究较少，且主要聚焦于信息研究领域，成果集中在作用结果、影响因素和形成途径三个方面。价值共创的研究成果非常丰富，但公益价值共创的研究尚处于发展阶段，研究成果主要集中于公益众筹话题以及公益价值的构成、如何共创等方面。

通过文献回顾发现，现有研究还存有以下局限：

第一，缺乏对网络公益平台用户连接行为的理论揭示。相关文献虽然给出了用户连接的概念，肯定了用户连接行为给连接各方带来的正向作用，从用户的内、外部两个方面探寻了其影响因素，从维度、广度、深度提炼出了用户连接行为的形成途径，但仍缺乏对网络公益平台情境下用户连接行为的内涵、影响因素及内在机制、促进对策建议等内容的系统性理论揭示。

第二，用户连接行为路径及演进过程的剖析存在不足。已有研究主要对用户连接行为的前因和结果进行了理论诠释，通过案例研究和归纳明确了用户连接行为的红利是价值共创，通过实证分析证实了影响网络用户连接行为的内外部动机因素。由于用户连接行为不仅包括一系列操作，还涉及用户的心理决策，其路径过程极具动态复杂性，数据获取困难，导致此部分研究的难度较大。但随着公开数据的增加，以及深度访谈数据获取的便利性增加，扎根理论分析法为探索用户连接行为的路径演进过程提供了机会，对此，本书从公益价值共创的过程视角，采用扎根理论方法试图揭示网络公益平台用户连接行为的完整路径及演进过程。

第三，缺少从价值共创视角探究网络公益平台用户连接行为的内在机制。基于价值共创视角研究平台用户行为的研究成果不少，但主要集中于商业领域，公益领域主要运用价值共创理论研究公益众筹行为对于平台积累用户流量的第一步——用户连接行为，尚缺少从价值共创视角对其进行探究的成果。网络公益平台的用户连接行为涉及多方连接主体，其演进过程伴随着公益价值的共创过程，因此，本书从价值共创的过程视角探寻网络公益平台用户连接行为多阶段的内在机制。

## 第二节  理论基础

基于研究情境、问题和内容，本书以价值共创理论、刺激—机体—反应理论、情绪感染理论、复杂性理论、社会交换理论、社会认同理论等为第四、五、六章的模型构建，为全书的逻辑和视角提供理论依据。

### 一、价值共创理论

价值共创思想最初来自共同生产，即通过顾客与厂商在生产过程中的交流互动，厂商实现能力提升和收益获取，顾客实现理想和目标，双方共同创造价值。

价值共创作为"消费者生产理论"的一个分支，阐述了消费者在价值创造过程中的独特作用。基于此，Prahalad 和 Ramaswamy（2004）提出价值共创的概念，即价值是由企业、消费者、其他利益相关者多方共同创造的。2010 年，Vargo 和 Lusch（2010）从服务的角度提出了"服务主导逻辑"的价值共创理念，认为"服务是一切经济交换的根本基础""消费者是价值的共同创造者"。基于服务主导逻辑共创的价值是顾客在消费过程中产生的"使用价值"而非"交换价值"。目前，学术界关于价值共创理论主要有三个流派：基于消费者体验的价值共创理论、基于服务主导逻辑及其扩展的价值共创理论、基于顾客主导的价值共创理论。价值共创理论的三个流派不完全对立，是相互补充和衍生的关系，且有一定程度的重叠。无论是基于何种视角的价值共创理论，都一致赞同顾客参与价值共同创造的这一核心观点，但各流派在价值共创的主体、焦点及过程上略有不同（见表 2.2）。

**表 2.2　价值共创理论的流派比较**

| 理论流派 | | 价值共创主体 | 价值内涵 | 价值焦点 | 价值共创过程 |
|---|---|---|---|---|---|
| 消费者体验逻辑 | | 企业、顾客 | 体验价值 | 企业+顾客价值 | 企业提供体验环境，促进顾客参与企业互动共创体验，是全方位的价值共创过程 |
| 服务主导逻辑 | 早期服务主导逻辑 | 企业、顾客 | 使用价值情境价值 | 企业+顾客价值 | 企业提出价值主张，顾客与企业通过互动共创价值，是全方位的价值共创过程 |
| | 服务逻辑 | 顾客创造价值、企业促进价值创造 | 使用价值 | 顾客价值 | 企业通过共享区域的直接互动促进顾客价值共创，是顾客价值共创的过程 |
| | 服务科学 | 服务系统成员 | 使用价值情境价值 | 服务系统价值 | 通过服务系统内部、内外部之间的资源整合、服务交换实现价值共创，是全方位的价值共创过程 |
| | 服务生态系统 | 服务生态系统参与者 | 情境价值 | 服务生态系统价值 | 松散耦合的服务生态系统中，参与者由制度约束和协调通过资源整合、服务交换共同创造价值，是全方位的价值共创过程 |
| | 顾客主导逻辑 | 顾客、企业等多元主体 | 体验价值情境价值 | 顾客价值 | 顾客在消费过程中通过投入时间、精力、情感等资源，通过与企业等多元主体的互动共创价值，是顾客价值共创的过程 |

资料来源：简兆权等（2016）。

　　基于消费者体验的价值共创理论认为顾客消费和使用活动是价值创造的最后和关键阶段，但共创体验是价值形成的基础，互动是企业与顾客共同创造价值的重要方式与核心。该理论强调的价值共创参与者不仅包括企业和用户，还包括第三方平台、供应商等利益相关者，价值存在于顾客在特定时点、特定地点和特定情境下共同创造的体验，可在消费者参与的各个环节中产生。因此，Prahalad 和 Ramaswamy（2004）认为价值共创理论是消费者与企业通过有目的的互动创造个性化体验的过程，即通过管理消费者—企业—消费者之间的交互，变现了价值从消费者出发到企业及其所处的网络最后回到消费者的动态流动过程。由此可见，价值共创贯穿于企业与顾客互动和体验形成的整个过程，网络公益平台情境下的价值共创也不例外，其理念始终融合于平台与用户、用户与用户以及用户与其他相关方互动和体验形成的整个过程中。

　　基于服务主导逻辑的价值共创理论的核心思想是"服务是经济交换的根本基础"，本质是以企业为主导者，服务是交换的普遍形式，价值共创是建立在服务普遍性的基础上。服务主导逻辑下共创的价值是顾客在消费过程中实现的使用价值。对于顾客而言，共创价值形成于消费情境和消费需求相关的个性化创造过程。对于生产者而言，其通过置身于顾客的使用情境中为顾客创造价值提供帮助和支持。因此，服务主导逻辑下的价值共创发生在顾客使用、消费产品/服务的阶段，共创的价值是生产者通过提供产品/服务与消费者共同创造的价值总和。随后，基于服务主导逻辑的价值共创理论拓展出了基于服务逻辑的价值共创、基于服务科学的价值共创和基于服务生态系统的价值共创。

　　顾客主导逻辑的价值共创理论认为，价值共创是顾客通过将企业提供的产品/服务与自身可利用的知识、技能等资源结合，设计生产自己期望的产品/服务的过程。在此过程中，顾客处于主导地位，是价值的创造者，企业为顾客提供信息、技术等方面的支持，帮助顾客创造所期望的价值。顾客消费过程是顾客主导逻辑的研究重点，强调价值由顾客与企业共同创造（企业在顾客消费过程中与顾客互动）或顾客独自创造（企业在顾客消费过程中不与顾客互动）。顾客主导逻辑将价值共创视为任务导向或目标导向的过程，在这个过程中，顾客为了获得期望的消费体验，有意与服务提供者进行互动交流。顾客的价值创造活动可以发生在服务期间，也可以发生在服务之前和之后，即价值创造不受服务过程的限制，可以扩展到与服务提供者的互动过程之外。另外，顾客主导逻辑的价值共创具有情境依赖性、动态性和多元性等特征，顾客与服务提供者共创的价值包括体验价值和情境价值。

本书的研究对象是网络公益平台用户连接行为。网络公益平台为用户提供服务和具有产品性质的公益项目，用户通过连接平台、连接项目和其他用户进行互动、交流，并运用自己的关系网络将其与公益项目的连接关系分享出去，推动社交平台用户连接行为的产生，此过程产生了用户的体验价值、平台的功能价值以及相关者的社会价值等，每一环节都涵盖着价值共创。因此，价值共创既是本书的基础理论和研究视角，也是促进网络公益平台用户连接行为的目的。

### 二、刺激—机体—反应理论

刺激—机体—反应理论（SOR 理论）是在刺激—反应模型（SR 理论）中增加了"机体"发展而来，认为实体环境的刺激通过影响个体的情感反应进而影响个体的行为决策。SOR 理论将个体放在中心位置，认为人的复杂行为从刺激到反应的过程中，机体的内化感知起中介作用，其核心思想是外部环境刺激（S）对机体内在产生影响（O），从而促使个体产生趋近或规避行为（R），描述了行为产生的完整过程。在 SOR 理论中，刺激是环境中能激发和促进行为的因素；机体是介于外部刺激和最终反应之间的内部处理过程，可以是知觉、情感和生理感觉等因素，外界刺激通过机体过程可以转化为有效信息，作为后续行为的依据；反应是刺激对象最终趋近或趋远的行为结果，包括心理反应和行为反应。

基于 Mehrabian 和 Russell（1974）的研究成果，学者们对 SOR 理论进行了衍生和扩展，如表 2.3 所示。Bitner（1992）提出的环境—用户关系框架，在机体环节增加了认知和生理两个内在中介。Eroglu 等（2001）构建的网络购物氛围研究模型，在原 SOR 的基础上增加了认知的内在状态。随后，Ergolu 等（2003）提出网站氛围通过影响消费者的愉悦感、唤起感以及态度，进而影响消费者的满意度以及趋近和规避行为。Sautter 等（2004）基于 Eroglu 等模型提出网上商店环境和顾客所处物理环境同时通过影响顾客的情感、认知和远程呈现，进而作用于顾客的行为反应。Kim 等（2010）探讨了网站信息量（S）通过消费者风险感知（O）影响消费者满意度（R）的作用机制。魏守波和程岩（2012）将愉悦性、专注和行为控制感知作为机体变量实证研究了虚拟氛围（S）对在线消费者冲动性购买意向（R）的影响。Ngah 等（2023）将冲突处理和客户关系管理作为刺激因素，将客户满意度作为机体，将转换意向作为反应，为第三方物流研究建立了一个新的 SOR 模型。

表2.3　刺激—机体—反应理论的演进

| 刺激（S）变量 | 机体（O）变量 | 反应（R）变量 | 文献来源 |
|---|---|---|---|
| 实体环境 | 情感反应 | 趋近、规避行为 | Mehrabian and Russell（1974） |
| 感知到的服务环境 | 认知、情感、生理 | 趋近、趋远行为 | Bitner（1992） |
| 网站氛围 | 情感、认知 | 趋近、规避行为 | Eroglu 等（2001） |
| 网站氛围 | 愉悦感、唤起感、态度 | 满意度、趋近、规避行为 | Eroglu 等（2003） |
| 虚拟商店环境、顾客所处物理环境 | 情感、认知、远程呈现 | 趋近、规避行为 | Sautter 等（2004） |
| 品牌、促销 | 感知价值、感知店铺形象 | 购买意愿 | Park 等（2009） |
| 网站信息量 | 风险感知 | 满意度 | Kim 等（2010） |
| 虚拟氛围 | 愉悦性、专注、行为控制感知 | 在线冲动性购买意向 | 魏守波和程岩（2012） |

综上所述，SOR 理论被广泛应用于商业、管理等领域，成为研究外部刺激因素作用于个体心理与行为的重要框架，成为用户使用行为研究的经典理论。该理论的优点在于中介变量 O 能打开环境刺激到行为反应的黑箱，合理阐释外界刺激作用于个体行为反应的内在机制。同时，该模型还为解释互联网情境下，外在刺激如何激发用户行为提供了理论框架。吸引阶段网络公益平台用户连接行为就是用户在平台和项目因素的刺激下被激发的趋近行为，因此，SOR 模型适合于探索该阶段用户连接行为的驱动机制。

### 三、情绪感染理论

情绪感染理论指出，个体在交互过程中，具有自动模仿和同步他人的表情、声音、姿势和动作的倾向，使得情绪聚合并统一。情绪感染通过情绪信息的接触让观察者无意识地模仿，产生与诱发者相同的情绪以完成情绪传递，情绪感染的结果直接影响观察者的行为。情绪感染过程有三个特性（见图2.2）：接触性（情绪感染发生的基本条件）、指向性（情绪总是从情绪发出者向情绪接受者传递）和趋同性（被感染方的情绪趋同于情绪发出方的情绪）。Barsade 等（2018）提出情绪感染理论应用的四要素：①情绪感染由狭义情绪和广义情绪构成；②情绪感染通过潜意识和意识过程发生；③情绪感染可发生在任何规模的社会群体中，且可能被一人或多人诱导；④情绪感染表现出一种社会影响，影响人们的感受及随后的想法和行为。

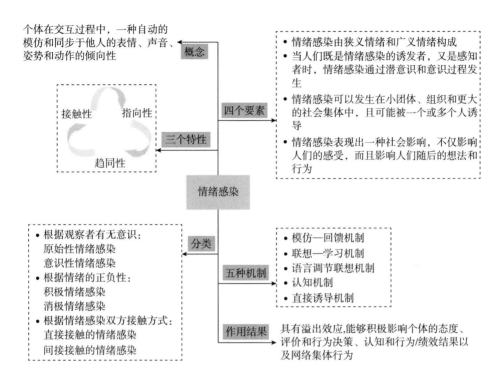

个体在交互过程中，一种自动的
模仿和同步于他人的表情、声音、
姿势和动作的倾向性

概念

四个要素
- 情绪感染由狭义情绪和广义情绪构成
- 当人们既是情绪感染的诱发者，又是感知者时，情绪感染通过潜意识和意识过程发生
- 情绪感染可以发生在小团体、组织和更大的社会集体中，且可能被一个或多个人诱导
- 情绪感染表现出一种社会影响，不仅影响人们的感受，而且影响人们随后的想法和行为

接触性　指向性　趋同性

三个特性

情绪感染

分类
- 根据观察者有无意识：
  原始性情绪感染
  意识性情绪感染
- 根据情绪的正负性：
  积极情绪感染
  消极情绪感染
- 根据情绪感染双方接触方式：
  直接接触的情绪感染
  间接接触的情绪感染

五种机制
- 模仿—回馈机制
- 联想—学习机制
- 语言调节联想机制
- 认知机制
- 直接诱导机制

作用结果　具有溢出效应,能够积极影响个体的态度、评价和行为决策、认知和行为/绩效结果以及网络集体行为

**图 2.2　情绪感染理论的内容概述**

根据观察者有无意识，情绪感染可划分为原始性情绪感染和意识性情绪感染。原始性情绪感染基于自动模仿，来源于观察者无意识的模仿和潜意识的心理反馈，感染结果是感知和体验，是一种自下而上的情绪产生过程，表现为面部表情、语言、姿态与情绪传递者同步的状态，包含"察觉—模仿—反馈—感染"四个阶段。意识性情绪感染将情绪感染作为理解他人感受的社会信息传递过程，包括在交互过程中交流的某种特定情绪，以及从他人转移的某种情绪，受到诱发者情绪真实性的影响，包括"感知—分辨—匹配—感染"四个阶段。另外，根据情绪的正负性，情绪感染包括积极情绪感染和消极情绪感染，指的是个体在他人正性或负性情绪的感染下，表现出与其一致的情绪体验过程。根据情绪感染双方是否直接接触，可分为直接接触的情绪感染（感染双方直接进行情绪感染）和间接接触的情绪感染（目睹他人情绪感染的过程而受到的情绪感染）。

情绪感染在个体社会交往过程中在所难免，包括五种机制：一是模仿—回馈机制，即个体的情感体验时刻受到来自面部表情、声音、姿势和动作模仿带来的反馈与刺激。二是联想—学习机制，即当观察者的情绪感受与他人的情绪表达线索一致时，这一情绪线索将进一步直接诱使观察者感受相似的经历，或间接通过激发观察者回忆过去的相似经历而产生与他人相似的情绪状态。三是语言调节联想机制，即关于某一特定环境的语言或文字描述能激发观察者产生与所描述情景相似的想象，从而驱使观察者产生与描述者一致的情绪感受。四是认知机制，即观察者将自己想象为处于某一场景下的另一个人，并想象在该情景下与该人相似的情绪体验。五是直接诱导机制，即当对某一个体的情绪表现产生认知后，观察者原有的情绪状态会被刺激并发生改变。

综上所述，社会场景中个体之间发生的情绪感染现象具有溢出效应，能够积极影响个体的态度、评价和行为决策、认知和行为结果、网络集体行为等。社交媒体上的交互、文本暗示和观察他人的情绪体验都可以引起情绪感染，且用户与发帖者关系紧密程度影响情绪感染强度。因此，互联网场景中的情绪感染现象普遍存在，影响着个体乃至群体的行为决策及结果。基于此，本书运用情绪感染理论解释用户—平台、用户—项目连接行为的驱动机制（第四章）。

### 四、复杂性理论

复杂性理论（complexity theory）是"复杂性科学理论"的简称，也称"复杂性科学"，是以揭示和解释复杂系统的运行规律为主要任务，以提高人们认识、探究、改造世界的能力为主要目的的一种"学科互涉"新兴科学研究理论。该理论具有多学科交叉性，是将自然科学的概念和语言引入社会科学中的理论体系。复杂性理论通常泛指一切关于"复杂性"的理论形态，即一切与复杂性研究相关的理论所组合而成的理论。与简单性认知相比，复杂性理论的首要特征是强调构成整体的部分间的相互联系、相互依赖及相互影响，认为系统并不是单一的线性因果关系，而是复杂的非线性因果关系，任何细微的变化都可能会对系统的发展产生不可预测的影响。

复杂性理论是打破决定论范式的一次认识论飞跃，强调客观事物的非线性、非均衡、交互效应。该理论兴起于20世纪80年代，经历了三个阶段（见图2.3）：基础理论创立期（20世纪四五十年代）、自组织理论发展期（20世纪七八十年代）和复杂性理论研究期。基础理论创立期的主要理论是一般控制论、一般系统论、通信信息论等，认为不同因素间相互作用的影响不是简单相加的。自组织理论发展期创立了耗散结构论、协同学、超循环论和突变论等学科，揭示了关于开放系统进化的有序生成模式和发展的自组织机制理论，提出系统内部各个要素能够通过相互合作和竞争从无序中自发地产生秩序。复杂性理论研究将科学的研究视角明确地推进到了复杂性理论研究层面，相关研究领域包括几何分形学、混沌理论、全息理论、虚拟现实科学、纳米科学和复杂系统理论研究等，也对政治学、经济学、社会学等社会科学研究领域产生了重要影响。

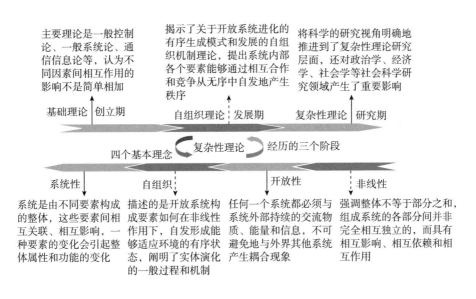

**图 2.3　复杂性理论的内容框架**

复杂性理论的基本理念主要体现为四个方面：一是系统性。复杂性理论认为系统是由不同要素构成的整体，这些要素间相互关联、相互影响，一种要素的变化会引起整体属性和功能的变化。这要求学者们运用系统思维分析和分解研究对象，既要认识到系统各个部分对于整体的影响，还要认识到系统中各部分之间的相互作用。二是自组织。自组织描述的是开放系统构成要素如何在非线性作用下，自发形成能够适应环境的有序状态，阐明了实体演化的一般过程和机制。三是开放性。开放性是自组织过程得以发展的先决条件。任何一个系统都必须与系统外部持续地交流物质、能量和信息，不可避免地与外界其他系统产生耦合现象，从而导致该系统的存在与发展便受到了其他系统的制约和影响。四是非线性。强调整体不等于部分之和，组成系统的各部分之间并非完全相互独立的，而是具有相互影响、相互依赖和相互作用。非线性描述了复杂系统生成过程中的分叉现象以及结果的非对称性，在管理学研究领域得到了广泛的应用。

Woodside（2015）根据复杂性理论指出，单一的前因条件不足以预测结果，不同条件的组合才能导致结果的发生。这表明，没有任何一个前因条件足以导致行为结果的发生，任何条件都必须与其他条件结合才能预测结果。在网络公益平台情境下，用户的行为决策受到来自用户自身、公益平台、公益项目、环境等诸多因素的共同影响，各影响因素之间存有交互作用，且共同作用于用户的行为结果。这意味着用户决策行为的研究需要充分考虑各影响因素之间的复杂关系。网络公益平台用户转发公益项目的意愿是用户在没有物质回报的情况下做出贡献自身可操作性关系资源价值的决定，这无疑是诸多因素共同作用的结果。因此，揭示其中的作用机制需要依托复杂性理论的基本理念，复杂性理论适用于探索转化阶段用户转发意愿的组态效应机制（第五章）。

**五、社会交换理论**

社会交换理论（Social Exchang Theory，SET）从个体心理的微观层面出发，认为人类所有行为都受某种能带来奖励的交换活动支配，即人类的所有社会活动归根结底都是一种交换，任何人际关系的本质都是交换关系，社会交往过程是一个交换过程。SET 理论中所指的交换是"对非经济社会情况的经济分析"，被认为是人们在社会交换出现时的基本心理过程及其与交换行为之间的关系，象征着关系中人与人之间的相互依存状态。社会交换理论假设人际关系中的当事人会考虑参与关系的成本，并试图从交换关系中获得最大利益，交换的利益包括有形/无形以及物质/非物质的东西。

SET 理论代表人物的观点如图 2.4 所示。Homans（1958）的行为主义交换论来自功利主义经济学（如费用成本、利润、分配的公正性等）和行为主义心理学（如活动、奖励、价值、感觉、相互作用等），由人类交换行为的五个命题——成功、刺激、价值、剥夺满足、攻击赞同命题构成，用以说明微观交换过程中的心理学规律。Blau（1964）的结构交换论将社会交换界定为"当他人做出报答或回应形式的反应时，活动就发生，若他人不再出现这种反应时，活动就停止"，并将交换过程分为"吸引—交换—竞争—分化"四个阶段。人与人之间之所以存在相互交往，是因为交往双方都会从交往行为中的"交换"获得某些需要的东西，社会关系的存在可被解释为个人期待获得一定的内在性或外在性社会报酬而发生的交换。Emerson（1976）的网络交换论将交换需要和网络进行了结合，认为不同的交换关系可将不同的行动者联系起来，构成一个关系网，建议用网络状的交换概念来描述交换关系的形态，使得 SET 理论的应用从分析小型组织扩展到解释大型复杂的社会结构。

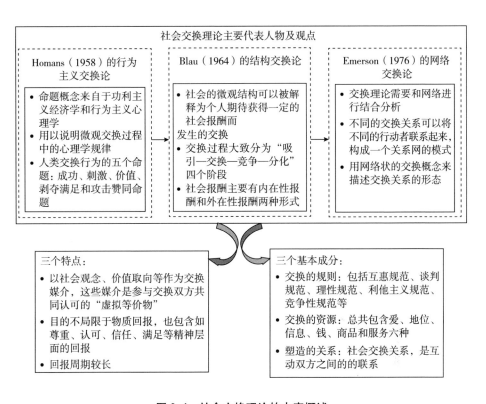

**图 2.4　社会交换理论的内容概述**

相较于传统的经济交换理论，社会交换理论存在三个特点：第一，社会交换以社会观念、价值取向等作为交换媒介，这些媒介是交换双方共同认可的"虚拟等价物"。第二，社会交换的目的不局限于物质回报，还包含如尊重、认可、信任、满足等精神层面的回报。第三，社会交换的回报周期较长。此外，SET 理论的核心内容包含了一系列能产生责任与义务的交互行为以及三种基本成分：交换的规则、交换的资源和塑造的关系。交换规则是在交换关系中形成的被交换双方采纳的规范定义，包括谈判、互惠、理性、利他主义、竞争性等。交换的资源主要包括爱、地位、信息、钱、商品和服务等。塑造的关系就是社会交换关系，即互动双方之间的联系。

SET 理论将人际互动的本质视作基于互惠原则的资源交换，常被作为一种解释机制用于阐述以互动和交换为基础的社会关系和个体决策行为，如中国情境下的公民行为、员工的组织承诺、知识分享行为、消费者心理与行为决策等社会现象。慈善公益行为虽然以利他性为主，但其背后的动机还涵盖了社会交换的互惠性。在网络公益价值共创的场景中，平台通过广告、信息呈现、信息触达等方式向用户传递公益项目信息，收获用户信任和品牌口碑。公益资源提供方用户在互惠、利他等原则的引导下连接平台、贡献自己的资源，收获情感满足等体验价值。公益资源需求方用户通过连接平台实现公益资源的获取，以感恩回报公益资源提供用户，以信任和口碑回报平台，这都是社会交换活动。且社会交换理论提供了一种人际关系——感觉视角，对网络人际交往的实践研究具有强烈的暗示性和适用性。因此，SET 理论适合于探索基于价值共创过程视角的网络公益平台用户连接行为，为吸引阶段的驱动机制（第四章）和分享阶段的影响机制（第六章）提供理论依据。

## 六、社会认同理论

社会认同理论（Social Identity Theory，SIT）的核心思想是：个体通过对自我和已有群体成员的特性认知，将自我自动归属到具有相似特性的群体中，并做出类似该群体成员的行为。SIT 理论认为个体的任何行为表现，都是基于个体对所属群体的认知而产生。个体通过社会分类将自己划分在不同的类别中，并对自己所处的群体产生认同感，从而形成外群体偏见和内群体偏好，由此获得积极的社会认同。一旦个体行为与心理群体内成员的行为不一致时，个体会调整自己的行为以与群体行为一致，由此获得自我概念。该理论认为个体身份是由其社会关系特别是在某一社会类别中的成员关系决定，能为个人行为选择及群体内个体行为表现的研究提供有力解释。

社会认同包含内在认同和外在认同两类（见图 2.5）。内在认同是群体内成员主观上对群体产生的认同，且以此为分界。外在认同是指社会赋予某一群体的归类与划分，即社会分类，以社会界定为分界。社会认同理论基于社会分类、社会比较和积极区分原则三个层面建立。社会分类过程中，个体产生较强的群体意识，自动强化自身与群体内成员的共同点，识别与非群体成员的差异。社会比较包括群体内比较和群体外比较。积极区分的结果是个体获得群体的积极认可，包括情感、行为和认知等方面。社会认同具有两方面的作用：一是帮助个体认识社会情境中的规范秩序，定义自我与群体的异同之处。二是帮助个体在社会情境中找到位置，明确自己的社会身份。另外，社会认同有多种表现形式，如个体对所在组织的认同（组织认同）、对与他人之间关系的认同（关系认同）等。

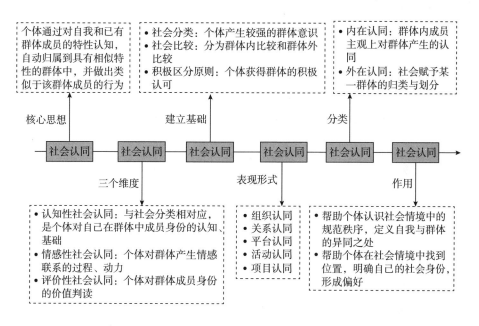

**图 2.5 社会认同理论的内容概述**

SIT 理论包括认知性社会认同、情感性社会认同和评价性社会认同三个维度。认知性与社会分类相对应，是个体对群体成员身份的认知，通过比较将自身归入某一类群体。情感性社会认同促进群体内个体间良好信任关系的建立，直接推动成员行为的产生，使得成员将群体目标当作自己的目标。评价性社会认同是个体对群体成员身份的价值判断，包括正面和负面价值。认知是个体将自身归入某群体的基础，情感是个体在群体中表现出各种行为的动力，情感认同和评价认同产生于群体内个体互动。

社会认同理论，为分析群体内的个体行为和群际关系提供了重要的理论支撑，得到了各领域学者的关注。SIT 对于解释互联网情境下的用户意愿和行为具有较强的适用性。当用户对某群体或群体身份的认同感较高时，会更愿意参加该群体活动。黄京华等（2016）提出群体认同通过消费者的态度影响其对企业和产品的关系感知，并最终影响购买意愿和推荐意愿。社会认同在品牌拟人形象与消费者性别一致性影响消费者品牌态度中发挥中介作用。

　　本书用社会认同理论阐述网络公益平台用户连接行为过程中的内在机制，理由如下：第一，社会认同理念与用户连接网络公益平台及项目、转发公益项目链接的情境高度契合。SIT 理论认为，个体在认同的基础上感知自我、捕捉情感体验与价值意义。用户之所以连接网络公益平台及其项目、转化连接价值，是因为认同该平台及项目。社交平台用户之所以点击公益项目链接，根本原因是认同与转发者的关系。第二，该理论较全面地阐释了从群体互动到个体认知和行为状态的全过程，解释了网络公益平台用户群体互动到用户认知与连接行为形成（第四章），以及公益项目转发者友人群体的互动到链接接收者认知与点击意愿形成（第六章）的过程。

# 第三节　本章小结

　　本章对研究价值共创过程视角下网络公益平台用户连接行为所涉及的文献和理论进行了总结和归纳。第一节通过对网络公益平台、用户连接行为、公益价值共创相关文献的回顾，总结了各领域研究的现状、主题和不足，为本书的问题分解、寻找切入点提供了理论铺垫。第二节对本书开展过程中需要用到的相关理论（价值共创理论、刺激—机体—反应理论、情绪感染理论、复杂性理论、社会交换理论、社会认同理论）进行了归纳和匹配，为解决本书的四个子问题提供了理论支撑。

# 第三章 基于质性分析的网络公益平台用户连接行为的理论逻辑

## 第一节 问题的提出

在大连接的当代，人与人的连接、人与物的连接以及物与物的连接，带来了巨大价值。用户连接是企业扩增用户量的重要模式[①]，是推进价值共创的重要路径。作为连接公益资源供需双方的媒介，网络公益平台为民众在线参与公益提供了方便、快捷、可靠的途径，积聚了大量的潜在用户，成为"互联网+公益"事业快速发展的重要推手。截至2022年5月9日，腾讯公益平台共募集到超6140万次爱心捐助，水滴筹平台获得超17万位爱心人士的帮助。对于广大国民而言，网络公益平台已成为他们参与慈善公益事业的重要渠道。为此，有必要对网络公益平台用户连接行为展开深入研究，解锁其内在机制，为解决网络公益平台及公益项目引流问题提供理论依据。

现有研究尚未形成用户连接行为的统一概念，研究成果主要集中在商业和信息领域，研究内容聚焦于用户连接行为的影响因素和形成途径，但研究较分散，且缺乏系统性的成果。虽然本书在第一章阐述了网络公益平台用户连接行为的概念，但其深层内涵、影响机制、演变路径尚未得到充分体现，慈善公益领域的用户连接行为依然是一个尚未发展出完善理论框架的新研究概念。网络公益平台用

---

[①] 腾讯公益官网，https://gorgyi.qq.com/；水滴公益官网，https://www.shuidigcngyi.com。

户连接行为是高度复杂、驱动因素尚未明确、需要解读过程的问题，需要对其内涵、演变路径、影响因素、内在机制等展开针对性、系统性的质性研究，由此建立本书的总体性理论研究框架。

　　基于上述分析，本章将采用质性分析方法对网络公益平台用户连接行为的路径演进过程、影响因素和内在逻辑等展开探索性研究，旨在构建本书的总体性理论逻辑框架。本章的质性研究分析框架如图 3.1 所示。首先，介绍研究方法的适用性，针对研究设计选择访谈样本。其次，设计访谈提纲，开展深度访谈，将访谈资料整理成文本。再次，对深度访谈资料按照程序化扎根理论方法的操作流程，进行开放性编码、主轴性编码、选择性编码及理论饱和度检验。最后，针对扎根编码结果进行总结和讨论，得到本书的理论逻辑框架。

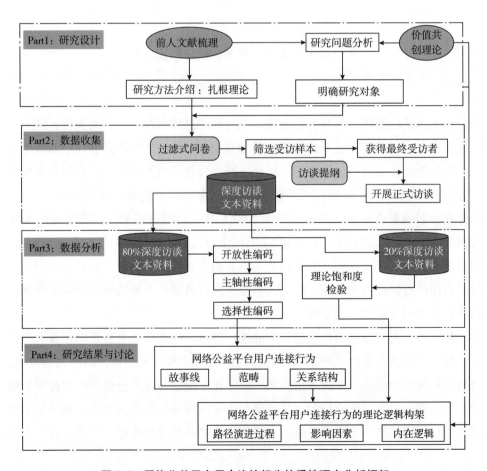

**图 3.1　网络公益平台用户连接行为的质性研究分析框架**

# 第二节　研究设计

## 一、研究方法选择

扎根理论是社会科学研究中应用最广泛的定性研究方法，主张在数据分析的基础上，通过对访谈资料、观察记录、文本等多元资源的编码、比较，形成概念与类属，由此识别主体间的关系，并基于主体间的互动关系构建理论，强调研究者与数据、文献之间的三角互动，对理论框架构建的解释力度较强，特别适合解决因素识别、解读过程、情况复杂、新生事物探索四类问题。网络公益平台用户连接行为既是一个尚未形成完善理论框架的新研究概念，又是高度复杂的、需识别影响因素并解读过程的问题，因此应用扎根理论完善慈善公益领域用户行为的中层理论具有重要价值。

本书选择程序化扎根理论的研究范式，遵循开放性编码、主轴性编码和选择性编码的步骤剖析原始资料，研究流程如图 3.2 所示，主要分为五个步骤：①根据现实背景和情境确定研究问题。②运用深度访谈收集原始数据。③对原始数据开展三个层次的编码。④持续比较数据和现有概念，直到理论饱和度检验通过。⑤完成理论构建。

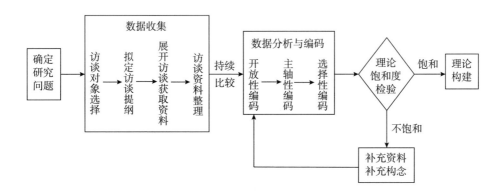

**图 3.2　扎根理论操作步骤流程**

## 二、访谈对象选择

本书按照典型性、启示性、理论抽样等准则选择访谈对象，不预设访谈者数量，根据理论饱和度决定访谈对象的数量。访谈对象的筛选标准为：①访谈对象是未来、正在、已经与网络公益平台或网络公益项目有连接关系的用户，包括四类：未来可能连接网络公益平台的潜在用户、仅连接公益平台上项目的一般用户、转发过公益项目的活跃用户、通过点击他人转发的公益项目链接与项目建立连接关系的一般用户。②访谈对象应具备较好的理解能力、逻辑思维能力和语言表达能力。③尽量选择能涵盖不同类型的访谈对象。

访谈对象选择的步骤如下：首先，借助过滤式问卷在一定范围内展开预调查，排除不符合筛选标准的对象。过滤式问卷主要包括个人基本资料调查和网络公益平台连接程度调查两个部分（见附录1），以问卷星在线链接形式通过滚雪球的方式发放问卷150份，回收131份，最终有效问卷116份。依据问卷调查结果，剔除了对网络公益平台了解程度偏低的对象。其次，排除了同质性较高的对象，即性别、年龄段、学历、职业、收入水平等属性高度相似的样本只保留其中一份，以提高访谈对象的典型性。再次，与剩余符合标准的对象沟通，排除不方便接受访谈或参与意愿不高的对象。最后，得到23名网络公益平台用户作为本书的访谈对象，基本信息如表3.1所示。

### 表3.1 访谈对象基本信息

| 编号 | 受访者 | 性别 | 年龄 | 受教育程度 | 职业 | 收入水平 |
| --- | --- | --- | --- | --- | --- | --- |
| S01 | 张女士 | 女 | 32 | 博士 | 科研人员 | 高于9000元/月 |
| S02 | 孙先生 | 男 | 35 | 博士 | 职业学院教师 | 高于9000元/月 |
| S03 | 唐女士 | 女 | 31 | 博士 | 在读博士生 | 低于3000元/月 |
| S04 | 沈先生 | 男 | 45 | 硕士 | 医生 | 高于9000元/月 |
| S05 | 孙先生 | 男 | 43 | 硕士 | 项目经理 | 高于9000元/月 |
| S06 | 钟先生 | 男 | 39 | 硕士 | 高校辅导员 | 6000~9000元/月 |
| S07 | 胡女士 | 女 | 36 | 硕士 | 银行职员 | 6000~9000元/月 |
| S08 | 刘女士 | 女 | 35 | 硕士 | 高校教师 | 6000~9000元/月 |
| S09 | 吴先生 | 男 | 31 | 硕士 | 公务员 | 6000~9000元/月 |
| S10 | 姜女士 | 女 | 24 | 硕士 | 在读硕士生 | 低于3000元/月 |

| 编号 | 受访者 | 性别 | 年龄 | 受教育程度 | 职业 | 收入水平 |
|------|--------|------|------|-----------|------|---------|
| S11 | 蒋先生 | 男 | 57 | 本科 | 研究所工程师 | 高于 9000 元/月 |
| S12 | 吴先生 | 男 | 33 | 本科 | 高级护理师 | 高于 9000 元/月 |
| S13 | 王先生 | 男 | 26 | 本科 | 工程监理 | 高于 9000 元/月 |
| S14 | 严女士 | 女 | 53 | 专科 | 小学教师 | 6000~9000 元/月 |
| S15 | 张女士 | 女 | 31 | 专科 | 私企员工 | 6000~9000 元/月 |
| S16 | 戴女士 | 女 | 29 | 本科 | 私企设计师 | 6000~9000 元/月 |
| S17 | 陈先生 | 男 | 28 | 专科 | 外卖员 | 6000~9000 元/月 |
| S18 | 李女士 | 女 | 21 | 高中 | 美容院美容师 | 6000~9000 元/月 |
| S19 | 王女士 | 女 | 29 | 本科 | 中专学校教师 | 3000~5999 元/月 |
| S20 | 李先生 | 男 | 25 | 本科 | 4S 店员工 | 3000~5999 元/月 |
| S21 | 安女士 | 女 | 24 | 专科 | 自由职业者 | 3000~5999 元/月 |
| S22 | 谭先生 | 男 | 22 | 本科 | 在读本科生 | 低于 3000 元/月 |
| S23 | 赵先生 | 男 | 19 | 专科 | 在读专科生 | 低于 3000 元/月 |

23 位访谈对象中女性 11 人，男女比例较均衡。年龄分布从 19~57 岁。受教育程度方面，高中 1 人、专科 5 人、本科 7 人、硕士 7 人、博士 3 人。职业分布广泛，包括企事业员工、教育科研人员、公务员、服务人员、自由职业者以及不同学校、不同年级的在读学生等。除了 4 位在读学生的月收入低于 3000 元外，月收入在 3000~5999 元的 3 人、6000~9000 元的 9 人、高于 9000 元的 7 人。此外，23 位受访者至少了解 1 家网络公益平台，其中有 9 名是 5 家平台的活跃用户。连接的平台涉及腾讯公益、支付宝公益、微公益、轻松筹、水滴筹、百度公益、字节跳动公益、阿里巴巴公益等。总体而言，本书选择的 23 位访谈对象从统计分布来看具有良好的代表性和差异性。

**三、数据收集与整理**

为保证访谈的效果，本书采用了访谈提纲。初步访谈提纲在深入分析研究问题的基础上，结合文献综述得到，经过三位博士的修订得到正式访谈提纲（见附录 2），主要包括两个方面：①受访者的个人信息，包括人口统计信息以及受访者的性格特点、认知风格和公益素养等。②网络公益平台情境下受访者连接行为的情况，如连接的动机、渠道、选择决策、行为结果等。在访谈过程中，我们未严格按照访谈提纲的顺序提问，而是根据受访者实际答题情况进行灵活提问及话题延伸，并在受访者偏离主题或对问题产生误解和不解时，及时进行引导。我们与被访者在正式访谈前进行了沟通，说明本次访谈的主题和相关概念，将访谈提纲发给对方，并预约正式访谈的时间和地点。

正式访谈时间为 2022 年 10 月 10 日至 27 日。其中，7 位受访者采用面对面方式访谈，16 位受访者采用视频方式，每位受访者的访谈时间为 40~60 分钟。访谈参考访谈提纲对受访者进行提问，在获得对方同意的前提下用录音笔对访谈过程全程录音。访谈结束后，对录音资料进行整理，最终得到 23 份、共计 9 万余字的访谈记录，即本书扎根理论的原始资料。

为满足理论饱和度检验的需要，本书从原始访谈记录中随机抽取约 1/5（4 份）留作理论饱和度检验，剩余的 19 份进行数据编码和理论建构。

## 第三节　数据分析

扎根理论分析的重要环节是编码，即将收集的原始资料打印后进行重新整理、组合和归类，由此挖掘概念、提炼范畴、构建理论，本书采用程序化扎根理论范式对深度访谈记录进行三级编码，以构建网络公益平台用户连接行为形成的理论逻辑框架。

### 一、开放性编码

对 19 份访谈记录的开放性编码操作步骤如下：①剔除与研究问题、访谈主题不相关的内容。②剔除访谈记录中无意义、表意不明、重复的内容。③剔除记录中受访者理解错误的回答。④按照逻辑顺序对访谈记录进行逐条编码和标记，形成对应的初始概念，即自由节点。⑤对自由节点进行不断比较、提炼和归纳，即对初始概念范畴化。⑥编码结束后，对不一致的编码进行反复讨论，直至意见一致。

为确保编码的信效度，本书招募了两位博士同时进行"背靠背"编码，三位编码人员分别对每一份访谈资料进行编码，然后对三方的编码结果进行反复比较，将重复或含义相同的初始概念进行合并，针对不一致的编码进行反复讨论直至意见一致。开放性编码结果如表 3.2 所示，最终得到 117 个初始概念和 33 个范畴，概念和范畴的命名均来源于访谈资料或由小组讨论决定。受篇幅限制，每个范畴仅展示一个代表性的原始语句及初始概念。

表 3.2　开放性编码及其范畴

| 原始语句 | 初始概念 | 范畴 |
| --- | --- | --- |
| 我身边有好多朋友都参加了公益活动，他们常讨论各自支持的公益项目，我感觉快要被他们同化了 | 公益氛围的刺激 | 社会影响的刺激 |
| 我室友在字节跳动公益参加了几个项目，她体验特别好，也推荐我下载抖音做公益 | 口碑推荐的刺激 | |
| 玩手机时收到网络公益平台推送的项目信息，我会点进去看看 | 信息触达的刺激 | |
| 网络公益平台上的项目种类很多、很全面，我能找到中意的 | 功能价值 | 感知价值 |
| 通过网络公益平台搜寻、参与公益项目特别方便、快捷 | 体验价值 | |
| 网络公益平台让公众的公益意识有所提高，比如腾讯公益平台运作的 99 公益日已成为一个全民公益节日，参与人数和捐赠额大幅增加，这极大地改善了我国受困人群的生活状况 | 社会价值 | |
| 我在高兴的时候容易想到公益平台，想看看能否帮助他人 | 愉快 | 情绪唤醒 |
| 腾讯公益上关于环境保护的公益项目能让我感到生存环境变好的希望，这引导我关注腾讯公益公众号以了解、支持环境保护项目 | 希望 | |
| 我心情不好，特别是感到悲伤时，会想着登录公益平台，浏览平台上的项目能发现很多比自己更可怜的人，这样我的心情会慢慢好转 | 悲伤 | |
| 我想做公益，通过网络公益平台参与公益很方便 | 公益参与意愿 | 连接平台需求识别 |
| 我不知道自己想支持公益项目是什么，因此需要先找一个可靠的平台 | 项目需求 | |
| 我想支持儿童教育事业，因此需连接合适的平台去找中意的助学项目 | 任务目标 | |
| 我看到的公益平台广告引起了我对这个平台的探索兴趣 | 兴趣需要 | |
| 我大部分时间需要使用笔记本，所以习惯通过访问网页的方式进入平台界面 | 访问 | 连接方式选择 |
| 我喜欢关注平台的微信公众号，因为这样比较方便，不用下载单独的软件，也不占用手机内存 | 关注 | |
| 当上网时遇到关于慈善公益的链接或图片时，我常会点击进去看看 | 点击 | |
| 我是慈善公益事业的热衷人士，是腾讯公益、支付宝公益、微公益的忠实会员，拥有自己的账号，所以我会不定时地登录这些平台 | 登录 | |

续表

| 原始语句 | 初始概念 | 范畴 |
|---|---|---|
| 通过登录的方式连接上平台能进入网页界面，网页看起来更清楚、舒适 | 网页 | 进入平台界面 |
| 公众号虽然界面比较小，但可以随时随地翻看，我喜欢乘坐地铁时翻翻轻松公益的公众号 | 公众号 | |
| 连入平台后，我总会被图片吸引，因此常常会先浏览平台上的图片 | 浏览图片 | 浏览平台界面 |
| 我觉得标题最能反映项目的诉求，我偏向于通过浏览标题选择我中意的项目 | 浏览标题 | |
| 我觉得图片存在误导的可能，而标题令我难以理解，因此我更愿意通过项目简介来判断是否点击该项目 | 浏览项目介绍 | |
| 我会将平台界面的所有信息都看清楚，再作判断 | 浏览所有信息 | |
| 我很容易被图片吸引，所以我会优先看项目的图片 | 视觉吸引力 | 项目信息呈现的刺激 |
| 我觉得支持者多的项目更容易实现筹款目标，这样的项目才让我有了了解详情的意向 | 目标可实现 | |
| 受益人表现出来的乐观向上情绪让我感到有希望，我会优先点击这类项目 | 受益人线索 | |
| 若没有找到合适的项目，或有其他急事，我会退出平台 | 退出平台界面 | 退出平台 |
| 当受益人的困境是非人为因素造成的，我会更认同该项目，会更想点击该项目以了解详情 | 认同受益人的困境 | 项目认同 |
| 我感觉受益人的诉求是合理的，才会认可该项目，从而想点击以了解详情 | 认同受益人的诉求 | |
| 保护环境的公益项目有利于全人类，我更认同这类项目的价值，也更愿意点击它 | 认可项目的价值 | |
| 有些项目受益人的处境特别糟糕，简直是祸不单行，我特别同情他们 | 处境共情 | 共情唤起 |
| 我是个感情细腻的人，常常能体会到求助者无助而又挣扎的感受，从而情不自禁地去点击该项目 | 感受共情 | |
| 我特别同情遭遇天灾的受困者们，例如去年的山西洪水，我就捐款并转发了项目链接 | 遭遇共情 | |
| 我是一个乐于助人的人，访问了网络公益平台，就一定会浏览并支持几个项目 | 助人的需要 | 连接项目需求识别 |
| 我支持了一个月捐的项目，由此与该项目建立了长久的连接关系，我每个月都会进入该项目界面捐款 | 任务需要 | |
| 我的童年非常不幸，我想通过支持救助儿童的公益项目来救赎我的童年，所以我偏向于点击平台上的儿童救助类项目 | 情感满足的需要 | |

续表

| 原始语句 | 初始概念 | 范畴 |
|---|---|---|
| 我会根据自己的标准在平台上选择合适的项目点击进去，而不是随意地点击 | 点击自己选择的 | 点击项目 |
| 我没有那么多时间和精力，所以我一般只点击平台置顶或推荐的项目 | 点击平台置顶或推荐的 | |
| 我没有事情时会点击平台上的项目了解一下，但不会每个都捐款 | 随意点击 | |
| 为了节约时间，我只是大致浏览项目界面的详细信息 | 大致浏览 | 浏览项目界面信息 |
| 进入项目界面后，我会仔细阅读项目的所有信息，并且对这些信息进行真假判断 | 仔细阅读 | |
| 我比较看重项目的真实性和能否实现，所以我会着重阅读项目的目标金额和已筹金额，以及资料说明、家庭财产状况、其他人证言等 | 选择性阅读 | |
| 若我认为该项目不真实、不能完成筹款目标、不值得我支持时，或我有其他急事，就会直接退出 | 退出 | 后续行为选择 |
| 我是一个特别喜欢分享生活的人，当我认可某一项目时，我会毫不犹豫地转发该项目 | 转发项目 | |
| 我觉得要对朋友负责，所以我不轻易转发链接，哪怕是特别需要支持的公益项目，我也不会转发，但是我会捐款支持 | 不转发项目 | |
| 我通过微信朋友圈转发过公益项目，这样能让项目在微信中传播，吸引更多的人点击 | 扩大传播范围 | 利他主义 |
| 通过社交平台转发网络公益平台上的公益项目，我认为可以将两个平台连接起来，一起帮助项目吸纳用户流量 | 实现平台间共创 | |
| 通过社交平台转发公益项目可帮助项目连接更多潜在支持者 | 提高传播效果 | |
| 我觉得将我认可的公益项目转发出去，能让朋友们看到我对慈善公益的支持，这有利于我设立乐于助人的人设 | 有助于设立人设 | 感知有用性 |
| 转发公益项目只要动一动手指就可以了，但这对于项目受益人而言却具有重大意义，能帮助吸纳更多流量和支持者 | 帮助受益人获得支持 | |
| 转发公益项目是对社会有益的事情，可帮助大家认识公益，提升大家的公益意识 | 提升公益意识 | |
| 转发项目能收到平台发送的感谢信，这让我更有动力转发我认可的项目 | 发送感谢信 | 平台影响力 |
| 我特别喜欢腾讯公益的小红花，为了能多得几朵小红花，我经常转发我认为可靠的项目 | 发放小红花 | |
| 转发项目能获得电子勋章，这让我感觉自己是一个公益人 | 颁发电子勋章 | |

续表

| 原始语句 | 初始概念 | 范畴 |
|---|---|---|
| 我认为在朋友圈分享公益项目链接能向朋友传递我的动态，让我收获好人缘 | 收获好人缘 | 社交需要 |
| 给朋友转发公益项目链接能增加我与朋友间的话题和互动，有助于关系的稳固 | 稳固关系 | |
| 我习惯通过微信分享我的动态，因为微信中基本上是熟人，能信任彼此，不会出现隐私泄露的风险 | 微信 | 转发渠道选择 |
| 我乐于将已捐款的公益项目转发到微博上，因为微博好友彼此不认识，不用为转发的内容负责任，不会有心理负担 | 微博 | |
| 周围的同学大都使用QQ，我也不例外，虽然我没有转发过公益项目，但如果要转发的话，我肯定会通过QQ转发 | QQ | |
| 我前段时间在字节跳动公益APP上看到一个公益项目，这个项目是以视频的方式呈现的，我果断转发了 | 抖音 | |
| 我只会转发我认同的、捐款的公益项目，而且只会转发给关系较近的好友 | 亲朋好友 | |
| 我会将我认可的公益项目转发给同事，顺便露个脸 | 同事同学 | 转发对象选择 |
| 对于转发公益项目这类好事，当然是越多人知道越好，所以我会尽量让我的所有联系人都能收到 | 所有联系人 | |
| 骗子太多了，我怕担责任，所以我只会将项目转发给陌生人，至于对方是否相信，我就不管了 | 陌生人 | |
| 如果是转发我非常认可且特别需要支持的项目，我会私发给关系比较近的亲朋好友 | 私发 | 转发方式选择 |
| 如果是同事们都熟悉的或一起关注的公益项目类型，我会发到同事群中，大家一起支持 | 群发 | |
| 我是分享达人，习惯公开分享我认可的内容，这当然也包括公益项目，我上个星期还在朋友圈转发了腾讯公益上的新生计划项目 | 公开分享 | |
| 朋友在微信朋友圈转发的公益项目，我都会点击进去看看 | 点击 | 用户—项目—用户 |
| 朋友私发给我的公益项目链接，我会点击进去仔细看看 | 仔细阅读 | 连接形成 |
| 亲朋好友私发给我的信息，我认为很重要，因此，当朋友将公益项目私发给我时，我一定会捐款予以支持 | 捐款 | 连接行为利用 |
| 面对别人转发给我的公益项目，我详细了解项目后，如果认可该项目，我就会将其转发出去，让更多的人接触到该项目 | 转发 | |

续表

| 原始语句 | 初始概念 | 范畴 |
|---|---|---|
| 我会将已捐款的公益项目转发到 QQ 空间，但是很少有人回复我，我能肯定我的好友们都看到了这个项目 | 受众看到项目 | 连接行为利用 |
| 我将同学私发给我的关于她表妹的筹款项目转发到了我的微博，收到了一些人的点赞和评价 | 讨论转发的项目 | |
| 我发现我转发的项目被我的同学转发到她的朋友圈了 | 受众转发项目 | |
| 我读书时受到好心人资助，因此我愿意支持助学公益项目 | 受助经历 | 个体特征 |
| 我有两个小孩，救助孩子的项目更能引起我的同情，我更愿意支持关于儿童的公益项目 | 类似境遇 | |
| 我很难拒绝他人的请求，当别人需要我帮助时，我会毫不犹豫地去帮助他人 | 处事偏好 | |
| 我比较喜欢独立思考，有自己的看法和想法，不容易受外界的影响 | 认知风格 | |
| 我有点较真，爱带着批判性的思维去考虑事情，特别计较事情的真实性，所以我总会从多个角度来判断一个项目是否真实，是否真的需要帮助 | 性格特征 | |
| 我感觉自己的公益意识不强，我仅知道轻松筹和水滴筹，因为我只点击过朋友通过微信转发的这两个平台上的求助项目 | 公益意识 | 公益素养 |
| 我一个月工资不到 5000 元，虽然我很同情很多求助者，但我每个月只能拿出 50 元支持公益，所以我选择了代表着希望的免费午餐项目，并一直关注和支持着该项目 | 经济能力 | |
| 智能手机和 5G 让网络公益更加便捷，由此我关注了腾讯公益，加载了抖音中的字节跳动公益 | 便利条件 | |
| 我只会去点击亲朋好友转发给我的公益项目，不会主动去平台上找项目，因为我点击并支持了朋友转发的项目，我会跟朋友讲，这样不但能拉近我跟朋友之间的关系，也能让朋友欠我一个人情，下次我需要帮忙时，朋友也就不好意思拒绝 | 互惠利他主义 | |
| 我喜欢帮助别人，常主动浏览轻松筹上的项目，看看是否有合适的 | 纯粹的利他主义 | |
| 虽然通过网络公益平台了解项目花费不了多少时间，但是我真的太忙了，所以我几乎记不起要登录网络公益平台，当遇到他人转发的公益项目时，我会直接点击进去 | 节省时间 | 感知价值 |
| 浏览公益项目能让我体验到生活的不易，从而更加珍惜现有的生活 | 体验价值 | |
| 连接网络公益平台可以连接到更多类型的公益项目，并与受益人交流 | 功能价值 | |
| 关注某一平台上的公益项目后，该平台会推送该项目的实施进展 | 信息获得 | |
| 自从我关注了腾讯公益后，该平台就常常推送项目，我都会点进去看看 | 项目推送 | |

续表

| 原始语句 | 初始概念 | 范畴 |
|---|---|---|
| 我认为腾讯公益平台做得最好，我信任腾讯公益，我认同这个平台，所以我不接受其他平台上的项目，只关注腾讯公益上的项目 | 平台认同 | 感知认同 |
| 我认同政府组织的决策和执行力，不太认同私营企业，因此我更愿意访问官方公益平台 | 组织认同 | |
| 我觉得群体类项目涉及的人员太多，容易出现问题，所以我更认同个人求助类项目 | 项目类型认同 | |
| 我对陌生人缺乏信任，因此我从不访问公益平台去支持某一项目，但是只要是好友转发的公益项目，我肯定会点击的 | 人际关系认同 | |
| 我经常同情心泛滥，只要访问了某公益平台，我就一定会点击多个项目以了解是否要捐款 | 同情 | 情绪情感因素 |
| 平台上的项目，我偏向于关注具有救助希望的项目，对于那些患癌症等重大疾病的求助项目，我是不会点进去的 | 希望 | |
| 我在愉快时，更愿意去考虑造福全社会的公益事业，也更愿意去了解公益项目 | 积极情绪 | |
| 躺在病床上的求助者那无助又充满希望的眼神总能唤起我的共情，让我情不自禁地想点击进去看看 | 共情 | |
| 朋友将公益项目链接私发给我时，我觉得这是朋友在暗示我，他特别需要我的帮助，所以我一定会点击项目看看 | 感知朋友需要 | |
| 我关心的是公益项目的受益人是否真正需要我的帮助，当我觉得受益人真的需要帮助时，我才会点击该项目予以支持 | 感知受益人需要 | |
| 朋友之前帮过我，现在他转发给我一个公益项目，我肯定要点击进去看看，不然我觉得自己不近人情 | 感知人情压力 | |
| 我肯定得点击并支持同事转发的公益项目，因为同事会天天见到，如果不支持的话，我不知道如何面对这位同事 | 感知面子压力 | |
| 地铁上的显示屏、广场上的广告牌、平台推送的信息等公益广告常常能勾起我了解项目的兴趣 | 广告宣传 | 平台因素 |
| 支付宝蚂蚁森林、蚂蚁庄园等有激励的公益项目对我有很大的吸引力 | 激励机制 | |
| 我关注过的水滴筹公众号常给我推送一些项目信息，我大多数会点击进去看看 | 信息触达 | |
| 信息是否公开透明是平台运营管理是否规范的衡量标准，我愿意访问、浏览信息公开透明的公益平台 | 公开透明性 | |

续表

| 原始语句 | 初始概念 | 范畴 |
|---|---|---|
| 我开始看重项目的真实性，只有那些公布受益人真实姓名和身份证号码的项目，我才会点进去看看 | 真实性 | 项目因素 |
| 有些项目的筹款目标高得吓人，感觉是狮子大开口，我专点那些目标金额小的项目，因为我觉得筹款金额小代表这个项目成功救助的可能性大 | 可实现性 | |
| 我常点击老年人救助、养老的项目，因为这样能让我提前体验退休生活 | 受益人线索 | |
| 我喜欢的明星担任了减灾形象大使，我知道这个消息后，就关注这一系列公益活动了 | 明星代言 | |
| 在室友的极力推荐下，我也加载了支付宝行走捐项目 | 口碑推荐 | 社会因素 |
| 自"99公益日"从一日变成一周，其间的公益氛围让我难以忽视，因此我在"99公益日"期间一定会浏览腾讯公益上的项目 | 公益氛围 | |
| 我们单位对口帮扶一个公益项目，领导们对全体员工进行了动员，所以我支持并转发了该项目 | 动员机制 | |
| 近几年，洪水、干旱等天灾危机频发，导致我越来越关心慈善公益事业，连接的多个网络公益平台成为我关心、参与公益的渠道 | 危机频发 | |
| 收入下降、物价上涨等导致我关心、支持公益的底气减少了好多 | 经济情况 | |
| 空闲时，我会想到访问网页版的网络公益平台，并且会对几家平台进行比对 | 时间 | 情境因素 |
| 只有在家里，我才有心情和精力去关心公益事业，才会去浏览公益平台和项目 | 地点 | |
| 当周围的人在浏览或谈论某一公益项目时，我也会搜索该项目，并点击进去了解详情 | 周边环境 | |

## 二、主轴性编码

通过开放性编码，原始资料被分解为不同等级、不同类型的代码和范畴，而主轴性编码的目标是将分裂的数据按照类属和亚类属的内在联系重新整合为连贯的整体，以发现研究问题的内在逻辑，并对研究问题和现象进行总结和深化。通过对开放性编码得到的33个独立的范畴进行综合比较分析，遵循范畴之间潜在的逻辑联系和相关关系，最终归纳出9个主范畴和两大类别（见表3.3）。第一类别是描述用户连接行为的路径演进过程，包括连接平台需求认知、连接网络公益平台、连接项目需求认知、连接网络公益项目、连接价值转化的行动选择、转发公益项目、用户转发公益项目链接的结果7个主范畴。第二类别描述用户连接行为的影响因素，包括主观影响因素和客观影响因素2个主范畴。

表3.3    主轴性编码形成的主范畴

| 类别 | 主范畴 | 对应范畴 | 范畴内涵 |
|---|---|---|---|
| 连接过程 | 连接平台需求认知 | 社会影响的刺激 | 来自公益氛围的渲染、口碑推荐的宣传、信息触达的推动等社会影响刺激公众产生接触公益平台的意愿 |
| | | 感知价值 | 公众对连接网络公益平台所产生的体验、功能、社会三方面价值的主观认识 |
| | | 情绪唤醒 | 公众对连接网络公益平台产生向往、愉快、渴望等积极情绪 |
| | | 连接平台需求识别 | 公众在外在因素的刺激下，对其连接网络公益平台的需求状态和目标的认知情况 |
| | 连接网络公益平台 | 连接方式选择 | 公众通过手机、电脑连接网络公益平台的操作方法，包括关注公众号、点击链接、浏览网页、访问网站、登录网站等 |
| | | 进入平台界面 | 公众通过连接操作进入到网络公益平台的网页或公众号主界面 |
| | | 浏览平台界面 | 公众通过移动界面浏览公益项目的标题、图片、简介、筹款目标等简单信息以及关于该平台运行管理的相关信息 |
| | | 退出平台 | 若没有找到合适的项目或有其他事，就退出平台 |
| | 连接项目需求认知 | 项目信息呈现的刺激 | 平台用户在浏览公益项目时，受到项目呈现的图片、受益人线索、筹款目标及进度等信息的影响 |
| | | 项目认同 | 平台用户对某公益项目的相关信息、管理及善款使用的赞同 |
| | | 共情唤起 | 公益项目呈现的图片、受益人情况、筹款进度等信息让平台用户产生了同情、痛惜、期望等情感 |
| | | 连接项目需求识别 | 用户对自身连接公益项目的需求状态和目标的认知情况 |
| | 连接网络公益项目 | 点击项目 | 用户选定网络公益平台上的某一公益项目，通过点击的方式进入项目的详细介绍界面 |
| | | 浏览项目界面信息 | 用户可以大致浏览、仔细阅读、选择性地阅读项目界面的相关信息，以深入了解该项目 |
| | | 后续行为选择 | 用户可以就此退出平台，也可转发、捐款、评价该公益项目 |
| | 连接价值转化的行动选择 | 利他主义 | 用户自愿在无回报的情况下去帮助公益项目更快地完成目标，以期实现公益价值共创 |
| | | 感知有用性 | 用户对转发公益项目所能产生的效用、价值或给自身带来的好处等的主观认识 |

| 类别 | 主范畴 | 对应范畴 | 范畴内涵 |
|---|---|---|---|
| 连接过程 | 连接价值转化的行动选择 | 平台影响力 | 网络公益平台为奖励用户转发项目而设置的各种激励政策，如发小红花、感谢信等 |
| | | 社交需要 | 用户基于人际关系方面的需要选择转发公益项目 |
| | 转发公益项目 | 转发渠道选择 | 用户通过社交平台转发公益项目链接的途径，主要包括微信、QQ、微博等 |
| | | 转发对象选择 | 用户通过社交平台转发公益项目链接的接收对象，主要包括好友和陌生人 |
| | | 转发方式选择 | 用户通过社交平台转发公益项目链接的形式，主要包括私发、群发和朋友圈/动态分享等 |
| | 用户转发项目链接的结果 | 用户—项目—用户连接形成 | 接收到项目链接的社交平台用户点击链接，并由此成为网络公益平台用户 |
| | | 连接行为利用 | 接收到项目链接的社交平台用户点击链接后进行了捐款、转发、点赞、评价其他行为，该公益项目通过社交媒体得到传播 |
| 影响因素 | 主观影响因素 | 个体特征 | 用户自身所具备的特征，主要包括性格、处事偏好、受助经历、类似境遇、认知风格等 |
| | | 公益素养 | 用户所具备的公益意识、利他主义、帮助他人的经济能力和便利条件 |
| | | 感知价值 | 用户对连接网络公益平台、连接公益项目、转发公益项目所获得的收益与成本的差值的认知，主要包括功能价值、体验价值、社会价值等 |
| | | 感知认同 | 用户对连接网络公益平台、连接公益项目、转发公益项目等公益价值共创行为以及公益平台、公益项目、公益组织的赞同和认可 |
| | | 情绪情感因素 | 用户对连接网络公益平台、连接公益项目、转发公益项目过程中所产生的满足、愉快、同情、感知被需要、感知关系压力等心理反应 |
| | 客观影响因素 | 平台因素 | 用户的连接行为受到来自公益平台、社交媒体平台影响的因素 |
| | | 项目因素 | 用户的连接行为受到来自公益项目影响的因素，如项目真实性、可实现性、广告等 |
| | | 社会因素 | 用户的连接行为受到社会环境及周围群体影响的因素，如公益氛围、信息触达、灾难危机等 |
| | | 情境因素 | 用户连接行为发生的环境和背景，如所处的位置、时间、天气、周边环境、社交活动等外部影响因素 |

### 三、选择性编码

选择性编码是在主轴性编码结果的基础上，通过描述现象的"故事线"来梳理、发现核心范畴，并分析核心范畴与其他范畴之间的关系，从而构建研究现象的故事框架，由此发展出实质性理论架构。本书主范畴的典型关系结构与内涵如表3.4所示。

**表3.4 主范畴关系结构与内涵**

| 典型关系结构 | 关系结构的内涵 |
| --- | --- |
| 连接平台需求认知→连接网络公益平台 | 平台连接需求认知是用户连接过程的初始阶段，当公众在社会影响的刺激、感知价值的追求、自身意愿、情绪等的影响下产生了通过连接平台参与公益价值共创的需求时，从而进入连接平台阶段 |
| 连接网络公益平台→连接项目需求认知 | 公众连接了网络公益平台后成为平台的用户，就可以浏览平台上的各个公益项目，在公益项目呈现信息的刺激下，用户产生了连接某一项目的意愿 |
| 连接网络公益平台→退出平台 | 用户也有可能因为连接项目意愿不够强烈，或没有中意的项目，或其他原因，而选择退出平台 |
| 连接项目需求认知→连接网络公益项目 | 用户产生了连接某一项目的意愿后，就可以通过点击方式连接该项目 |
| 连接网络公益项目→连接价值转化的行动选择 | 用户连接公益项目后，在连接关系保持的情况下，可能会想将连接关系价值进行转化，从而因为认同该项目等原因而产生转发该项目的意愿 |
| 连接网络公益项目→退出项目界面 | 用户连接公益项目后，也可能不再有后续行动而退出界面 |
| 连接价值转化的行动选择→转发公益项目 | 用户产生了转发该项目的意愿后，就进入了转发该项目的阶段，包括选择转发的渠道、方式和对象等 |
| 转发公益项目→用户转发项目链接的结果 | 公益平台用户转发公益项目后，其涉及的社交平台用户就可通过点击操作与该项目创建连接，还可以捐款、评价、转发该项目，由此该项目就通过社交平台进行传播 |
| 影响因素→连接过程 | 主观和客观影响因素会对用户连接行为形成的各个环节产生不同的影响，且有些因素会影响多个环节，而每个环节也会受到多个因素的影响 |

本书从选择性编码得到的核心范畴为"网络公益平台用户连接行为的路径过程和影响因素"，围绕该核心范畴的"故事线"可概括为两条主线：一是基于先后流程关系的用户连接行为路径的逻辑主线，潜在用户受到社会影响因素的刺激并形成相应的连接需求认知，连接网络公益平台，通过浏览平台呈现的项目信息，或退出平台，或产生连接某公益项目的需求认知。接着通过点击操作与项目

创建连接后进入项目界面，或退出项目界面，或在一系列主、客观因素的影响下，用户产生转发该公益项目的意愿。用户选择项目转发的渠道、方式和对象，并转发项目链接，链接接收者（社交平台用户）通过点击链接实现与该项目的连接。用户连接行为的路径过程伴随着用户角色的转变，潜在用户通过连接平台成为新用户，再通过连接项目成为一般用户，产生转发项目意向后转化为活跃用户，最后通过转发项目成为忠实用户。二是基于因果关系的用户连接行为影响因素的逻辑主线，即主观影响因素和客观影响因素对用户连接行为的各个环节（连接平台需求认知、连接网络公益平台、连接项目需求认知、连接网络公益项目、连接价值转化的行动选择、转发公益项目、用户转发项目链接的结果）产生不同影响，有些因素影响多个环节（如感知价值），而每个环节又受到多个因素的影响。

**四、理论饱和度检验**

为检验研究结果的理论饱和度，本书对预留的访谈记录进行理论饱和度检验。对预留的 4 份访谈记录按照扎根理论方法的研究过程依次进行开放性编码、主轴性编码和选择性编码，经过重复比较分析，尚未发现新的范畴，每个主范畴内部亦未产生新的概念和关系结构。由此可推断本书的编码在理论上已达到饱和。

# 第四节　研究结果与讨论

以网络公益平台用户连接行为的故事线、范畴及关系结构为基础，本书构建了网络公益平台用户连接行为路径的理论逻辑框架（见图 3.3）。

图 3.3 描述了潜在用户从受到社会影响的刺激接触网络公益平台到转发公益项目促进其他用户连接的完整路径（即用户连接平台→用户连接项目→用户连接用户）和内在机理，并总结归纳了影响该过程的多维度因素。从图 3.3 可看出，网络公益平台用户连接行为路径演进过程中的各个子阶段之间存在一定的逻辑关联，是一种近似线性关系，这种近似线性体现在以下三个方面：一是在连接过程中，随着情境的变化以及个体心理状态的变化，用户连接的需求、目标和对象会

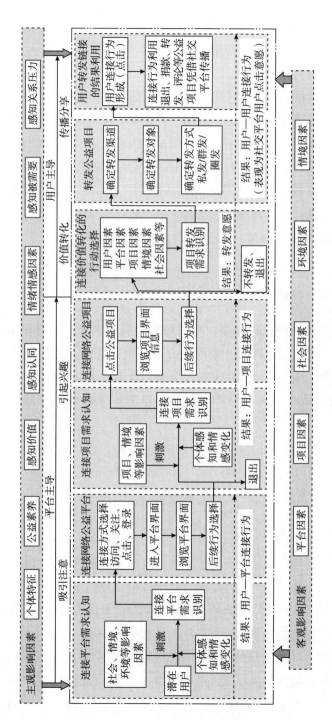

图 3.3 网络公益平台用户连接行为路径的理论模型

随之变化。因此，用户连接的动机、路径、方式及效果会随之变动。二是用户在没有充足的刺激或动机的情况下，可能终止后续行为，这导致用户连接行为会随时中断，连接路径不一定能到达最终目标。三是从时间线上而言，网络公益平台的用户连接行为主要形成于碎片化时间内。因此，某一次中断有可能下一次会被续接，即完整的用户连接过程在时间分布上可能是断续的，也可能是连续的。

影响网络公益平台用户连接行为形成的因素较多，且不同影响因素对用户连接行为的不同形成阶段有着不同的影响机制。例如，个体特征和社会影响因素通过感知价值和情绪唤醒影响用户—平台连接行为，而个体特征和项目信息呈现因素则通过项目认同和共情唤起影响用户—项目连接行为。同时，有些因素同时影响多个阶段，而每个阶段也会受到多个因素的共同影响。

**一、网络公益平台用户连接行为的路径演进过程**

网络公益平台用户连接行为始于潜在用户接触网络公益平台信息，终于用户—平台、用户—项目、用户—用户等连接行为的产生。按主导权归属，网络公益平台用户连接行为的路径可划分为平台主导和用户主导两个环节。其中，平台主导环节包括平台吸引用户注意和项目引起用户兴趣两个子阶段，整合为吸引阶段，两个子阶段的行为结果分别为用户连接平台和用户连接项目。用户主导环节包括连接关系价值转化和连接行为传播分享两个子阶段，价值转化阶段是用户做出转化其连接关系的心理决策过程，传播分享阶段是用户通过社交平台转发公益项目以帮助用户连接行为扩散的过程。如图 3.3 所示，首先，潜在用户在社会影响因素的刺激下对网络公益平台的认知和情绪发生变化，产生连接平台的意愿，此时网络公益平台用户连接行为开始启动。通过访问、浏览、关注、点击、登录等操作方式，用户进入平台界面，由此用户—平台连接行为形成。其次，用户可能直接退出平台，也可能在平台界面上项目信息呈现的刺激下产生连接项目的需求，从而点击该项目进入项目的详细介绍界面，于是，用户—项目连接行为产生。最后，用户需要选择是直接退出界面，还是捐款、评价、点赞，或是利用自身的可操作性资源转发该项目，以帮助传播用户连接行为，从而创造更多的公益价值。当用户决定转发公益项目后，用户将通过社交平台以不同的方式转发公益项目，方便社交平台用户通过点击链接与项目和平台创建连接关系，于是用户（公益平台用户）—用户（社交平台）连接行为产生，二者以公益项目链接为纽带。本书结合访谈文本对网络公益平台用户连接行为的路径演进过程进行阐述。

（一）网络公益平台用户连接行为的吸引阶段

（1）吸引注意阶段。

平台吸引用户注意是用户连接的第一步，与连接相关的行为主要包括潜在用户接触网络公益平台、与其他用户互动、选择连接平台的方式、进入平台界面、浏览平台界面信息等，如表 3.5 所示。在该阶段，潜在用户通过访问、关注、点击、浏览、登录等方式与网络公益平台创建连接后成为平台的用户。根据用户分层理论，此时的用户属于新用户，对网络公益平台及其项目缺乏了解，此阶段实现了潜在用户向新用户的转变。

表 3.5　网络公益平台用户连接行为的吸引注意阶段

| 发生时间段 | 细分行为 | 行动者 | 用户角色变化 |
|---|---|---|---|
| 吸引注意 | 潜在用户接触、搜寻网络公益平台，与其他用户互动，选择连接平台的方式、进入平台界面、浏览平台界面信息 | 潜在用户 | 潜在用户→新用户 |

一般而言，除了已成为网络公益平台用户的爱心人士，大多数公众对其公益行为没有事先预设，甚至有些公众从未接触过公益平台及项目，而是在公益氛围、口碑推荐、信息触达等社会影响因素的刺激下，感知到连接网络平台的价值，积极情绪被唤醒，从而产生连接该平台的意愿。例如，戴女士表示"2019年'99公益日'的热烈氛围让我觉得腾讯公益平台值得关注，因此我在微信中搜索腾讯公益，并关注了该公众号（S16）"。李女士谈到"在张姐的盛情推荐及现场演示下，我的快乐情绪被唤醒，忍不住注册了芭芭农场账号，并加入了公益游戏（S18）"。赵先生在同学的推荐下连接到支付宝公益平台，"我同学前段时间发现支付宝的行走捐活动可以将每天走的步数兑换成公益金，并捐给该平台上的公益项目。他极力推荐我跟他一起跑步助力爱心，我想这既不费钱，又能锻炼身体，还能帮助他人，所以我也关联了行走捐（S22）"。部分的受访者，例如 S05、S08、S19、S14、S15、S21 和 S20，是通过他人口碑推荐接触到网络公益平台，而且连接平台的意愿非常强烈。也有部分用户是被偶遇的平台信息触动了某种情绪而产生了连接想法。例如，S03 提到"我刷微博时，碰到一些介绍公益平台及项目的信息，我会顺便搜索被提及的平台或项目去了解"。"如果有公益平台给我发送公益信息，我肯定会登录该平台看看，但公益平台发信息的情况很少，只有去年的'99公益日'期间，腾讯公益平台给我发送了公益活动信息，

对此我特意关注了腾讯公益（S07）。"

潜在用户在外在因素的刺激下产生了连接平台的意愿后，就要决定连接平台的方式。无论采用哪种方式连接平台，平台界面所包含的信息内容都一样，但界面排版的差异会给用户带来不同的体验感，从而导致用户对连接平台的方式有一定的偏好。例如，S02 提到"我用笔记本的时间最多，电脑屏幕比较大、清晰，所以我喜欢通过浏览、访问等方式与网络公益平台建立短暂的连接"。但也有用户认为登录方式不如浏览、访问等。例如，"我从不登录某平台，因为我觉得注册时可能会泄露自己的身份信息，而且注册起来很麻烦，访问很适合我，不但能便捷地连接平台，还不会泄露隐私（S08）"。也有些用户偏好关注公众号、点击链接这样的手机操作方式。例如，S15 说到"我唯一能联网的设备是手机，我在 2020 年的'99 公益'日期间关注了腾讯公益，之后就常收到该平台推送的公益信息，我会点击触动我情绪的项目"。"几个月前，表姐通过微信转发给我一条轻松筹求助链接，因为是表姐私发的，所以我就点进去捐了款，之后轻松筹就保存在微信通讯录了（S12）。"

潜在用户进入平台界面后，有可能浏览界面上项目呈现的简略信息。例如，孙先生提到"我访问腾讯公益时，一般会先大致浏览整个网页界面的项目，然后重点看看几个吸引我目光的（S02）"。但也有些受访者仅浏览平台置顶的一些项目，沈先生说"我比较忙，只能浏览置顶的十来个项目，然后点击其中一个（S04）"。王女士表示"能被公益平台发布的项目应该都很需要帮助，但置顶的项目应该更迫切，因此我就直接点击平台置顶的前三个项目（S19）"。虽然绝大多数的受访者会浏览平台界面的项目信息，但有时也会因来不及浏览而退出。例如，S08 的刘女士在浏览公益平台界面时经常被儿子中断。

（2）引起兴趣阶段。

此阶段是在用户的注意力被平台吸引的基础上，新用户受到项目信息的刺激后，形成项目连接行为的关键阶段，主要包括连接项目需求认知、点击项目、浏览项目界面信息和后续行为选择等，新用户转化为一般用户（见表 3.6）。

表 3.6　网络公益平台用户连接行为的引起兴趣阶段

| 发生时间段 | 细分行为 | 行动者 | 用户角色变化 |
| --- | --- | --- | --- |
| 引起兴趣 | 用户连接项目需求认知、点击项目、浏览项目界面信息和选择后续行为 | 新用户 | 新用户→一般用户 |

连接网络公益平台后，用户可能由于没有受到刺激，而直接退出平台，就此中断了用户连接行为的完整路径，仅停留在吸引注意阶段。用户也可能受到图片视觉吸引、目标可实现、受益人线索等项目呈现信息的刺激，认同该项目，或同情心被唤起，激发了点击该项目以了解详情的兴趣，从而产生了连接项目的意愿。在 23 位受访者中，有 14 位表示是因为受到图片视觉的吸引而点击该项目，且倾向于点击图片呈现积极情绪的项目。例如，S19 提到"平台上展示的公益项目信息中，最吸引我的是图片，特别是那种充满了乐观、希望的图片，让我忍不住点进去看看"。S03 也表示"我虽然最容易被图片吸引注意力，但我从不去点那些卖惨、消极情绪明显的项目，因为这类项目要么让我感觉不真实，要么让我感觉没希望不值得浪费资源，还会让我心情不好"。S12 的吴先生谈到"作为一名医生，我没有那么多时间读项目简介，只能从图片捕捉信息。受职业习惯影响，我常会去点击那些呈现病房内情景的项目，因为我对这类项目的认同感更强"。也有些受访者会重点关注项目的筹款目标是否可实现，尤其是男性受访者。例如，S06 的钟先生提到"我不是公益达人，没有那么多精力去关心太多公益活动，我只希望我支持的项目能够完成筹款目标，因此我只会点击那些目标金额较小的项目，或是已筹金额较大的项目"。"我有选择困难症，所以我专门点击那些支持者多的项目，因为我觉得群众的眼睛是雪亮的（S23）。"另外，受益人线索（如同龄人、同身份、同经历等）也能吸引用户的注意力。例如，S14 表示"作为快要退休的老人，我更同情、理解、认同老年人的困难，所以我倾向于点击救助老人的项目"。S01 提到"我是两个孩子的妈妈，这个身份让我更关注帮助孩子的项目，因为这类项目更让我感同身受，更能激起我的保护欲和同情心"。"我读高中时差点因为家境较差而辍学，幸好有位叔叔资助我读完了高中，怀着感恩的心，我更关心助学类的公益项目（S13）"。

用户通过点击平台上某一公益项目进入到项目界面后，可能会仔细阅读相关项目信息，可能选择性地阅读，也可能只是大致浏览，还可能先大致浏览，再选择性仔细阅读。女性受访者偏好于仔细阅读项目信息后再做决定。例如 S01、S03、S07、S08、S10 等表示，既然选定了项目，就会多花一点时间来仔细了解项目信息。男性受访者则偏好于先大致浏览再仔细阅读的方式。例如 S02、S03、S05、S06 等都表示，他们进入项目界面后，会先大致了解一下呈现的信息类别，然后根据自己的关注点（如家庭经济状况、医院诊断报告、资金使用情况等）仔细阅读。但也有受访者表示大致浏览就足够掌握项目情况。例如，S12 提到"公益项目信息能够发布，说明已经通过审核，所以我认为没必要浪费时间细看，大致浏览一下就可以决定下一步行动了"。

用户浏览项目界面信息后，可能会直接捐款。或直接退出界面。例如，S02 的孙先生表示"我不轻易点击项目，但凡是我选中后仔细阅读的项目，只要无重大漏洞，我一定会捐钱"。S07 提到"如果我在浏览项目信息时，有其他急事，就会直接退出项目界面"。而 S12 表示"我既不会花费较多时间点击太多项目，也不会太仔细看项目的详细介绍，如果项目得到了我的认同，我会直接捐款，否则就直接退出界面"。也有受访者捐款后会帮助该项目扩大用户连接范围，如 S08、S16、S23 都表示，他们会将其捐助的项目转发分享给朋友们。但也有些受访者不捐款，只转发其点击过的项目。例如，S18 表示"我的收入不高，但是我很想帮助他人，所以我常将自己认同的公益项目转发出去，让朋友们来支持该项目"；还有的受访者连接了项目后，会与受益人或其他用户互动。例如，姜女士说"进入项目界面后，我喜欢去互动区看看，并给求助者打气、点赞（S10）"。

（二）网络公益平台用户连接行为的转化阶段

这一阶段的用户已对平台产生了初步的忠诚，成为平台的活跃用户，不但保持着与平台的连接关系，还可能贡献自己的可操作性关系资源将连接关系转化为公益平台和项目的助力，以帮助用户连接行为传播分享。该阶段主要表现为用户的心理选择活动，如表 3.7 所示。在该阶段中，虽然用户有诸多行动可供选择，比如捐款、评价、转发、点赞、退出等，但从是否有助于用户连接行为形成的角度，可将此阶段用户的行动选择划分为转发和不转发两类，其中捐款、评价、点赞和退出属于不转发行为。此阶段的行为主导权发生改变，由平台主导转化为用户主导，细分行为主要是转发/不转发项目的选择。

表 3.7 网络公益平台用户连接行为的转化阶段

| 发生时间段 | 细分行为 | 行动者 | 用户层级变化 |
| --- | --- | --- | --- |
| 价值转化 | 保持与平台的连接，连接关系价值转化行动的心理选择 | 一般用户 | 一般用户→活跃用户 |

小部分受访者虽然与公益项目保持着连接，但他们明确表示不会帮助项目传播分享，即不会将其连接关系转化为平台和项目的助力。S12 表示"我认为转发

者需要对其转发的内容负责，所以我从不轻易转发任何信息，我宁愿直接捐款"。"我认为在朋友圈转发公益项目是在作秀，因此，我从不干这类事（S01）"。"关注某一公益项目后，我不会马上捐款，而是与之保持联系，考察一段时间（S07）"。"对于我感兴趣的项目，我会去互动区发表评论（S13）"。"对于关注的项目，我通常会给受益人点赞，考察一段时间后再捐款，但我不会转发（S15）"。"仔细阅读项目信息后，如果我认为该项目存在不真实的地方，那么我会直接退出界面（S17）。"

但大多数受访者表示愿意转发项目链接以帮助传播分享连接行为，由此转化其连接关系价值。他们选择转发公益项目的原因有：出于利他主义，为了共创公益价值、提高社会福利、帮助他人等。S02表示"我转发公益项目的目的主要是为了共创公益价值，促进公益价值的最大化"。"我希望社会福利有所提高，因此在访问公益平台时，我不但会捐助认可的公益项目，还会对其进行转发（S08）。"S03也表示"我转发认可的公益项目，不仅为了提高社会福利水平，也为了促进公益价值共创的实现"。S22和S23则表示他们选择转发项目链接主要是为了帮助有困难的人。S06和S08均提到，他们转发公益项目的主要原因是为了提升学生的价值观和公益意识。部分受访者转发公益项目链接是因为感知有用，为了从中获益，比如自我形象的塑造和提升、获得领导和同事的青睐、社交关系的维系等。S06和S08表示"作为高校辅导员，树立学生心目中的好形象非常重要，我本就是公益爱好者，所以很乐意将自己认可的公益项目转发到朋友圈让学生看到，以塑造爱心人士的形象"。"我单位有几位领导是公益达人，为了让领导对我有个好印象，我会转发一些可靠的公益项目到朋友圈或微信群中（S05）。""为了在下属面前维持公益爱心人士的良好形象，我会不定时地在工作群转发一些公益项目，并号召下属一起参与（S11）。"S01和S04表示，他们之所以转发公益项目，是因为跟项目受益人的关系亲密，被请求帮忙转发，是不得不为之。还有部分受访者则是由于网络公益平台及项目的影响力而转发该项目。S20表示"我看到转发按钮的设置很明显，所以就点击了该按钮"。"朋友说帮忙转发到朋友圈有红包奖励，我就转发了，得到了6元的红包（S17）。"另外，有些不愿捐款但又觉得公益项目非常可信的受访者，会选择转发链接这种公益支持方式，如S10、S14和S18等。

（三）网络公益平台用户连接行为的分享阶段

在该阶段，用户对平台有一定的忠诚度，会利用自身可操作性关系资源助力于跨平台传播分享，表现为用户通过转发公益项目链接促进用户（社交平台用户）连接公益项目，促使公益平台用户与社交平台用户在公益领域连接，完成关系价值的转化，实现用户连接行为的传播分享。主要包括确定转发渠道、转发对象、转发方式以及转发链接的结果等，如表3.8所示。这一阶段会发生大量的用户间互动，是网络公益平台通过忠实用户的关系价值转化以实现连接行为的传播分享，是跨平台引流的关键。

**表 3.8　网络公益平台用户连接行为的分享阶段**

| 发生时间段 | 细分行为 | 行动者 | 用户层级变化 |
| --- | --- | --- | --- |
| 传播分享 | 确定转发渠道、转发对象、转发方式以及转发链接的结果等 | 活跃用户 | 活跃用户→忠实用户 |

　　不少受访者分享了自己通过微信、QQ等社交平台转发公益项目链接的经历。S18表示"不高的收入让我很难有闲钱捐款，因此我将自己认可的公益项目通过朋友圈转发出去，让有能力的人捐款"。"我常将自己捐助过的公益项目链接分享到我的微信朋友圈，由此让更多的人接触到这些项目（S08）。""我有很多微信群，如亲友群、工作群、购物群等，我会将可靠的公益项目转发到某些群中，这样我不但能冒个泡，还能给其他人提供公益信息，一举两得（S09）。""我不爱发圈，也不愿轻易打扰朋友，因此，我仅因为表弟严重烧伤给亲密的朋友私发过表弟的筹款项目（S01）。"S19则表示"我会将能体现价值观、具有引导意义的公益项目链接发到班上的QQ群，让他们接触公益，并提升眼界和学习动力"。"我通过QQ给好友私发过同学的求助链接，很多朋友对我同学的遭遇表达了关心和帮助（S22）。"S23表示"我会将自己捐款的公益项目分享到QQ动态空间，由此展示我热爱公益的好形象"。

　　相当多的受访者是因为点击他人转发的项目链接，而与公益项目及平台创建连接关系，如S04、S05、S12、S06、S18和S22等。"自两年前点击了领导在工作群转发的关于救助流浪动物的公益项目链接后，我就关注了腾讯公益小程序，至今还在关注这类救助项目（S05）。""2018年，我的一位患者因交不起治疗费在轻松筹上发起了大病求助，并将筹款链接通过微信私发给了我，我点进去给他捐了50元，从此，我就一直保留着对轻松筹的关注，并时不时浏览该平台（S04）。"S12表示"由于点击了表姐私发的求助链接，我就一直关注轻松筹公众号"。"我是通过点击学生发给我的项目链接后，才开始关注抖音公益平台

（S06）。""我第一次接触水滴筹，是点击了同事通过微信朋友圈发的求助链接，从此，我偶尔会浏览该小程序上的一些项目（S18）。""我自从点击了 QQ 好友私发给我的河南洪灾救助项目链接后，我不但会常常访问腾讯公益小程序，还喜欢上了在 QQ 动态空间转发我认可的公益项目（S22）。"

### 二、网络公益平台用户连接行为的影响因素

通过扎根理论分析，本书提炼出影响网络公益平台用户连接行为的 9 个因素（见图 3.3），其中主观影响因素包括个体特征、公益素养、感知价值、感知认同和情绪情感因素，客观影响因素包括平台因素、项目因素、社会影响和情境因素。

（一）主观影响因素

（1）个体特征。用户是网络公益平台用户连接行为的主体，是公益价值共创的核心参与方，其行为及决策不可避免地受到自身特征因素的影响，主要包括已有的认知、经历、偏好、身份和性格等。S01 表示"在我的认知中，公益是真善美的代表，因此，我非常愿意接触公益平台和公益项目"。不同的经历对用户连接行为产生的影响不同。例如，快退休的 S14 更愿意点击和关注老年人相关的公益项目。已是两个孩子妈妈的 S01 更倾向于关注儿童类项目。在求学中受到他人资助的 S13 则一直关注教育助学类项目。还有些受访者倾向于点击已筹金额较大的项目，如 S06 和 S22，也有受访者倾向于连接目标筹款金额较小的项目，如 S10、S12 和 S15。S22 和 S23 表示他们作为学生，最关心的是教育助学和学生大病救助类项目。而不少受访者倾向于点击受益人具有乐观积极情绪的项目，如 S03、S17 和 S19 等。

（2）公益素养。公益素养是个体所具备的公益意识以及获取、支持公益的能力，与个体的教育程度、利他主义、经济能力等息息相关。从受访者的受教育程度来看，受教育程度越高的用户，越愿意连接网络公益平台及项目，但转发项目的意愿较低，如 S01、S02、S03 等。作为公益素养的重要组成部分，利他主义对个体的亲社会行为、组织公民行为及角色外行为等均有显著的正向作用，相当部分的受访者提及利他主义对他们连接平台及项目的促进作用。例如，S02 表示"正是因为想要帮助真正需要帮助的人，我一直保持着与腾讯公益平台的连接"。"我是公益爱好者，无私帮助他人是我关注公益平台及项目的信仰和动力（S03）"。S18 表示"虽然我的经济能力有限，但我还是关注了腾讯公益、水

滴筹、蚂蚁森林这三个公益平台，并常以转发项目链接的方式帮助更多用户连接公益"。

（3）感知价值。根据价值共创理论，价值的存在和实现离不开客户体验，体验价值是用户在感知和情感上的反应，已成为网络用户共创价值的主要来源。Andersson 等（2007）发现，用户之所以愿意参与到价值共创中，很大程度上是因为用户能从中感知到愉悦、享受、趣味等体验价值。由此可知，体验价值是用户感知价值的重要部分，许多受访者都提及了体验价值。S02 表示"每次浏览腾讯公益小程序，很多公益项目都让我体验到生活的不易，促使我更珍惜当前的生活"。"连接蚂蚁森林让我既能支持公益事业，也让我体验到了公益游戏的趣味（S18）"。此外，用户连接行为在产品/服务推广、信息传播、吸纳用户流等方面的功能价值，能实现与用户直接和近距离的交互，确保信息的共享和实时反馈，增加用户的便利，降低成本支出。因此，功能价值是用户连接行为的基本价值。S16 表示"与传统的线下公益活动相比，节省路程所花费的时间和费用是我感知到连接网络公益平台最直接的功能价值"。"除了节省时间外，通过腾讯公益平台可在多种类型的项目中选择，可以很方便地连接自己中意的项目（S07）"。"连接网络公益平台可以非常方便地获得项目的详细信息，只需点击项目标题或链接即可（S10）"。"通过腾讯公益连接某一公益项目后，平台会推送该项目的运行进展，我可以很方便地持续获得该项目的相关信息（S15）"。"自从关注了水滴筹后，平台就常给我推送项目信息，我觉得这个功能特别好，帮我节省了搜寻项目的时间（S18）"。例如，S01、S02、S04、S08 等多位受访者则认为连接网络公益平台可获得更可靠可信的项目信息。

（4）感知认同。根据社会认同理论，感知认同反映的是用户对产品/服务认可后形成的认知归属感，影响个体行为和决策。在本书中，感知认同主要体现在对平台和项目的认同感知。个体对某一公益组织的认同感越强，就越愿意与该组织维持关系。"我认同腾讯公益的运作方式，感觉这个平台特别靠谱，所以自三年前的'99 公益日'期间关注了该平台，我就一直支持它（S16）"。另外，对网络公益平台上某一公益项目认同感越强的用户，越容易对项目表现出支持的态度和行为，更愿意通过点击、访问等连接方式来支持该项目的运行。例如，S13 表示"我曾受过学业资助，所以特别认同教育助学类的项目，并同时关注着几个公益平台上的助学类项目"。"我认同这种玩游戏就能支持公益事业的做法，所以当朋友将蚂蚁森林推荐给我时，我毫不犹豫就加载了（S18）"。

（5）情绪情感因素。情绪和情感分别作为个体在情境刺激后表现在主观感受中的一种短暂的、稳定的心理活动，不但影响着个体对外界信息的解读和判断，还影响着个体的选择和行为。其中积极情绪对亲社会、助人、利他行为的正向影响在学术界已毋庸置疑，Norris 和 Brookes（2021）的研究发现，个体的积极情绪被唤醒后，会对接收的信息存在积极判断，更容易产生信息所期望的行为。多名受访者（如 S12、S14、S20 和 S21 等）都表示，当他们高兴、愉快、开心时，更愿意访问、浏览网络公益平台，也更愿意点击、转发公益项目。共情作为一种认知和情感状态，是引发亲社会行为的重要因素，部分受访者表示，共情是他们点击、关注某一公益项目的最主要原因。例如，S16 提到"有些项目的受益人处境太糟糕，这很容易唤起我的同情心，让我不得不连接该项目以知晓受益人的救助进展"。"躺在病床上的求助者那无助又充满希望的眼神总能唤起我的同情心，让我情不自禁地想点击进去看看（S04）。"感知被需要作为一种以体现自我价值和存在意义的心理和情感，越来越被人们所重视。例如，S12 表示"当我浏览轻松筹上的公益项目时，那种让我感知到被需要的项目才会引起我的关注"。"当朋友给我私发公益项目时，特别是附带了称呼或留言的链接，会让我感觉自己是被需要的，这让我更愿意点击进去看看（S10）。"另外，个体的感知关系压力对其连接行为决策的影响也不容忽视。例如，S04 和 S12 表示"当亲戚给我转发公益项目时，我不得不迫于关系压力去点击该链接以了解详情"。S22 和 S23 谈到"面对同学发给我的公益项目链接，我感到很大的关系压力，只能在点击链接后，或捐款或转发以表达我对同学的支持"。"在工作群内转发的公益项目会给我带来很强的关系压力（S05）。"

（二）客观影响因素

（1）平台因素。网络公益平台帮助公益资源的供需双方突破了地理距离、时间间隔和人际接触的约束，实现了双方的匹配和对接，推动了公益价值的共创，在用户连接行为的形成及演进过程中发挥着关键性的中介作用。首先，平台所具备的功能和公信力影响着用户对平台的偏好。例如，S14 谈到"抖音公益比轻松筹这类平台多了以视频方式发布项目的功能，这非常吸引我"。S01 表示"官方公益平台具有较好的公信力。因此，当我想支持公益时，就会登录官方公益平台"。"我相信支付宝的公信力，因此加载了蚂蚁森林公益小程序，只需付出时间就能支持公益（S18）"。其次，平台的运作管理水平对用户—平台、用户—项目连接行为均产生影响。例如，S01 表示"我非常满意官方公益平台的运作效率，所以常常主动浏览该平台"。"腾讯公益组织的'99公益日'活动让我体验到了其运作管理的水准，因此我关注了该平台上的两个自然保护类项目（S16）"。再次，平台对项目信息的审核亦影响用户连接行为。"腾讯公益对项目信息的审核很严格，没有出现过纰漏，这是我关注并支持该平台的主要原因，且我会一直与该平台保持连接（S03）"。最后，项目信息的公开程度也积极作用于用户连接行为。例如，S08提到"我认为项目信息的公开程度很重要，因为信息公开的程度越高，说明用户可获得的信息越多、受益人接受的监督也越多，我倾向于点击这类可靠的项目"。"在项目公开的信息中，我最关心的是善款的使用情况，腾讯公益平台就很重视善款使用信息的公开，所以我经常访问它（S05）"。

（2）项目因素。公益项目作为用户连接行为的另一个对象，其自身的可操作性资源必定影响用户连接行为路径的各个阶段。首先，项目的类型会影响用户的偏好。例如S13倾向于关注教育助学类的项目，S05只点击救助流浪动物的公益项目，S16与腾讯公益上的自然保护类项目保持长久关系。其次，项目信息的呈现方式影响用户对项目的连接决策，呈现生动的图片、有感染力的语言和启发式信息框架的公益项目更能吸引用户的注意力、激发用户的支持行为。身为医生的S04表示"我习惯性被医院背景的图片吸引，因此，我偏向于点击这类项目"。身为学生的S22说到"我们学生群体很容易被图片吸引，往往会优先点击呈现求助者很可怜图片的项目"。S10则表示"我会仔细读读各项目的标题，然后选择标题具有感染力的项目点击进去，再仔细琢磨该项目是否值得我捐款和转发"。再次，项目受益人线索是影响用户连接项目的重要因素，例如部分受访者表示偏向于点击某一类受益人项目，S01和S08优先点击受益人是儿童的项目，S11和S14则点击受益人是老年人的项目，S10、S22和S23倾向于点击受益人是学生的项目。最后，项目是否可实现也被大多数用户所考虑。例如，S06和S22认为已筹金额较大的项目更容易实现筹款目标，因此他们偏好于点击此类项目，S10、S12和S15则认为目标筹款金额较小的项目更有可能实现目标筹款，因此更愿意连接金额较小的项目。

（3）社会影响。社会影响是指在他人或环境的作用下，引起个体态度、意愿和行为发生改变的影响力，因此，公益氛围、口碑推荐、信息触达等社会影响因素影响着用户连接行为的决策。例如，S16就是被"99公益日"的氛围感染，才与腾讯公益平台创建了长久的连接关系。S05谈到"我的领导是位公益达人，在他的熏陶和号召下，我们部门的公益氛围相当浓厚，我当时就是受到这种氛围的影响而关注了腾讯公益"。S18 表示她是在朋友的极力推荐下接触到蚂蚁森林，然后就一直支持该平台。"室友体验了支付宝的行走捐项目后，每天都在我耳边唠叨他在行走捐中的丰功伟绩，我在他的同化下也关联了该项目（S22）"。S23 谈到"这个学期，在室友的推荐下，我下载了抖音 APP，并关联了其公益小程序"。S03 表示"如果刷微博时遇到公益项目信息，我会搜寻被提及的平台或项目以了解详情"。经济情况也影响用户访问网络公益平台的意愿。例如，S18 提到"作为低收入者，如果我的经济情况比现在好一些，我会更愿意去关注公益平台及公益项目"。此外，自然环境也通过影响用户的价值感知和社会认同作用于用户连接行为。例如，S11 提到"当我收到河南水灾的求助链接时，就毫不犹豫地点击了，并转发到我的朋友圈"。S07 和 S20 也表示，新冠肺炎疫情让他们认识到了公益事业的意义和价值，促使他们与多个公益平台创建连接关系。

（4）情境因素。情境是用户连接行为产生的背景和环境，包括地理位置、时间、周边环境等。用户访问、浏览网络公益平台及项目一般在非工作时间、非工作地点。例如，S12 谈到"我上班很忙，根本没有时间干工作之外的事，因此，我只能在休闲时间去点击他人转发的项目链接"。S18 表示只有在家里，她才会有心情和精力关心公益事业，才会想起自己关联的水滴筹和蚂蚁森林。此外，身为学生的 S22 和 S23 表示，周边环境对他们的公益连接行为有重要影响，当有同学在访问、浏览某一公益平台或谈论、提及某一公益项目时，他们也加入其中。

# 第五节　本章小结

本章界定了网络公益平台用户连接行为的内涵，基于程序化扎根范式对访谈资料进行编码，提炼出 117 个初始概念、33 个范畴和 9 个主范畴，其中包括描述用户连接行为路径的 7 个主范畴：连接平台需求认知、连接网络公益平台、连接项目需求认知、连接网络公益项目、连接价值转化的行动选择、转发公益项目、用户转发公益项目链接的结果，以及描写用户连接行为影响因素的 2 个主范畴：主观影响因素（个体特征、公益素养、感知价值、感知认同和情绪情感因素）和客观影响因素（平台因素、项目因素、社会影响和情境因素）。

根据扎根理论分析结果，基于价值共创的过程视角构建了本书的多阶段分析框架模型，该模型描述了网络公益平台情境下潜在用户被吸引到帮助社交平台用户连接公益的完整路径。该路径分为平台主导和用户主导两个环节。平台主导环节包括吸引注意和引起兴趣两个子阶段，均属于吸引过程，驱动机制发挥作用，因此合并为一章（对应第四章）以揭示用户连接行为在吸引阶段的驱动机制。用户主导环节包括价值转化和传播分享两个子阶段，其中价值转化阶段旨在阐释用户如何产生运用自身可操作性关系资源助力于连接关系价值转化的决策（对应第五章），传播分享阶段旨在揭示用户如何利用自身可操作性资源帮助连接行为传播分享的过程（对应第六章）。

# 第四章 吸引阶段网络公益平台用户连接行为的驱动机制

## 第一节 问题的提出

网络平台作为平台经济的主角，连接资源的供需双方，协调经济活动参与方的价值创造过程，在平台生态系统中发挥着重要作用。网络公益平台作为公益资源供需双方的连接媒介，也在公益平台生态系统中发挥了重要作用，让慈善公益从物理空间走向虚拟空间，摆脱了时间和地域的限制，实现了随时随地参与；让慈善公益从封闭走向开放，公开化项目的资金使用情况，促使公益资金的使用更加透明合法；让慈善公益从捐助者的单方价值输出转变为参与方的多方价值共创，通过连接为用户提供交互机会，实现了更深层次的公益价值共创。尽管网络公益平台拥有以上诸多优势，但目前仍面临着用户流不足的巨大挑战，新用户增长乏力，归根结底是用户连接平台、连接项目的行为不足。探索吸引阶段，网络公益平台用户连接行为的驱动机制可揭示用户—平台、用户—项目连接行为形成的内在机理，为网络公益平台用户引流提供指导意见，有助于公益价值的共创。

根据连接对象的不同，网络公益平台用户连接行为可划分为用户连接平台、用户连接项目、用户连接用户三类。由于用户连接用户行为需要以用户连接平台、用户连接项目为前提，因此，解决平台用户资源引流的前提在于激发用户—平台、用户—项目连接行为。现有关于用户连接行为的研究集中于商业和信息领域，主要探讨用户连接行为的诸多影响因素，如社交需要、个人兴趣、信息需求、价值增值、主观规范等。虽然慈善公益领域的用户连接行为通过用户与平台、用户与用户的精确连接提高了用户的自我效能感和能动性、促进了公益互助生态的育成，但并未引起学者们的足够重视。并且，网络公益平台情境下的用户连接行为不但带有利他性，其形成过程还受到来自社会、平台、项目等因素的影响，以及用户心理因素的驱动，需要从过程的视角对其驱动机制展开深入研究。

社会影响指的是会引起个体的态度、信念和行为发生改变的外在影响力，是个体行为决策的重要影响因素，多被用于解释个体意愿或行为的变化。社会公众的思想、态度及行为或多或少会受到他人和周围环境的影响。因此，社会影响是个体行为研究中不可忽视的重要因素。社会影响可划分为主观规范、社会认同和同伴效应三个维度。主观规范是指个体在考虑是否执行某一行为时所感受到的社会压力。当个体感觉到新闻媒体、亲戚朋友、网络口碑等都在推荐某一网络公益平台时，会迫于他人和环境的压力去关注、浏览、点击该平台。社会认同是指个体在某一特定的社会群体中建立自己的成员身份，同时认识到该身份带来的情感和价值意义。当个体接触到的推送信息让其感受到作为网络公益平台用户群体成员的情感和价值意义时，会对平台产生一种特殊的归属感、价值感知和信任，从而与该平台建立连接关系。同伴效应指个体感知到某一行为在同伴之间发生的概率高低。同伴往往是个体身边较亲近的朋友，与其年龄相仿、兴趣爱好相似，当同伴都成为某一网络公益平台的用户时，他们必然更乐于与平台建立连接关系。此外，信息性社会影响已被证实有助于用户关系的涌现。用户—平台连接行为产生于关系建立及涌现的吸引阶段，因此，分析信息性社会影响因素（包括隶属于主观规范范畴的口碑推荐、社会认同范畴的信息触达、同伴效应范畴的公益氛围）对用户—平台连接行为的刺激作用非常必要。

信息呈现被认为是影响信息受众行为的重要因素，其存在的意义是吸引受众的关注。公益项目的信息呈现对潜在捐赠者的影响是学术界从传播视角研究网络公益行为的焦点。网络公益平台上，受益人往往通过发布生动的图片、有感染力的语言和启发式的信息框架来吸引用户的注意力，激发认同和共情，促进捐助。与产品/服务有关的客观性内容是信息性成分，与消费者情感或购买经验有关的主观性内容是说服性成分。基于此，公益项目的信息性成分内容呈现的是关于公益项目及受益人线索特征（如身份可识别、困境类型、过往经历等）、目标可实现（如目标金额、已筹款数、已支持人数等）等。说服性成分内容呈现的是求助者要传递的情感信息。例如，图片中受困者的面部表情和精神状况、简介中涵盖的情绪倾向、已完成金额和已捐助人数中暗含的号召力等。由此可知，信息性成分内容的质量影响着用户对项目的认可，说服性信息的质量影响着用户共情情绪的唤起，二者都影响用户—项目连接行为。

　　综上所述，在如图 4.1 所示的研究背景下，本章基于深度访谈数据的扎根理论分析结果，结合 SOR 理论、社会认同理论和情绪感染理论，探讨潜在用户在社会影响因素的刺激下如何连接网络公益平台、新用户在信息呈现因素的刺激下如何连接公益项目。

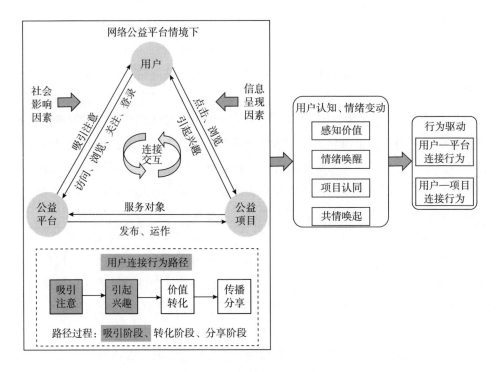

**图 4.1　吸引阶段的研究背景**

　　本书按照如图 4.2 所示的分析框架展开对用户连接行为驱动机制的研究。首先，基于第三章扎根理论分析结果，以及 SOR 理论、社会认同理论和情绪感染理论，构建吸引阶段网络公益平台用户连接行为的理论模型，并提出相关假设。其次，针对研究假设中涉及的变量，设计初始量表，实施预实验，根据预实验结果修改初始量表得到正式问卷。再次，针对第一阶段实施两轮问卷调查，间隔1 个月后，针对第一阶段的样本实施第二阶段的问卷调查，并将第一阶段问卷根据第二阶段进行匹配，得到最终分析数据。运用偏最小二乘结构方程模型（Partial Least Squares Structural Equation Modelling，PLS-SEM）检验信效度、结构模型、研究假设等，运用人工神经网络检验结构方程模型分析结果的稳健性。最后，分析、讨论研究结果，得到对策建议。

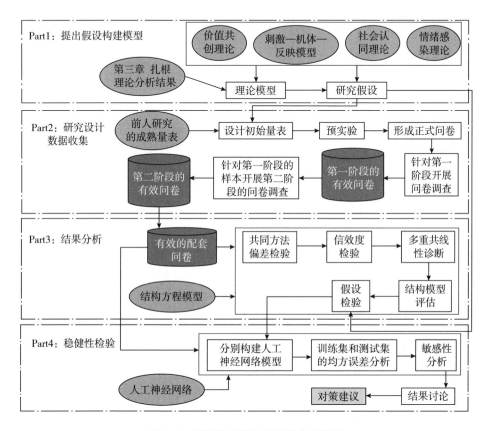

图4.2　吸引阶段驱动机制的分析框架

## 第二节　研究假设与理论模型

根据第三章的扎根理论分析结果，吸引阶段网络公益平台用户连接行为划分为吸引注意和引起兴趣两个子阶段，分别是用户—平台和用户—项目连接行为。

且社会影响、信息呈现、感知价值、项目认同、情绪情感等都是影响吸引阶段用户连接行为形成的重要因素。基于此，本书提出如下理论模型（见图4.3）。

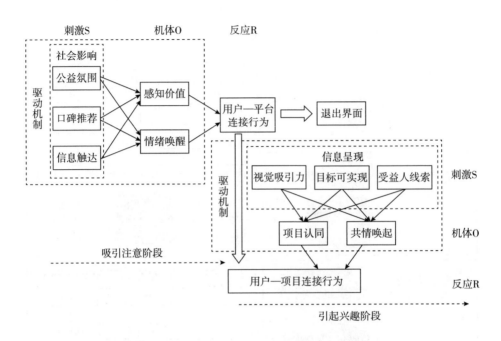

**图4.3 吸引阶段网络公益平台用户连接行为的理论模型**

该理论模型可简化为有刺激的二阶段模型。潜在用户在社会影响因素（公益氛围、口碑推荐和信息触达）的刺激下，其内部机体（感知价值和情绪唤醒）被激发，反应（连接平台的意愿）产生。通过访问、关注、浏览、点击等方式与平台创建服务与被服务的关系，这便是吸引的第一阶段。平台吸引用户注意，是潜在用户与平台匹配的过程，此时潜在用户转变为新用户。用户可能直接退出平台，导致进入第二阶段的用户数量减少，或是因为受到公益项目信息呈现因素（视觉吸引力、目标可实现和受益人线索）的刺激，内部机体（项目认同和共情唤起）被激发，产生了连接项目的意愿，由此创建公益资源的供需联系，这便是吸引的第二阶段。项目引起用户兴趣，是新用户与项目匹配的过程，连接结果是平台界面跳转到项目界面，新用户转化为一般用户。吸引阶段网络公益平台用户连接行为的两个子阶段是顺序逻辑，即吸引注意阶段是引起兴趣阶段的基础，用户经历第一阶段后才开始第二阶段，如果用户—项目连接行为产生，则用户—平台连接行为已形成，且用户—平台连接行为不能完全转化为用户—项目连接行为。网络公益平台为该过程提供了用户与项目连接的场景，外界刺激发挥驱动作用。

## 一、吸引注意阶段

### （一）感知价值、情绪唤醒对用户—平台连接行为的影响

感知价值是决定用户采纳或使用某产品/服务的首要动机，是个体通过对产品或服务的价值、功能等进行评估，并与自己的需求进行比较，权衡利益与成本，最终形成对产品或服务的价值评价。感知价值可划分为功能价值、享乐价值和社会价值三个维度。然而，慈善公益旨在救助他人，此过程更有可能感知体验价值，而非享乐价值，基于此，本书将网络公益平台用户连接行为的感知价值细分为功能价值、社会价值和体验价值三个维度。大量研究表明，感知价值对个体行为有着至关重要的促进作用，是影响个体满意度、行为意向和决策的关键变量。用户对信息系统的感知价值高低影响其采纳和使用行为。此外，感知价值作为一个多维概念，不可避免地影响着用户使用 APP、小程序、网页等网络平台的决定，因此，作为使用网络公益平台的第一道"关口"，用户—平台连接行为必然会受到感知价值的影响。于是提出假设：

H4-1：用户的感知价值正向影响用户—平台连接行为。

情绪唤醒，作为构建个体核心情绪的必要条件，是个体在身体或精神上对外界刺激所产生的内在机体反应，能导致自身能动行为的出现。在"移动互联"和价值共创相融合的网络公益平台情境中，用户受到社会影响因素刺激所唤醒的情绪反应是即时的、猛烈的、心血来潮的，且对个体行为的促进作用是显著的。情绪和助人行为之间的相关性已得到证实，积极情绪拓延—建构理论指出，积极情绪是助人行为的重要预测变量，不但对利他行为的产生有促进作用，还有助于减少自私行为，增加更多有利于他人和社会的行为。然而，消极情绪常被认为负向作用于利他行为、助人决策或行为。不过，Baumann 等（1981）的消极状态释放模型指出，消极情绪的个体倾向于通过帮助他人以减轻不良情绪。网络公益平台的用户—平台连接行为是助人行为的途径，但助人属性不明显，导致消极情绪的影响可能不显著。经深度访谈发现，被试在消极情绪下难以忆起网络公益平台。另外，鉴于学界对消极情绪影响个体行为的效果存在争议，本书仅探讨积极情绪唤醒的作用，假设如下：

H4-2：用户的情绪唤醒正向影响用户—平台连接行为。

**（二）社会影响对用户—平台连接行为的影响**

社会影响是个体行为决策受周围环境影响的情况，是解释个体行为意愿的重要刺激因素。扎根理论分析结果表明，社会影响因素中的公益氛围、信息触达、口碑推荐均刺激着用户—平台连接行为的形成。

氛围是刻意控制的环境诱因，是能通过激发个体认知和情感导致行为反应的外在社会影响因素。基于此，本书将公益氛围界定为非营利组织、政府、平台、参与者等营造的促进个体参与的环境信号和气氛。氛围作为一种具体的社会情境，是间接影响个体行为的重要变量，个体在氛围的刺激下能产生组织效能感、自我效能感、愉快感等感知价值以及情绪唤醒。在线交易的环境下，有感染力的购物氛围、移动 APP 氛围、购物节气氛以及圣诞节、春节等节日气氛等被证实可通过刺激用户的认知和情绪促进消费行为。当民众在公益氛围（如"99 公益日"、亲朋好友对公益活动的热烈讨论等）的刺激下，发现连接网络公益平台可接触到更多公益项目（感知平台的功能价值）、体验到人间苦难（感知体验价值）、提升自己助人为乐的良好形象（感知社会价值）、获得帮助他人的自我成就感（积极情绪唤醒）等，从而产生连接平台的意愿。例如，2021 年，民众在"一块做好事""分发小红花"等"99 公益日"气氛的渲染下，感知到连接平台参与公益的价值，积极情绪得到唤醒，平时不关注公益事业的人们纷纷接触腾讯公益平台。由此可知，公益氛围作为社会影响的一种，是一个重要的刺激因素，通过影响个体的感知价值和积极情绪促使其连接行为的产生。据此，提出假设：

H4-3a：感知价值在公益氛围对用户—平台连接行为的影响中起中介作用。

H4-3b：情绪唤醒在公益氛围对用户—平台连接行为的影响中起中介作用。

口碑推荐指的是消费者出于对产品/服务/品牌等的认同和肯定，推荐他人采纳、使用、购买的行为，其前提是优异的产品质量或突出的品牌属性。因此，从他人的口碑推荐中能获得质量支撑信息，减少风险，增加感知价值。作为顾客忠诚的情感构面，口碑推荐由顾客对产品、服务及提供者的正面情感驱动，因此，口碑推荐者会将其持有的正面情感传染给被推荐对象，从而唤醒对方的短暂情感反应（即情绪）。高庭勇和李崇光基于精细加工可能性模型将口碑推荐划分为中心型和边缘型两类，指出中心型口碑推荐信息旨在影响受众的理性判断而非情感反应，即通过加深认知让个体感知价值而积极影响其行为；边缘型口碑推荐旨在有效引导受众的情感反应而非理性判断，即通过唤醒个体的积极情绪而产生采纳行为。由此可知，口碑推荐有助于提高受众对产品/服务的价值感知、积极情绪的唤醒，从而促进行为决策的形成。口碑推荐作为 SOR 模型中来自社会影响的刺激因素，通过个体的感知价值和情绪唤醒正向作用于行为意愿已得到证实，且在连接、获取用户方面具有不可忽视的放大效应。因此，本书将口碑推荐作为刺激因素，探讨其激发用户—平台连接行为的内在机制，假设如下：

H4-4a：感知价值在口碑推荐对用户—平台连接行为的影响作用中起中介作用。

H4-4b：情绪唤醒在口碑推荐对用户—平台连接行为的影响作用中起中介作用。

信息触达是平台面向用户的一项重要服务，属于与用户进行信息交流的营销渠道，指利用触点媒介（如小程序、移动端 APP、桌面端 H5 网页等）主动将有关品牌、商品、服务的信息推送给用户，相当于一种在线广告，有助于向用户快速传递营销信息。适度且精准的信息触达促使潜在用户回忆起品牌、产品、服务等，感知品牌、产品、服务的价值，唤醒积极情绪，从而激发用户的进一步行动。于是，信息触达已成为平台型企业连接用户的重要手段。在数字技术的赋能下，企业和组织可充分利用社交媒体、移动端应用软件、网络平台、线上社区、O2O 等多种信息触达手段快速连接终端用户，从而确保信息的瞬时共享和实时反馈，提升用户对功能价值和体验价值的感知。当推送信息的可信度、清晰度、相关性和娱乐性较好时，会唤醒个体的积极情绪，感知信息的价值，从而接受推送的信息。总之，信息触达在信息传递、价值感知、情绪唤醒和行为引导等方面发挥积极作用。于是，提出以下假设：

H4-5a：感知价值在信息触达对用户—平台连接行为的影响中起中介作用。

H4-5b：情绪唤醒在信息触达对用户—平台连接行为的影响中起中介作用。

## 二、引起兴趣阶段

### （一）项目认同、共情唤起对用户—项目连接行为的影响

认同对于解释个体行为及意向有重要地位，能促进用户产生采纳、使用、连接等角色内行为和口碑传播、负面信息抵抗等角色外行为。基于林少龙和纪婉萍将善因认同界定为对善因机构的认同，本书将项目认同界定为对公益项目的认同，是用户基于对网络公益项目的真实性、紧迫性、重要性、关联性等方面的评估，而产生的在自我感知和态度等方面发生暂时性改变的心理现象。简言之，项目认同反映了用户对公益项目在认知和情绪上的认可程度，项目认同度越高，用

户就越认可项目，点击、访问、关注该项目的可能性就越高。由认同的扩展概念可知，项目认同是用户将项目及相关内容内化和融合的过程，体现了用户的认同和归属感，包括认知和情感两个维度。认知维度是个体意识到某公益项目的存在，感知自我与公益项目的相似、重合和赞同程度。情感维度是个体对公益项目的正面态度和强烈感觉，反映的是个体对项目的肯定和满意程度。两个维度均有助于用户产生支持项目的行为。根据社会认同理论，当个体认同某一群体时，将与该群体共享成败，这意味着认同公益项目的用户更愿意通过连接该项目与支持该项目的群体共享成败。据此，提出以下假设：

H4-6：用户的项目认同正向影响用户—项目连接行为。

共情有助于理解他人的情感，是影响亲社会行为的重要变量，是利他和助人行为发生的催化剂。共情的两成分理论认为共情包括情绪共情和认知共情两个维度，且都与亲社会行为存有正相关关系。因为，情感反应是亲社会行为的重要动机，但动机向行为转换需要认知共情的协助作用。当个体观察到他人正在经历痛苦时，情绪共情反应常被激活，助人行为由此产生。认知共情促使个体对他人（特别是与自身相似的其他人）情绪的思考和理解，类似于观点采择，进而促进个体产生亲社会行为。个体共情水平越高，越能感知和体验他人的遭遇和需求，更愿意与他人交换立场，从而产生利他、助人、亲社会等行为。此外，蒋怀滨等在网络情境下证实了情绪共情和认知共情对网络利他行为的正向预测作用。因此，为促进公益价值共创、避免生硬说教，公益项目在信息呈现方面应注入情感元素，由此唤起用户的情绪共情和认知共情，进而促进其点击公益项目。假设如下：

H4-7：用户的共情唤起正向影响用户—项目连接行为。

（二）信息呈现对用户—项目连接行为的影响

深度访谈结果显示，当项目信息呈现的方式具有视觉吸引力、内容生动且真实时，用户连接该项目的意愿更高，因此，本书根据第三章扎根分析结果，将信息呈现因素锁定为方式（视觉吸引力）和内容（目标可实现和受益人线索），探讨影响用户—项目连接行为的驱动机制。

视觉吸引力是个体对视觉对象积极反应的主要决定因素，虽不包括对视觉对象内容的深度加工，但涵盖了个体在认同感知和情感共情上的反应。图片、标题、文字等信息呈现方式必须具有视觉吸引力，才能吸引用户的关注和停留，进而激发用户的感知和情绪反应。研究发现网站的视觉吸引力正向影响用户对网站有用性的认同感知，同理，公益项目的视觉吸引力亦正向影响用户对其有用性的认同感知。在线环境的视觉吸引力对情绪反应的唤起有重要的促进作用，而共情是慈善公益行为极为重要的情绪反应，因此，公益项目的视觉吸引力有助于唤起用户的共情。在流量经济的当下，信息爆炸、超载和拥堵，不但难以保留用户，反而因甄别成本增加导致用户大量流失。对此，公益项目的信息呈现更需要有视觉吸引力，以吸人眼球的图片、引人共情的标题、击人心弦的关键词和感同身受的简介等刺激用户的认知和情感，促使他们连接项目以了解详情。研究表明，视觉吸引力通过影响个体的情绪和感知间接影响个体行为及决策。例如，通过带来更高的情绪愉悦和唤醒度而影响冲动购买行为，通过促进用户对体验价值的认同感知而产生采纳、访问和使用行为。这正如现实中，人们在浏览网页的过程中，视觉吸引力越强的项目越快被锁定，越容易唤起用户的共情和认同，点击率也偏高。据此，本书假设：

H4-8a：项目认同在视觉吸引力对用户—项目连接行为的影响中起中介作用。

H4-8b：共情唤起在视觉吸引力对用户—项目连接行为的影响中起中介作用。

公益项目筹款目标的可实现性与用户对项目的兴趣以及相关行为息息相关。根据"羊群效应"理论，"支持者"越多的项目越能吸引更多的潜在支持者，表现出信息呈现的马太效应。从公益项目呈现的"支持者"时变信息（如腾讯公益上显示"××××位爱心网友捐助"、支付宝爱心捐赠呈现"×××人已捐"等）来看，用户倾向于认同"支持者"多的项目，因为"支持者"越多，表示该项目越有号召力和可实现性。从公益项目呈现的筹款进度信息（如轻松筹的"已筹××××元"、水滴筹的"已筹××××元/在首页筹到××××元"等）来看，已筹金额越大的项目代表筹款成功率越高，越能得到用户的认同，点击率也越高。相较于高筹款目标的公益项目，低目标项目更能吸引用户的兴趣和点击，因为高筹款目标的项目会让用户认为自己的支持对于受益人而言如同杯水车薪，价值效应不大，且筹款目标越小代表该项目越有可能实现，这给了用户认同、支持该项目的理由。李彪通过分析微公益平台众筹项目的标题，发现求助方式由直述求助逐渐被情感动员式的求助模式取代，叙述方式由对经济情况、病情的简单直叙向更深层次的情感共鸣转变。且情感由悲伤、沉痛、消极等负面情绪逐渐转换为乐观、向上、积极等正面情绪。这表明，无论是支持者数量、已筹金额和筹款目标等表示项目可实现程度的数字信息，还是情感传染、情绪共鸣式叙述类等暗含项目可实现性程度的文字信息，均可通过受众的认同感知和共情唤起影响其连接该公益项目的决策。因此，提出以下假设：

H4-9a：项目认同在目标可实现对用户—项目连接行为的影响中起中介作用。

H4-9b：共情唤起在目标可实现对用户—项目连接行为的影响中起中介作用。

受益人的某些特定线索（如社会身份、性别、过往经历等）影响着他人对受益人的认知、情感反应和帮助。社会身份的"标签"特征（如农民、单亲妈妈等）能帮助用户快速、准确地识别受益人身份，引发用户对"弱势群体"的认同感知和共情反应，从而产生点击、访问等连接项目一探究竟的意愿。在性别方面，女性的弱者身份让其比男性更容易唤起他人的同情，从而获得更多的关注和支持。求助者的年龄越小或越大，越容易让个体对其产生怜悯和同情，引发认同感知和共情反应，从而获得更多的点击率和捐款。此外，个体更愿意关注、帮助那些与他们有相似特征的受益人（如同样的身份、地域、经历等），因为具有相似性的求助者会被个体视为同类人，感觉帮助他们如同是帮助自己，这就是相似性通过塑造认同感知、唤起共情情感影响个体的行为及决策。根据情绪感染理论，人们会无意识地被受益人的情绪传染，从而引起替代性的认同感知和共情反应等情绪体验，进而影响他们的意向和行为。由此可知，受益人线索通过影响用户对公益项目的认同和共情唤起作用于其点击、访问公益项目的意愿。假设如下：

H4-10a：项目认同在受益人线索对用户—项目连接行为的影响中起中介作用。

H4-10b：共情唤起在受益人线索对用户—项目连接行为的影响中起中介作用。

综上所述，本章的研究假设如表4.1所示。

表4.1　吸引阶段网络公益平台用户连接行为的研究假设

| 编号 | 假设 |
|------|------|
| 第一阶段：吸引注意 | |
| H4-1 | 用户的感知价值正向影响用户—平台连接行为 |
| H4-2 | 用户的情绪唤醒正向影响用户—平台连接行为 |
| H4-3a | 感知价值在公益氛围对用户—平台连接行为的影响中起中介作用 |
| H4-3b | 情绪唤醒在公益氛围对用户—平台连接行为的影响中起中介作用 |

| 编号 | 假设 |
|---|---|
| H4-4a | 感知价值在口碑推荐对用户—平台连接行为的影响中起中介作用 |
| H4-4b | 情绪唤醒在口碑推荐对用户—平台连接行为的影响中起中介作用 |
| H4-5a | 感知价值在信息触达对用户—平台连接行为的影响中起中介作用 |
| H4-5b | 情绪唤醒在信息触达对用户—平台连接行为的影响中起中介作用 |
| 第二阶段：引起兴趣 | |
| H4-6 | 用户的项目认同正向影响用户—项目连接行为 |
| H4-7 | 用户的共情唤起正向影响用户—项目连接行为 |
| H4-8a | 项目认同在视觉吸引力对用户—项目连接行为的影响中起中介作用 |
| H4-8b | 共情唤起在视觉吸引力对用户—项目连接行为的影响中起中介作用 |
| H4-9a | 项目认同在目标可实现对用户—项目连接行为的影响中起中介作用 |
| H4-9b | 共情唤起在目标可实现对用户—项目连接行为的影响中起中介作用 |
| H4-10a | 项目认同在受益人线索对用户—项目连接行为的影响中起中介作用 |
| H4-10b | 共情唤起在受益人线索对用户—项目连接行为的影响中起中介作用 |

# 第三节　问卷设计与数据收集

## 一、问卷设计

本书采用纵向追踪调查法获得两个阶段的数据，每个阶段具有针对性的问卷，变量的测量选用国内外文献中的成熟量表，采用 Likert 7 级评分。鉴于有些量表在文化背景、应用情境方面与本书存在差异，量表根据本书的背景、使用情境、预实验、回访结果进行了适当修改。为增强问卷的表面效度，本书邀请了5 名公益爱心人士就测量题项在语句表达、构念的匹配度和完整性方面进行了评估，并根据评估结果对问卷进行了适当调整。

在最终调查问卷形成之前，本书进行了小规模（样本量50）的前测实验，剔除答题不认真和不符合逻辑的问卷，最终获得48 份有效问卷。根据预实验的验证性因子分析结果，剔除了因子载荷较低、一致性较差的题项，并根据调查被试的反馈，针对题项的措辞进行了再次调整。经过反复校正和调整，形成本书的最终调查问卷（第一阶段问卷见附录3，第二阶段问卷见附录4）。最终的两份调查问卷均主要包括标题、解释性说明、调查对象基本信息、主观测量题项和结束语五个部分。

首先，解释性说明部分向被调查者解释了本书的目的，强调了调查的匿名性、学术用途、对个人信息和数据的保密性。为保障数据的真实性和可靠性，解释说明部分告知被试，回答没有对错、好坏之分。为降低被试对调查问卷中关键名词的理解偏差，问卷增加了连接行为和网络公益平台的操作性定义。

其次，为了筛选合适的被试，第一阶段用户—平台连接行为的问卷在开始部分增加了"您是否点击/访问/浏览/关注过网络公益平台？"，答题者选择"否"，调查立即结束。第二阶段用户—项目连接行为问卷设置了"您是否点击/访问/浏览/关注过网络公益平台上的公益项目？"，答题者选择"否"，立即结束调查。另外，为了让被试加深对网络公益平台的理解，并再次筛选被试，本书在第一阶段和第二阶段的主观测量题前均设置了同样的一道多选题"以下网络公益平台，您熟悉的有（可多选）：腾讯公益、支付宝公益（如捐步、种树等）、微公益、轻松筹、水滴筹、百度公益、字节跳动公益、阿里巴巴公益"。如果两处多选题的答案一致，说明被试的经历属实，不一致的答卷将被剔除。

最后，被试需要填写人口统计信息，包括性别、年龄、受教育水平、收入等，且第一阶段问卷会请求被试留下联系方式，以方便第二阶段问卷调查的开展。

## 二、变量测量

公益氛围是基于购物氛围量表和组织创新氛围量表，结合网络公益情境及深度访谈结果改编形成，经预实验删除了2个因子载荷低于0.6的题项，最终得到3个题项（见表4.2）。口碑推荐的题项改编自 Hennig-Thurau 等（2004）的成果，剔除一致性较低的2个题项后，得到3个题项。信息触达量表改编自 Ahn 等（2004）的研究，包括3个题项。

表 4.2　公益氛围、口碑推荐、信息触达的测量题项及文献来源

| 变量名称 | 编号 | 测量题项 | 文献来源 |
| --- | --- | --- | --- |
| 公益氛围 | GF1 | 我身边有不少人参与公益 | Chen 等（2020）<br>顾远东和<br>彭纪生（2010） |
| | GF2 | 我身边有不少人谈论公益活动 | |
| | GF3 | 我身边的人对公益组织或公益活动的评价很好 | |

续表

| 变量名称 | 编号 | 测量题项 | 文献来源 |
|---|---|---|---|
| 口碑推荐 | KB1 | 亲朋好友会向我推荐网络公益平台 | Hennig-Thurau 等（2004） |
| | KB2 | 亲朋好友会跟我分享或交流网络公益平台的相关信息 | |
| | KB3 | 亲朋好友会向我展示网络公益平台 | |
| 信息触达 | XX1 | 在社交媒体、网页上能搜到网络公益平台的相关信息 | Ahn 等（2004） |
| | XX2 | 上网或玩手机时能收到关于网络公益平台的推送信息 | |
| | XX3 | 上网或玩手机时能收到关于公益项目的推送信息 | |

视觉吸引力量表来源于 Heijden（2003）的成果，共计 3 个题项（见表4.3）。目标可实现和受益人线索未找到量表，本书在诠释其内涵的基础上，结合研究背景和实验情境设计了初始量表，根据预实验结果剔除了因子载荷小于0.6 的 2 个题项（"显示患绝症信息的公益项目更难实现救助目标"和"受益人的身份可识别更能让我认可该项目"）后，各得到 3 个题项。

表 4.3　视觉吸引力、目标可实现、受益人线索的测量题项及文献来源

| 变量名称 | 编号 | 测量题项 | 文献来源 |
|---|---|---|---|
| 视觉吸引力 | SJ1 | 网络公益平台呈现的项目相关图片容易吸引我的关注 | Heijden（2003） |
| | SJ2 | 信息呈现设计合乎情境的公益项目更能引起我的注意 | |
| | SJ3 | 信息呈现在视觉上布局清晰合理的公益项目更吸引我的注意 | |
| 目标可实现 | MB1 | 支持者多的公益项目更容易实现其筹款目标 | |
| | MB2 | 已筹到金额大的公益项目更容易实现其筹款目标 | |
| | MB3 | 筹款目标小的公益项目更容易成功 | |
| 受益人线索 | QZ1 | 与我有相似经历的受益人会让我感同身受 | |
| | QZ2 | 受益人的乐观积极情绪会让我更愿意对其施以援助 | |
| | QZ3 | 受益人是孩子、女性、农民等弱势群体的项目会更让我关注 | |

感知价值来自 Sweeney 和 Soutar（2001）的成果，共 3 个题项，涵盖了功能价值、体验价值和社会价值三个方面，具体见表4.4。情绪唤醒的量表改编自Youn 和 Faber（2000）的研究，仅测量积极情绪的唤醒（因假设推导部分已将本研究中的情绪唤醒限定为积极情绪的唤醒），共 2 个题项。项目认同的测量改编自 Lam 等（2012）的量表，共 3 个题项。共情唤起量表由李倩倩和范雅雯（2018）的成果改编得到，包含 3 个题项。

表 4.4 感知价值、情绪唤醒、项目认同、共情唤起的测量题项及文献来源

| 变量名称 | 编号 | 测量题项 | 文献来源 |
|---|---|---|---|
| 感知价值 | GJ1 | 连接网络公益平台有助于我接触更多的公益项目 | Sweeney 和 Soutar（2001） |
| | GJ2 | 连接网络公益平台能让我更方便、快捷地参与公益 | |
| | GJ3 | 连接网络公益平台有助于我与求助者、其他捐助者进行互动 | |
| 情绪唤醒 | QX1 | 网络公益平台的有关信息（如爱心加餐项目中孩子们的纯真笑容）能让我感到高兴 | Youn 和 Faber（2000） |
| | QX2 | 网络公益平台的有关信息（如环境保护：守护绿水青山）能让我感觉到希望 | |
| 感知认同 | GR1 | 网络公益平台呈现的项目信息让我相信受益人的困境 | Lam 等（2012） |
| | GR2 | 网络公益平台呈现的项目信息让我认可受益人的诉求 | |
| | GR3 | 网络公益平台呈现的项目信息能让我认可项目的价值 | |
| 共情唤起 | GQ1 | 网络公益平台呈现的项目信息能让我真切地体会受益人的艰难处境 | 李倩倩和范雅雯（2018） |
| | GQ2 | 网络公益平台呈现的项目信息能让我懂得受益人的内心感受 | |
| | GQ3 | 网络公益平台呈现的项目信息能让我同情受益人的遭遇 | |

意愿被认为是预测行为的最佳变量，Tongleta 等（2004）的研究证实了行为意愿对行为实际发生的解释力。另外，行为意愿常被应用于测量实际行为，因此，本书采用连接意愿预测连接行为，量表改编自 Davis（1989）、Katoch 和 Rana（2023）的研究，用户—平台连接行为和用户—项目连接行为分别 3 个题项（见表 4.5）。

表 4.5 用户连接行为的测量题项及文献来源

| 变量名称 | 编号 | 测量题项 | 文献来源 |
|---|---|---|---|
| 用户—平台连接行为 | GP1 | 我会选择合适的方式与网络公益平台建立连接 | Davis（1989）、Katoch 和 Rana（2023） |
| | GP2 | 我会经常浏览或访问已关注过的网络公益平台 | |
| | GP3 | 我未来会通过合适的方式连接网络公益平台 | |
| 用户—项目连接行为 | YX1 | 我会去访问、点击网络公益平台上的公益项目 | |
| | YX2 | 我会经常访问我已关注过的公益项目 | |
| | YX3 | 我未来会选择合适的公益项目，与之建立连接关系 | |

为更准确地揭示变量之间的作用关系，降低对研究结果的干扰，本书将个体的性别、年龄段、受教育背景和月收入水平作为控制变量。

### 三、数据收集与样本描述

本书采用纵向追踪调查法收集两个阶段的数据，数据收集流程如图 4.4 所示。第二阶段的被试完全来自第一阶段，且晚于第一阶段调查一个月（给被试时间实施连接平台行为，并了解公益项目）。此外，为了降低共同方法偏差，本书借鉴杨付等（2019）的做法，每一阶段分两个时点发放问卷，两个时点间隔七天。其中第二个时点的调查采用线下发放礼品、现场填写的方式，并登记了受访者的联系方式。为保证数据的真实性和有效性，向被试支付了红包，并限制同一 IP 地址只能作答一次。第一阶段的两次抽样调查共收回 683 份问卷，剔除筛选题为否、有缺失项、不符合逻辑等问卷，得到有效问卷 512 份。针对第一阶段有效问卷的被试发放第二阶段问卷，由于样本联系不上、不愿继续参加调查、未实施连接平台行为等原因，第二阶段收回问卷 442 份，剔除筛选题为否、有缺失项、不符合逻辑、多选题前后答案不一致等问卷，最终得到有效问卷 382 份。为获得配套的问卷数据，提高研究的可信度和深度，本书仅留存第一阶段中与第二阶段样本匹配的问卷，得到配套问卷 382 份。此外，本书分别对两个阶段中的两次调查回收样本进行了同质性分析，结果显示每个阶段的两个样本在性别、年龄、受教育程度以及月收入等人口统计指标方面无显著差异，因此，可合并进行统计分析。

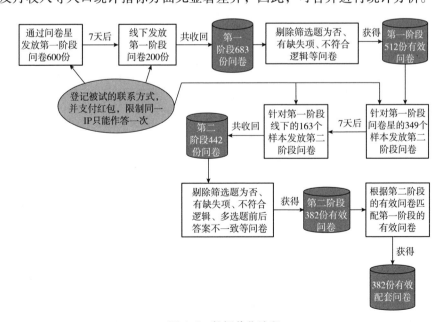

**图 4.4　数据收集流程**

调查对象的男女比例相近（见表 4.6），男性 246 人，占比 64.4%。在受教育程度方面，占比最大的是具有大专/本科学历的群体，219 人，占比 57.3%，人数最少的是博士研究生，仅 15 人，占比 4.0%。在月收入方面，各阶段被试的人数相差不多，少于或等于 1000 元的占比 19.4%，10000 元及以上的被试 50 人，占比 13.1%。占比最少的是 6001~7000 元、8001~9000 元和 9001~10000 元这三个分段，均占比 4.2%。针对用户对网络公益平台的熟悉度，熟悉水滴筹公益的人数最多，占比 75.4%，其次是支付宝公益，261 人，占比 63.8%，熟悉轻松筹的被试与腾讯公益的人数相近，分别是 153 人和 151 人，百度公益是熟悉程度最低的网络公益平台，仅 26 人。

表 4.6 调查对象的基本信息统计

| 变量 | 指标 | 人数 | 比例（%） | 变量 | 指标 | 人数 | 比例（%） |
|---|---|---|---|---|---|---|---|
| 年龄 | 18 岁及以下 | 76 | 19.9 | 性别 | 男 | 246 | 64.4 |
| | 19~30 岁 | 156 | 40.8 | | 女 | 136 | 35.6 |
| | 31~40 岁 | 87 | 22.8 | 腾讯公益 | 熟悉 | 151 | 39.5 |
| | 41~50 岁 | 41 | 10.7 | | 不熟悉 | 231 | 60.5 |
| | 51 岁及以上 | 22 | 5.8 | 支付宝公益 | 熟悉 | 261 | 68.3 |
| 受教育程度 | 初中及以下 | 25 | 6.5 | | 不熟悉 | 121 | 31.7 |
| | 高中 | 77 | 20.2 | 微公益 | 熟悉 | 54 | 14.1 |
| | 大专/本科 | 219 | 57.3 | | 不熟悉 | 328 | 85.9 |
| | 硕士研究生 | 46 | 12.0 | 轻松筹 | 熟悉 | 153 | 40.1 |
| | 博士研究生 | 15 | 4.0 | | 不熟悉 | 229 | 59.9 |
| 月收入 | 1000 元以下 | 74 | 19.4 | 水滴筹 | 熟悉 | 288 | 75.4 |
| | 1001~2000 元 | 20 | 5.2 | | 不熟悉 | 94 | 24.6 |
| | 2001~3000 元 | 37 | 9.7 | 百度公益 | 熟悉 | 26 | 6.8 |
| | 3001~4000 元 | 46 | 12.0 | | 不熟悉 | 356 | 93.2 |
| | 4001~5000 元 | 48 | 12.6 | 字节跳动公益 | 熟悉 | 27 | 7.1 |
| | 5001~6000 元 | 37 | 9.7 | | 不熟悉 | 355 | 92.9 |
| | 6001~7000 元 | 16 | 4.2 | 阿里巴巴公益 | 熟悉 | 54 | 14.1 |
| | 7001~8000 元 | 22 | 5.8 | | 不熟悉 | 328 | 85.9 |
| | 8001~9000 元 | 16 | 4.2 | | | | |
| | 9001~10000 元 | 16 | 4.2 | | | | |
| | 10000 元及以上 | 50 | 13.1 | | | | |

# 第四节　数据分析

## 一、数据分析方法

本书主要运用 SPSS 和 SmartPLS 软件作为数据分析工具，采用基于偏最小二乘法的结构方程模型（PLS-SEM）对理论模型进行验证。选择 PLS-SEM 而不是基于协方差的结构方程模型（Covariace Based Struetual Equation Modding，CB-SEM）主要有两个原因：第一，PLS-SEM 更适合处理具有多个构面的复杂模型。驱动机制模型是一个二阶段的复杂模型，因此采用 PLS-SEM 比 CB-SEM 适合。第二，PLS-SEM 能有效处理小样本量和非正态分布的数据，CB-SEM 要求数据呈正态分布，且对样本大小有严格的要求。本书的样本量相对于潜变量的数量而言属于中小型样本，且所有变量呈左偏分布（见表 4.7），对此 PLS-SEM 更适合。

表 4.7　吸引阶段各测量指标的正态分布情况

| 第一阶段：吸引注意 | | | | | 第二阶段：引起兴趣 | | | | |
|---|---|---|---|---|---|---|---|---|---|
| 变量编号 | 平均值 | 中位数 | 偏度 | 峰度 | 变量编号 | 平均值 | 中位数 | 偏度 | 峰度 |
| GF1 | 4.800 | 5.000 | -0.536 | -0.096 | SJ1 | 5.020 | 5.000 | -0.424 | -0.007 |
| GF2 | 4.580 | 5.000 | -0.288 | -0.394 | SJ2 | 5.110 | 5.000 | -0.358 | 0.018 |
| GF3 | 4.950 | 5.000 | -0.475 | -0.174 | SJ3 | 5.230 | 5.000 | -0.436 | -0.069 |
| KB1 | 4.330 | 4.000 | -0.211 | -0.557 | MB1 | 5.260 | 5.000 | -0.560 | 0.168 |
| KB2 | 4.470 | 4.000 | -0.269 | -0.560 | MB2 | 5.040 | 5.000 | -0.458 | 0.054 |
| KB3 | 4.360 | 44.000 | -0.229 | -0.620 | MB3 | 4.930 | 5.000 | -0.352 | -0.009 |
| XX1 | 5.300 | 5.000 | -0.563 | 0.004 | SX1 | 5.320 | 5.000 | -0.461 | -0.102 |
| XX2 | 4.970 | 5.000 | -0.436 | -0.133 | SX2 | 5.380 | 5.000 | -0.630 | 0.532 |
| XX3 | 4.930 | 5.000 | -0.510 | 0.106 | SX3 | 5.420 | 6.000 | -0.568 | 0.000 |
| GJ1 | 4.990 | 5.000 | -0.331 | -0.184 | GR1 | 5.170 | 5.000 | -0.348 | -0.304 |
| GJ2 | 5.120 | 5.000 | -0.358 | -0.167 | GR2 | 5.130 | 5.000 | -0.325 | 0.040 |
| GJ3 | 5.010 | 5.000 | -0.440 | -0.022 | GR3 | 5.070 | 5.000 | -0.207 | -0.436 |

续表

| | 第一阶段：吸引注意 | | | | 第二阶段：引起兴趣 | | | |
|---|---|---|---|---|---|---|---|---|
| 变量编号 | 平均值 | 中位数 | 偏度 | 峰度 | 变量编号 | 平均值 | 中位数 | 偏度 | 峰度 |
| QX1 | 5.360 | 5.000 | -0.471 | -0.264 | GQ1 | 5.170 | 5.000 | -0.465 | 0.112 |
| QX2 | 5.440 | 5.500 | -0.524 | -0.129 | GQ2 | 5.150 | 5.000 | -0.222 | -0.198 |
| GP1 | 5.010 | 5.000 | -0.530 | 0.340 | GQ3 | 5.220 | 5.000 | -0.497 | 0.292 |
| GP2 | 4.650 | 5.000 | -0.239 | -0.205 | YX1 | 5.040 | 5.000 | -0.479 | 0.136 |
| GP3 | 5.030 | 5.000 | -0.374 | 0.194 | YX2 | 4.910 | 5.000 | -0.375 | 0.003 |
| | | | | | YX3 | 4.970 | 5.000 | -0.075 | -0.287 |

## 二、共同方法偏差检验

本书在问卷调查中对可能导致共同方法偏差产生的多个方面进行了严格的程序控制，但共同方法偏差仍然有可能存在，因此，本书采用 Harman 单因素检验法对有效样本的原始数据进行探索性因子分析。未旋转时得到了多个因子，且第一个未旋转因子的方差解释率为 47.748%，未超过临界点 50%，表示共同方法偏差的问题不严重，不会影响结论的可靠性。

## 三、信度和效度检验

本书采纳 Hair 等（2020）提出的两阶段法检验数据的信度和效度，运用 PLS-SEM 中的 Bootstrap 重新采样程序、路径加权和双尾检验实施操作，结果如表 4.8 所示。所有变量的 Cronbach's α 值在区间 0.809~0.918，大于 0.7 的阈值，且第一、第二阶段总量表的 Cronbach's α 值分别为 0.934 和 0.958，说明本书所使用的量表具有较高的内部一致性。此外，所有变量的 CR 值均处于 0.886~0.948，远大于 0.6 门槛值，表明本书的测量量表是可靠的。

表 4.8　吸引阶段网络公益平台用户连接行为的信度分析结果

| 变量 | 编号 | 标准化因子载荷 | Cronbach's α 值 | CR | AVE |
|---|---|---|---|---|---|
| | | 第一阶段：吸引注意 | | | |
| 公益氛围 | GF1 | 0.844 *** | 0.809 | 0.886 | 0.723 |
| | GF2 | 0.871 *** | | | |
| | GF3 | 0.835 *** | | | |

续表

| 变量 | 编号 | 标准化因子载荷 | Cronbach's α 值 | CR | AVE |
|------|------|--------------|----------------|-----|-----|
| | | 第一阶段：吸引注意 | | | |
| 口碑推荐 | KB1 | 0.918*** | 0.918 | 0.948 | 0.859 |
| | KB2 | 0.931*** | | | |
| | KB3 | 0.931*** | | | |
| 信息触达 | XX1 | 0.833*** | 0.845 | 0.906 | 0.764 |
| | XX2 | 0.912*** | | | |
| | XX3 | 0.875*** | | | |
| 感知价值 | GJ1 | 0.853*** | 0.856 | 0.913 | 0.778 |
| | GJ2 | 0.924*** | | | |
| | GJ3 | 0.866*** | | | |
| 情绪唤醒 | QX1 | 0.938*** | 0.859 | 0.934 | 0.876 |
| | QX2 | 0.934*** | | | |
| 用户—平台连接行为 | GP1 | 0.885*** | 0.836 | 0.901 | 0.752 |
| | GP2 | 0.831*** | | | |
| | GP3 | 0.885*** | | | |
| 变量 | 编号 | 标准化因子载荷 | Cronbach's α 值 | CR | AVE |
| | | 第二阶段：引起兴趣 | | | |
| 视觉吸引力 | SJ1 | 0.882*** | 0.868 | 0.919 | 0.791 |
| | SJ2 | 0.884*** | | | |
| | SJ3 | 0.902*** | | | |
| 目标可实现 | MB1 | 0.869*** | 0.824 | 0.895 | 0.741 |
| | MB2 | 0.907*** | | | |
| | MB3 | 0.803*** | | | |
| 受益人线索 | SX1 | 0.868*** | 0.854 | 0.911 | 0.774 |
| | SX2 | 0.897*** | | | |
| | SX3 | 0.874*** | | | |
| 项目认同 | GR1 | 0.900*** | 0.885 | 0.929 | 0.813 |
| | GR2 | 0.919*** | | | |
| | GR3 | 0.886*** | | | |
| 共情唤起 | GQ1 | 0.903*** | 0.885 | 0.929 | 0.813 |
| | GQ2 | 0.911*** | | | |
| | GQ3 | 0.892*** | | | |

续表

| 变量 | 编号 | 标准化因子载荷 | Cronbach's α 值 | CR | AVE |
|---|---|---|---|---|---|
| | | 第二阶段：引起兴趣 | | | |
| 用户—项目连接行为 | YX1 | 0.851 *** | 0.845 | 0.907 | 0.764 |
| | YX2 | 0.894 *** | | | |
| | YX3 | 0.877 *** | | | |

注：*** 表示 p<0.001。

关于聚合效度，如表 4.8 所示，所有题项的标准化载荷量均在 0.803 ~ 0.938，远超过 0.6 的标准，且在 P<0.001 水平下显著，AVE 值均大于 0.5 的阈值，表明本书的量表具有较好的聚合效度。在区别效度方面，如表 4.9 所示，所有潜变量的 AVE 值的平方根均大于该变量与其他变量的相关系数，说明量表具有较好的区别效度。综上所述，本书的量表具有较好的信度和效度。

表 4.9 区别效度检验结果

| 第一阶段：吸引注意 | | | | | | |
|---|---|---|---|---|---|---|
| 变量 | GF | KB | XX | GJ | QX | GP |
| 公益氛围 GF | **0.850** | | | | | |
| 口碑推荐 KB | 0.462 | **0.882** | | | | |
| 信息触达 XX | 0.436 | 0.671 | **0.867** | | | |
| 感知价值 GJ | 0.612 | 0.517 | 0.579 | **0.927** | | |
| 情绪唤醒 QX | 0.383 | 0.695 | 0.599 | 0.409 | **0.936** | |
| 用户—平台连接行为 GP | 0.474 | 0.655 | 0.618 | 0.534 | 0.581 | **0.874** |
| 第二阶段：引起兴趣 | | | | | | |
| 变量 | SJ | MB | SX | GR | GQ | YX |
| 视觉吸引力 SJ | **0.890** | | | | | |
| 目标可实现 MB | 0.764 | **0.861** | | | | |
| 受益人线索 SX | 0.700 | 0.689 | **0.880** | | | |
| 项目认同 GR | 0.697 | 0.697 | 0.762 | **0.902** | | |
| 共情唤起 GQ | 0.674 | 0.640 | 0.738 | 0.803 | **0.902** | |
| 用户—项目连接行为 YX | 0.695 | 0.635 | 0.657 | 0.691 | 0.698 | **0.874** |

注：对角线上的数值为 AVE 的平方根。

## 四、多重共线性诊断

本书采用变量间方差膨胀因子（Variance Inflation Factor，VIF）的值来估算变量间多重共线性的严重程度，结果如表 4.10 所示，第一阶段变量的 VIF 最大值为 3.525，第二阶段 VIF 最大值为 2.945，均小于 5 的临界值，表明本书的多重共线性问题不严重，不会对研究结果造成显著影响。

表 4.10　多重共线性检验结果

| 第一阶段：吸引注意 | | | 第二阶段：引起兴趣 | | |
|---|---|---|---|---|---|
| 变量 | 编号 | VIF | 变量 | 编号 | VIF |
| 公益氛围 | GF1 | 1.929 | 视觉吸引力 | SJ1 | 2.183 |
| | GF2 | 2.149 | | SJ2 | 2.307 |
| | GF3 | 1.543 | | SJ3 | 2.346 |
| 口碑推荐 | KB1 | 3.058 | 目标可实现 | MB1 | 2.052 |
| | KB2 | 3.525 | | MB2 | 2.453 |
| | KB3 | 3.336 | | MB3 | 1.627 |
| 信息触达 | XX1 | 1.626 | 受益人线索 | SX1 | 2.057 |
| | XX2 | 2.947 | | SX2 | 2.271 |
| | XX3 | 2.602 | | SX3 | 2.053 |
| 感知价值 | GJ1 | 2.008 | 项目认同 | GR1 | 2.581 |
| | GJ2 | 2.957 | | GR2 | 2.945 |
| | GJ3 | 2.162 | | GR3 | 2.270 |
| 情绪唤醒 | QX1 | 2.302 | 共情唤起 | GQ1 | 2.656 |
| | QX2 | 2.302 | | GQ2 | 2.764 |
| 用户—平台连接行为 | GP1 | 1.947 | | GQ3 | 2.273 |
| | GP2 | 1.831 | 用户—项目连接行为 | YX1 | 1.897 |
| | | | | YX2 | 2.405 |
| | GP3 | 2.159 | | YX3 | 2.006 |

### 五、结构模型检验

根据本章的理论模型，吸引注意和引起兴趣阶段的结构方程模型分别如式（4.1）和式（4.2）所示：

$$\begin{cases} \eta_1 = \gamma_1 \eta_2 + \gamma_2 \eta_3 \\ \eta_2 = \gamma_{11} \xi_1 + \gamma_{12} \xi_1 + \gamma_{13} \xi_3 \\ \eta_3 = \gamma_{21} \xi_1 + \gamma_{22} \xi_1 + \gamma_{23} \xi_3 \end{cases} \quad (4.1)$$

$$\begin{cases} \eta_4 = \gamma_3 \eta_5 + \gamma_4 \eta_6 \\ \eta_5 = \gamma_{31} \xi_4 + \gamma_{32} \xi_5 + \gamma_{33} \xi_6 \\ \eta_6 = \gamma_{41} \xi_4 + \gamma_{42} \xi_5 + \gamma_{43} \xi_6 \end{cases} \tag{4.2}$$

其中，$\eta_1$ 表示用户—平台连接行为，$\eta_2$ 表示感知价值，$\eta_3$ 表示情绪唤醒，$\eta_4$ 表示用户—项目连接行为，$\eta_5$ 表示项目认同，$\eta_6$ 表示共情唤起，$\xi_1$ 表示公益氛围，$\xi_2$ 表示口碑推荐，$\xi_3$ 表示信息触达，$\xi_4$ 表示视觉吸引力，$\xi_5$ 表示目标可实现，$\xi_6$ 表示受益人线索。

本书采用 SmartPLS 得出的 $R^2$、$Q^2$ 和 SRMR 指标检验结构模型的质量。决定系数（$R^2$）指的是因变量的变异可被自变量所能解释的比例，是 PLS-SEM 中用以评估结构模型质量的关键指标。预测相关性（$Q^2$）是用非参数估计的方法来计算残差变异数的估计值，以预测显变量相关性的常用指标。标准化均方根残差（SRMR）是衡量结构模型质量的重要指标。

如表 4.11 所示，在吸引注意阶段，用户—平台连接行为的 $R^2$ 值为 0.484，表示公益氛围、口碑推荐、信息触达、感知价值和情绪唤醒共同解释了用户—平台连接行为中 48.4% 的方差，具有中等的解释能力。感知价值和情绪唤醒的 $R^2$ 值分别为 0.476 和 0.357，表示公益氛围、口碑推荐和信息触达共同解释了感知价值、情绪唤醒中 47.6%、35.7% 的方差，具有中等解释能力。感知价值、情绪唤醒和用户—平台连接行为的 $Q^2$ 值分别为 0.461、0.335 和 0.413，均大于 0，说明相关性较好。此外，SRMR 值为 0.058，小于 0.080 的临界阈值，说明吸引注意阶段整体模型的适配度较好。在引起兴趣阶段，用户—项目连接行为的 $R^2$ 值为 0.535，表示视觉吸引力、目标可实现、受益人线索、项目认同和共情唤起共同解释了用户—项目连接行为中 53.5% 的方差，解释能力中等偏上。项目认同、共情唤起的 $R^2$ 值分别为 0.652、0.599，表示视觉吸引力、目标可实现和受益人线索等信息呈现因素分别解释了项目认同、共情唤起中 65.2%、59.9% 的方差，具有中等偏上的解释能力。项目认同、共情唤起和用户—项目连接行为的 $Q^2$ 值分别为 0.636、0.583 和 0.513，均大于 0.35，说明预测相关性强。SRMR 值为 0.053，小于临界阈值 0.080，说明引起兴趣阶段整体模型的适配度较好。综上所述，本书两个阶段的结构模型在解释能力、预测相关性和拟合程度三个方面均通过了验证。

表4.11　结构模型评估结果

| 第一阶段：吸引注意 | | | | 第二阶段：引起兴趣 | | | |
|---|---|---|---|---|---|---|---|
| 变量 | $R^2$ | $Q^2$ | SRMR | 变量 | $R^2$ | $Q^2$ | SRMR |
| 公益氛围 GF | — | — | | 视觉吸引力 SJ | — | — | |
| 口碑推荐 KB | — | — | | 目标可实现 MB | — | — | |
| 信息触达 XX | — | — | | 受益人线索 SX | — | — | |
| 感知价值 GJ | 0.476 | 0.461 | 0.058 | 项目认同 GR | 0.652 | 0.636 | 0.053 |
| 情绪唤醒 QX | 0.357 | 0.335 | | 共情唤起 GQ | 0.599 | 0.583 | |
| 用户—平台连接行为 GP | 0.484 | 0.413 | | 用户—项目连接行 YX | 0.535 | 0.513 | |

## 六、直接效应检验

本书验证了性别、年龄、受教育程度和月收入这四个控制变量对两个因变量（用户—平台连接行为和用户—项目连接行为）的影响。结果表明，四个控制变量对两类连接行为没有显著影响。运用 SmartPLS 软件计算了标准化的路径系数、结构模型的置信区间和 P 值，结果如图4.5和表4.12所示。

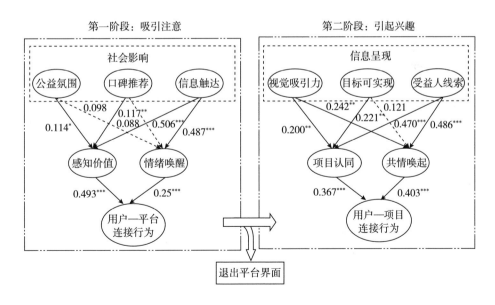

**图4.5　吸引阶段用户连接行为的路径系数**

注：＊表示 p<0.05；＊＊表示 p<0.01；＊＊＊表示 p<0.001。

如图 4.5 和表 4.12 所示，在第一阶段，感知价值（GJ）和情绪唤醒（QX）对用户—平台连接行为（GP）的路径系数分别为 0.493（P<0.001）和 0.256（P<0.001），Bootstrap95%置信区间分别为［0.352，0.607］和［0.130，0.385］，均不包含 0，因此，感知价值和情绪唤醒均正向影响用户—平台连接行为，即假设 H1 和 H2 得到支持。公益氛围（GF）、口碑推荐（KB）和信息触达（XX）对感知价值（GJ）的路径系数分别为 0.114（P<0.05）、0.177（P<0.01）和 0.506（P<0.001），Bootstrap95%置信区间分别为［0.007，0.231］、［0.057，0.306］和［0.390，0.614］，均不包含 0，表明，公益氛围、口碑推荐和信息触达均正向影响感知价值，即假设 H3a、H4a 和 H5a 的前半部分得到验证。公益氛围（GF）、口碑推荐（KB）和信息触达（XX）对情绪唤醒（QX）的路径系数分别为 0.098（P = 0.118）、0.088（P = 0.173）和 0.487（P < 0.001），Bootstrap95%置信区间分别为［-0.024，0.221］、［-0.034，0.217］和［0.350，0.607］，仅信息触达（XX）对情绪唤醒（QX）的置信区间不包含 0，说明，信息触达对情绪唤醒具有显著的正向影响，而公益氛围和口碑推荐对情绪唤醒的正向影响不显著，即假设 H3b 和 H4b 未通过验证，H5b 的前半部分得到支持。

**表 4.12　直接效应检验结果**

| 第一阶段：吸引注意 | | | | | | | |
|---|---|---|---|---|---|---|---|
| 假设 | 直接路径 | 标准化系数（β） | 标准差 | P 值 | Bootstrap95%置信区间 | | 判断 |
| H4-1 | GJ->GP | 0.493 | 0.063 | *** | 0.352 | 0.607 | 支持 |
| H4-2 | QX->GP | 0.256 | 0.064 | *** | 0.130 | 0.385 | 支持 |
| H4-3a | GF->GJ | 0.114 | 0.057 | 0.046 | 0.007 | 0.231 | 支持 |
| H4-3b | GF->QX | 0.098 | 0.063 | 0.118 | -0.024 | 0.221 | 不支持 |
| H4-4a | KB->GJ | 0.177 | 0.063 | 0.005 | 0.057 | 0.306 | 支持 |
| H4-4b | KB->QX | 0.088 | 0.065 | 0.173 | -0.034 | 0.217 | 不支持 |
| H4-5a | XX->GJ | 0.506 | 0.057 | *** | 0.390 | 0.614 | 支持 |
| H4-5b | XX->QX | 0.487 | 0.065 | *** | 0.350 | 0.607 | 支持 |
| 第二阶段：引起兴趣 | | | | | | | |
| 假设 | 直接路径 | 标准化系数（β） | 标准差 | P 值 | Bootstrap95%置信区间 | | 判断 |
| H4-6 | GR->YX | 0.367 | 0.080 | *** | 0.203 | 0.517 | 支持 |
| H4-7 | GQ->YX | 0.403 | 0.077 | *** | 0.249 | 0.552 | 支持 |
| H4-8a | SJ->GR | 0.200 | 0.073 | 0.007 | 0.055 | 0.340 | 支持 |

| 第二阶段：引起兴趣 | | | | | | |
|---|---|---|---|---|---|---|
| 假设 | 直接路径 | 标准化系数（β） | 标准差 | P 值 | Bootstrap95% 置信区间 | | 判断 |
| H4-8b | SJ->GQ | 0.242 | 0.078 | 0.002 | 0.083 | 0.390 | 支持 |
| H4-9a | MB->GR | 0.221 | 0.070 | 0.002 | 0.079 | 0.352 | 支持 |
| H4-9b | MB->GQ | 0.121 | 0.080 | 0.129 | -0.034 | 0.281 | 不支持 |
| H4-10a | SX->GR | 0.470 | 0.069 | *** | 0.326 | 0.594 | 支持 |
| H4-10b | SX->GQ | 0.486 | 0.069 | *** | 0.340 | 0.613 | 支持 |

注：＊表示 p<0.05；＊＊表示 p<0.01；＊＊＊表示 p<0.001。

在第二阶段，项目认同（GR）和共情唤起（GQ）对用户—项目连接行为（YX）的路径系数分别为 0.367（P<0.001）和 0.403（P<0.001），Bootstrap95%置信区间分别为 [0.203，0.517] 和 [0.249，0.552]，均不包含 0，这表明，项目认同和共情唤起对用户—项目连接行为均具有显著的正向影响，即假设 H4-6 和 H4-7 得到支持。视觉吸引力（SJ）、目标可实现（MB）和受益人线索（SX）对项目认同（GR）的路径系数分别为 0.200（P<0.01）、0.221（P<0.01）和 0.470（P<0.001），Bootstrap95%置信区间分别为 [0.055，0.340]、[0.079，0.352] 和 [0.326，0.594]，均不包含 0，说明视觉吸引力、目标可实现和受益人线索均正向影响项目认同，即假设 H4-8a、H4-9a 和 H4-10a 的前半部分得到验证。视觉吸引力（SJ）、目标可实现（MB）和受益人线索（SX）对共情唤起（GQ）的路径系数分别为 0.242（P<0.01）、0.121（P=0.129）和 0.486（P<0.001），Bootstrap95%置信区间分别为 [0.083，0.390]、[-0.034，0.281] 和 [0.340，0.613]，目标可实现（MB）对共情唤起（GQ）的置信区间包含 0，因此，目标可实现对受益人线索的正向影响不显著，但视觉吸引力和受益人线索对共情唤起具有显著的正向影响，即假设 H4-8b 和 H4-10b 的前半部分得到支持，H4-9b 未通过验证。

## 七、中介效应检验

本书采用被广泛应用的信赖区间估计 Bootstrapping 方法（抽样 5000 次）检验感知价值、情绪唤醒、项目认同和共情唤起的中介作用，分析结果如表 4.13 所示。

**表4.13 中介效应检验结果**

| 第一阶段：吸引注意 | | | | | | |
|---|---|---|---|---|---|---|
| 假设 | 路径 | 标准化系数（β） | 标准差 | t值 | Bootstrap95%置信区间 | | 结论 |
| H4-3a | GF->GJ->GP | 0.056* | 0.029 | 1.937 | 0.004 | 0.117 | 支持 |
| H4-3b | GF->QX->GP | 0.025 | 0.018 | 1.407 | -0.004 | 0.066 | 不支持 |
| H4-4a | KB->GJ->GP | 0.087* | 0.035 | 2.514 | 0.027 | 0.162 | 支持 |
| H4-4b | KB->QX->GP | 0.023 | 0.018 | 1.283 | -0.006 | 0.065 | 不支持 |
| H4-5a | XX->QX->GP | 0.125** | 0.040 | 3.140 | 0.056 | 0.213 | 支持 |
| H4-5b | XX->GJ->GP | 0.250** | 0.043 | 5.868 | 0.169 | 0.336 | 支持 |

| 第二阶段：引起兴趣 | | | | | | |
|---|---|---|---|---|---|---|
| 假设 | 路径 | 标准化系数（β） | 标准差 | t值 | Bootstrap95%置信区间 | | 结论 |
| H4-8a | SJ->GR->YX | 0.073* | 0.034 | 2.131 | 0.020 | 0.154 | 支持 |
| H4-8b | SJ->GQ->YX | 0.097* | 0.038 | 2.536 | 0.033 | 0.186 | 支持 |
| H4-9a | MB->GR->YX | 0.081** | 0.030 | 2.710 | 0.032 | 0.150 | 支持 |
| H4-9b | MB->GQ->YX | 0.049 | 0.033 | 1.456 | -0.009 | 0.123 | 不支持 |
| H4-10a | SX->GR->YX | 0.173** | 0.046 | 3.740 | 0.091 | 0.273 | 支持 |
| H4-10b | SX->GQ->YX | 0.196** | 0.046 | 4.246 | 0.115 | 0.297 | 支持 |

注：*表示 $p<0.05$；**表示 $p<0.01$；***表示 $p<0.001$。

针对平台吸引用户注意阶段，中介路径：公益氛围（GF）、口碑推荐（KB）和信息触达（XX）通过感知价值（GJ）影响用户—平台连接行为（GP）的标准化系数和t值分别是（$β=0.056$，$t=1.937$）、（$β=0.087$，$t=2.514$）和（$β=0.125$，$t=3.140$），分别在 $p<0.05$、$p<0.01$ 和 $p<0.001$ 水平上显著，且 Bootstrap95% 的置信区间均不包括0，因此，假设 H4-3a、H4-4a 和 H4-5a 的后半部分均得到支持，即感知价值在社会影响对用户—平台连接行为的正向影响中发挥着中介作用。中介路径：公益氛围（GF）、口碑推荐（KB）和信息触达（XX）通过情绪唤醒（QX）影响用户—平台连接行为（GP）的标准化系数和t值分别是（$β=0.025$，$t=1.407$）、（$β=0.023$，$t=1.283$）和（$β=0.250$，$t=5.868$），GF->QX->GP 和 KB->QX->GP 不显著，Bootstrap95%的置信区间包括0，XX->GJ->GP 在 $p<0.001$ 水平上显著，Bootstrap95%的置信区间

均不包括 0，因此，假设 H3b 和 H4b 的后半部分未通过验证，H5b 的后半部分通过验证，即情绪唤醒在社会影响（信息触达）对用户—平台连接行为的正向影响中发挥着中介作用，但因公益氛围、口碑推荐对情绪唤醒的正向影响不显著而导致情绪唤醒在公益氛围、口碑推荐对用户—平台连接行为的中介作用不显著。

　　针对项目吸引用户兴趣阶段，中介路径：视觉吸引力（SJ）、目标可实现（MB）和受益人线索（SX）通过对项目认同（GR）影响用户—项目连接行为（YX）的标准化系数和 t 值分别是（β = 0.073，t = 2.131）、（β = 0.081，t = 2.710）和（β = 0.173，t = 3.740），分别在 p<0.05、p<0.01 和 p<0.001 水平上显著，且 Bootstrap95% 的置信区间均不包括 0，因此，假设 H8a、H9a 和 H10a 均得到验证，即项目认同在信息呈现对用户—项目连接行为的正向影响中发挥着中介作用。中介路径：视觉吸引力（SJ）、目标可实现（MB）和受益人线索（SX）通过共情唤起（GQ）影响用户—项目连接行为（YX）的标准化系数和 t 值分别是（β = 0.097，t = 2.536）、（β = 0.049，t = 1.456）和（β = 0.196，t = 4.246），在 p<0.05 水平上显著和 p<0.001 水平上显著，Bootstrap95% 的置信区间分别为 [0.033, 0.186]、[-0.009, 0.123] 和 [0.115, 0.297]，因此，假设 H8b 和 H10b 通过验证，H9b 未得到支持，即共情唤起在信息呈现（视觉吸引力和受益人线索）对用户—项目连接行为的正向影响中发挥着中介作用，因目标可实现对共情唤起的正向影响不显著而导致共情唤起在目标可实现对用户—项目连接行为的中介作用不显著。

# 第五节　基于人工神经网络的稳健性检验

　　本书采用人工神经网络分析检验结构方程模型分析结果的稳健性，由此弥补结构方程模型的劣势。结构方程模型适用于检验不同变量间的线性关系，具有过度简化问题复杂性的可能。而人工神经网络可同时检测线性和非线性关系，且准确性较高，但其由于暗箱操作不适合用于检验因果关系假设。因此，人工神经网络方法常用于对结构方程模型方法进行补充和验证。

　　在神经网络模型设置中，结构方程模型中的每一个中介变量和因变量分别作为每一个人工神经网络模型的输出，而验证显著的直接前因作为人工神经网络模型的输入，由人工神经网络模型预测的输入变量的相对重要性验证结构方程模型结论的稳健性。根据本章的理论模型，针对吸引注意和引起兴趣两个子阶段分别建立 3 个人工神经网络模型。模型 1 的输入为公益氛围（GF）、口碑推荐（KB）和信息触达（XX），输出为感知价值（GJ）。模型 2 的输入为公益氛围（GF）、口碑推荐（KB）和信息触达（XX），输出为情绪唤醒（QX）。模型 3 的输入为感知价值（GJ）和情绪唤醒（QX），输出为用户—平台连接行为（GP）。模型 4 的输入为视觉吸引力（SJ）、目标可实现（MB）和受益人线索（SX），输出为项目认同（GR）。模型 5 的输入为视觉吸引力（SJ）、目标可实现（MB）和受益人线索（SX），输出为共情唤起（GQ）。模型 6 的输入为项目认同（GR）和共情唤起（GQ），输出为用户—项目连接行为（YX）。本书采用广泛应用的基于弹性反向传播算法（Resilient backpropagation，Rprop）的神经网络模型，并运用 Sigmoid 函数作为隐藏层和输出层的激活函数，使用误差平方和作为计算误差的微分方程，采用 10 个隐藏节点的神经网络进行验证。本书运用 R 语言中的 neuralnet 包来执行此算法，以吸引注意阶段包含的模型 1、模型 2 和模型 3 为例，核心代码如下表 4.14 所示，引起兴趣阶段 3 个模型的思路与此类似，修改相应的变量即可。

**表 4.14　神经网络模型的核心代码**

```
library( neuralnet)
mse_df<-data. frame( )
library( NeuralNetTools)
# 初始化空的数据框来存储输入变量的重要性
importance_df<-data. frame( )
# 标准化数据
scaled_result<-as. data. frame( scale( result,center = apply( result,2,min)
                       ,scale =    apply( result,2,max) -apply( result,2,min) ) )
center_params<-attr( scaled_result,"scaled:center")
scale_params<-attr( scaled_result,"scaled:scale")
# 十折交叉验证
for( i in 1:10) {
    set. seed( i+100) #改变随机种子以获取不同的训练集和测试集
    indices<-sample( 1:nrow( scaled_result) ,size = 0. 8 * nrow( scaled_result) )
    train_set<-scaled_result[ indices,]
    test_set<-scaled_result[ -indices,]
    # 定义并训练神经网络模型
    nn1 <-neuralnet( GJ ~ GF+KB+XX,data = train_set,hidden = 10,act. fct = "logistic" ,linear. output =T)
    nn2<-neuralnet( QX ~ GF+KB+XX,data = train_set,hidden = 10,act. fct = "logistic" ,linear. output =T)
```

续表

```
nn3<-neuralnet( GP ~ GJ+QX, data = train_set, hidden = 10, act. fct = " logistic ", linear. output = T )
#计算训练集和测试集的预测值
train_pred1<-compute( nn1, train_set[ ,c( "GF", "KB", "XX" ) ] )
test_pred1<-compute( nn1, test_set[ ,c( "GF", "KB", "XX" ) ] )
train_pred2<-compute( nn2, train_set[ ,c( "GF", "KB", "XX" ) ] )
test_pred2<-compute( nn2, test_set[ ,c( "GF", "KB", "XX" ) ] )
train_pred3<-compute( nn3, train_set[ ,c( "GJ", "QX" ) ] )
test_pred3<-compute( nn3, test_set[ ,c( "GJ", "QX" ) ] )
#计算均方误差
mse_train1<-mean( ( scaled_result $GJ[ indices ] -train_pred1 $net. result )^2 )
mse_test1<-mean( ( scaled_result $GJ[ -indices ] -test_pred1 $net. result )^2 )
mse_train2<-mean( ( scaled_result $QX[ indices ] -train_pred2 $net. result )^2 )
mse_test2<-mean( ( scaled_result $QX[ -indices ] -test_pred2 $net. result )^2 )
mse_train3<-mean( ( scaled_result $GP[ indices ] -train_pred3 $net. result )^2 )
mse_test3<-mean( ( scaled_result $GP[ -indices ] -test_pred3 $net. result )^2 )
#计算输入变量的重要性
importance1<-garson( nn1 )
importance2<-garson( nn2 )
importance3<-garson( nn3 )
}
```

## 一、神经网络模型的验证

本书针对建立的每个神经网络模型生成了 10 个网络，并执行十折交叉验证来避免模型的过拟合，将总数据的 80% 作为训练集，剩余的 20% 作为测试集，以均方误差值评估模型的预测准确性。如表 4.15 所示，展示了六个神经网络模型的均方误差，模型 1 训练集的均方误差范围为 0.017 到 0.027，测试集的均方误差范围为 0.023 到 0.058。模型 2 训练集的均方误差范围为 0.020 到 0.026，测试集的均方误差范围为 0.025 到 0.047。模型 3 训练集的均方误差范围为 0.017 到 0.020，测试集的均方误差范围为 0.014 到 0.026。模型 4 训练集的均方误差范围为 0.009 到 0.014，测试集的均方误差范围为 0.011 到 0.019。模型 5 训练集的均方误差范围为 0.009 到 0.013，测试集的均方误差范围为 0.008 到 0.025。模型 6 训练集的均方误差范围为 0.016 到 0.019，测试集的均方误差范围为 0.011 到 0.024。Hew 等指出，均方误差较低表明神经网络模型有较高的预测准确性。因此，本书的模型在预测输出变量上的效果比较可靠。

**表 4.15　训练集及测试集的均方误差**

| 第一阶段的<br>神经网络<br>模型 | 模型1：输入神经元：<br>GF，KB，XX；<br>输出神经元：GJ | | 模型2：输入神经元：<br>GF，KB，XX；<br>输出神经元：QX | | 模型3：输入神经元：<br>GJ，QX；<br>输出神经元：GP | |
|---|---|---|---|---|---|---|
| | 训练 | 测试 | 训练 | 测试 | 训练 | 测试 |
| 1 | 0.022 | 0.034 | 0.026 | 0.034 | 0.017 | 0.026 |
| 2 | 0.026 | 0.031 | 0.022 | 0.047 | 0.020 | 0.014 |
| 3 | 0.018 | 0.033 | 0.021 | 0.040 | 0.019 | 0.018 |
| 4 | 0.017 | 0.058 | 0.020 | 0.042 | 0.019 | 0.018 |
| 5 | 0.018 | 0.041 | 0.021 | 0.038 | 0.019 | 0.017 |
| 6 | 0.027 | 0.025 | 0.023 | 0.038 | 0.017 | 0.025 |
| 7 | 0.022 | 0.038 | 0.021 | 0.043 | 0.019 | 0.022 |
| 8 | 0.024 | 0.023 | 0.024 | 0.025 | 0.019 | 0.018 |
| 9 | 0.022 | 0.029 | 0.021 | 0.042 | 0.020 | 0.014 |
| 10 | 0.019 | 0.046 | 0.026 | 0.037 | 0.018 | 0.026 |
| 均值 | 0.021 | 0.036 | 0.023 | 0.039 | 0.019 | 0.020 |
| 第二阶段的<br>神经网络模型 | 模型4：输入神经元：<br>SJ，MB，SX；<br>输出神经元：GR | | 模型5：输入神经元：<br>SJ，MB，SX；<br>输出神经元：GQ | | 模型6：输入神经元：<br>GR，GQ；<br>输出神经元：YX | |
| | 训练 | 测试 | 训练 | 测试 | 训练 | 测试 |
| 1 | 0.012 | 0.013 | 0.011 | 0.013 | 0.016 | 0.021 |
| 2 | 0.014 | 0.012 | 0.013 | 0.009 | 0.018 | 0.011 |
| 3 | 0.012 | 0.016 | 0.011 | 0.023 | 0.016 | 0.019 |
| 4 | 0.011 | 0.016 | 0.009 | 0.017 | 0.018 | 0.016 |
| 5 | 0.009 | 0.017 | 0.009 | 0.023 | 0.016 | 0.024 |
| 6 | 0.013 | 0.015 | 0.011 | 0.011 | 0.016 | 0.020 |
| 7 | 0.012 | 0.011 | 0.010 | 0.016 | 0.018 | 0.017 |
| 8 | 0.011 | 0.015 | 0.012 | 0.008 | 0.019 | 0.014 |
| 9 | 0.014 | 0.012 | 0.009 | 0.015 | 0.017 | 0.019 |
| 10 | 0.012 | 0.019 | 0.012 | 0.025 | 0.018 | 0.017 |
| 均值 | 0.012 | 0.015 | 0.011 | 0.016 | 0.017 | 0.018 |

注：GF=公益氛围，KB=口碑推荐，XX=信息触达，GJ=感知价值，QX=情绪唤醒，GP=用户—平台连接行为，SJ=视觉吸引力，MB=目标可实现，SX=受益人线索，GR=项目认同，GQ=共情唤起，YX=用户—项目连接行为。

## 二、敏感性分析

通过计算 10 个网络中输入变量在预测因变量上的平均重要性可获得模型的敏感性分析结果（见表 4.16）。在模型 1 和模型 2 中，均是信息触达的相对重要性更高。模型 3 中，感知价值的重要性都较高，在模型 4 和模型 5 中，均是受益人线索的相对重要性更高。模型 6 中，项目认同和共情唤起的重要性都较高，分析结果与结构方程模型的结果一致，说明研究结果具有较好的稳健性。

表 4.16　敏感性分析结果

| 神经网络模型 | 模型 1 | | | 模型 2 | | | 模型 3 | |
|---|---|---|---|---|---|---|---|---|
| | GF | KB | XX | GF | KB | XX | GJ | QX |
| 1 | 0.238 | 0.367 | 0.395 | 0.332 | 0.288 | 0.380 | 0.631 | 0.369 |
| 2 | 0.322 | 0.172 | 0.505 | 0.286 | 0.365 | 0.349 | 0.621 | 0.379 |
| 3 | 0.212 | 0.317 | 0.471 | 0.322 | 0.308 | 0.370 | 0.529 | 0.471 |
| 4 | 0.182 | 0.449 | 0.369 | 0.256 | 0.362 | 0.382 | 0.372 | 0.628 |
| 5 | 0.268 | 0.394 | 0.338 | 0.376 | 0.285 | 0.339 | 0.422 | 0.578 |
| 6 | 0.326 | 0.357 | 0.317 | 0.371 | 0.275 | 0.355 | 0.665 | 0.335 |
| 7 | 0.368 | 0.339 | 0.293 | 0.405 | 0.193 | 0.402 | 0.480 | 0.520 |
| 8 | 0.206 | 0.521 | 0.273 | 0.288 | 0.394 | 0.318 | 0.557 | 0.443 |
| 9 | 0.243 | 0.376 | 0.381 | 0.282 | 0.267 | 0.451 | 0.569 | 0.431 |
| 10 | 0.239 | 0.453 | 0.308 | 0.373 | 0.298 | 0.328 | 0.580 | 0.420 |
| 均值 | 0.260 | 0.374 | 0.365 | 0.329 | 0.303 | 0.367 | 0.543 | 0.457 |

| 神经网络模型 | 模型 4 | | | 模型 5 | | | 模型 6 | |
|---|---|---|---|---|---|---|---|---|
| | SJ | MB | SX | SJ | MB | SX | GR | GQ |
| 1 | 0.206 | 0.258 | 0.536 | 0.293 | 0.317 | 0.390 | 0.511 | 0.489 |
| 2 | 0.417 | 0.263 | 0.320 | 0.343 | 0.309 | 0.347 | 0.450 | 0.550 |
| 3 | 0.261 | 0.235 | 0.504 | 0.315 | 0.285 | 0.400 | 0.465 | 0.535 |
| 4 | 0.216 | 0.391 | 0.393 | 0.347 | 0.304 | 0.350 | 0.466 | 0.534 |
| 5 | 0.273 | 0.371 | 0.356 | 0.301 | 0.336 | 0.363 | 0.454 | 0.546 |
| 6 | 0.313 | 0.302 | 0.385 | 0.289 | 0.341 | 0.370 | 0.569 | 0.431 |
| 7 | 0.290 | 0.379 | 0.331 | 0.295 | 0.356 | 0.348 | 0.509 | 0.491 |
| 8 | 0.309 | 0.341 | 0.351 | 0.315 | 0.314 | 0.371 | 0.489 | 0.511 |
| 9 | 0.270 | 0.374 | 0.356 | 0.302 | 0.309 | 0.389 | 0.460 | 0.540 |
| 10 | 0.347 | 0.340 | 0.313 | 0.357 | 0.264 | 0.379 | 0.534 | 0.466 |
| 均值 | 0.290 | 0.325 | 0.385 | 0.316 | 0.314 | 0.371 | 0.491 | 0.509 |

注：GF=公益氛围，KB=口碑推荐，XX=信息触达，GJ=感知价值，QX=情绪唤醒，GP=用户—平台连接行为，SJ=视觉吸引力，MB=目标可实现，SX=受益人线索，GR=项目认同，GQ=共情唤起，YX=用户—项目连接行为。

# 第六节　实证结果讨论

根据理论模型和研究假设的检验结果，下文展开具体讨论。

感知价值（GJ）、情绪唤醒（QX）对用户—平台连接行为（GP）的影响。研究结果显示，对于网络公益平台而言，用户的感知价值和情绪唤醒是影响其连接平台行为的重要因素。根据图 4.5 可知，感知价值（$\beta = 0.493$）对用户—平台连接行为的正向影响大于情绪唤醒（$\beta = 0.256$），该结论与现有相关研究成果吻合。感知价值被认为是决定用户采纳或使用某一特定服务的首要动机，对用户连接网络公益平台的影响至关重要。然而，本书中的情绪唤醒特指个体积极情绪的唤醒，需要相应的"激活"和"共鸣"，唤醒的难度较大、程度不高，这导致情绪唤醒对用户—平台连接行为的正向影响强度略低。

项目认同（GR）和共情唤起（GQ）对用户—项目连接行为（YX）的影响。对于公益项目而言，用户对项目的认同和共情唤起是影响其连接项目行为的关键因素。由图 4.5 可知，共情唤起（$\beta = 0.403$）对用户—项目连接行为的正向影响高于项目认同（$\beta = 0.367$）。该结论与现有文献以及现实情形相符。认同作为认知范畴的核心变量，对个体行为的影响毋庸置疑。但学界一致认为，共情是利他行为产生的首要动因。因此，相较于项目认同，共情唤起对用户—项目连接行为的正向影响更强。

社会影响因素对感知价值（GJ）的影响。根据研究结果，社会影响的三个因素：公益氛围（GF）、口碑推荐（KB）和信息触达（XX）均显著影响个体的感知价值，在影响的强弱程度上，信息触达最强，口碑推荐次之，公益氛围最弱。信息触达是平台吸纳用户/客户流的重要渠道，正向影响着个体对平台的价值感知。口碑推荐是个体从网络公益平台用户的推荐中获取关于平台的相关信息，从而影响感知平台的价值，但现实生活中口碑营销泛滥，导致人们对口碑推荐日益淡漠，更愿意接纳无意间触达的信息，因此，口碑推荐对用户—平台连接行为的正向影响相对较弱。公益氛围三个测量题项的均值分别是 4.80、4.58 和 4.95，均小于口碑推荐和信息触达，说明公众普遍认为公益氛围不够浓烈，难以让他们感知到连接网络公益平台的价值。

社会影响相关因素对情绪唤醒（QX）的影响。研究结果表明，社会影响因素中的公益氛围（GF）和口碑推荐（KB）对用户情绪唤醒的影响不显著，信息触达（XX）显著正向影响用户情绪的唤醒。通过分析深度访谈资料发现，受访者一致认为从口碑推荐中只能获得关于网络公益平台的正面信息，不能引发情绪和情感方面的波动。平台企业和各非营利组织可营造热烈的公益氛围和提高公众积极情绪的唤醒程度来促进用户—平台连接行为。

信息呈现因素对项目认同（GR）的影响。视觉吸引力（SJ）、目标可实现（MB）和受益人线索（SX）均正向影响用户对公益项目的认同，在影响程度方面，受益人线索的影响强度最大，目标可实现次之，视觉吸引力最弱。对于公益项目的目标可实现性，从深度访谈资料来看，人们的观点不统一，有些用户会重点关注目标可实现的项目，但有些用户认为目标是否可实现不重要，应判断项目的紧急性，因此，目标可实现性对用户项目认同的影响程度相对较弱。视觉吸引力虽然能让用户停留，但用户更多的是对图片的粗加工，难以形成项目认同。而且有不少受访者表示"虽然图片很吸人眼球，但是平台上的图片大同小异，很容易被免疫……"由此可知，视觉吸引力对用户项目认同有正向影响，但影响强度不大。

信息呈现相关因素对共情唤起（GQ）的影响。视觉吸引力（SJ）和受益人线索（SX）均对用户的共情唤起有显著的正向影响，且受益人线索的影响强度大于视觉吸引力，但目标可实现（MB）对用户的共情唤起的影响不显著。受益人线索（如未成年人、单亲妈妈、老年人、农民工等弱势群体线索）更容易唤起用户的共情，从而获得关注和支持。具有视觉吸引力的图片、文字等也容易打动人心，激发被试的情感共鸣。但公益项目的可实现性大都表现为数字，基本不带有情绪和情感，因此较难唤起用户的共情。

本书不仅扩展了用户连接行为在慈善公益领域的研究，还补充了用户连接行为基于个体决策过程的研究，丰富了公益参与行为的研究成果，对网络公益平台及公益项目发布者等多方主体的管理实践具有重要启示。首先，网络公益平台可调整社会影响因素有目的地改变潜在用户的决策，以提高连接平台的意愿。例如，网络公益平台可通过对信息精准，全方位、多时段的触达来促使个体从认知、情绪的双重视角决策，从而提升其连接平台的意愿。其次，项目发起人可通过改变项目信息呈现因素影响用户的决策倾向，以提高连接项目的意愿。例如，公益项目发起人可通过尽可能呈现受益人线索、增加图片和标题的吸引力等方式促使个体从情感视角决策，唤起共情，进而产生连接项目行为。最后，根据用户连接所处的阶段有针对性地设计刺激因素以促进用户连接行为的产生。例如，在潜在用户接触公益平台阶段，平台可着力于社会影响因素的投入以激发用户的价值感知和积极情绪唤醒；在用户接触公益项目阶段，项目可通过信息呈现的加强激发用户的情感共鸣和项目认同感。

# 第七节　本章小结

基于第三章质性分析的结果，运用 SOR 模型、社会认同理论和情绪感染理论，结合前人研究成果，本章细化了吸引阶段网络公益平台用户连接行为的两阶段驱动模型：第一阶段，网络公益平台吸引潜在用户注意。第二阶段，公益项目引起新用户兴趣。通过纵向追踪调查法获得 382 份配套问卷数据，运用 SmartPLS 验证了结构模型和直接效应，采用 Bootstrap 方法检验中介效应，运用人工神经网络检验结构方程模型分析结果的稳健性。

研究结果表明：①潜在用户是在公益氛围、口碑推荐和信息触达等社会影响因素的刺激下，感知到价值，积极情绪被唤醒，产生连接网络公益平台的行为。在吸引注意阶段，信息触达的刺激作用大于公益氛围和口碑推荐，且公益氛围和口碑推荐对用户情绪唤醒的影响不显著。另外，感知价值对用户—平台连接行为的影响大于情绪唤醒。②新用户在视觉吸引力、目标可实现和受益人线索等项目呈现信息的刺激下，认同公益项目，唤起共情，从而引发了用户—项目连接行为。在引起兴趣阶段，受益人线索的刺激作用大于视觉吸引力和目标可实现，且目标可实现对用户共情唤起的正向影响不显著，另外，共情唤起对用户—项目连接行为的影响大于项目认同。

# 第五章　转化阶段网络公益平台用户
# 转发链接的组态效应机制

## 第一节　问题的提出

在万物互联的当下，网络平台不但可以凭借自身优势吸引用户，还可以依托活跃用户从其他网络平台（比如社交媒体平台）引流。微信和QQ等基于熟人社交的网络平台是强连接关系的代表，好友之间互动的频率较高、程度较深，在公益项目的传播、劝募方面有着天然的优势，成为网络公益平台引流的主要对象。因此，依托活跃用户的熟人社交网络转发公益项目已成为网络公益平台及项目吸引、连接社交平台用户的重要手段。腾讯公益、轻松筹、水滴筹等公益平台均在项目界面设置了转发功能，用户可一键式生成公益项目的链接，并转发到自己的社交网络。在此过程中，网络公益平台用户需要在没有利益回报的情况下，将自己的可操作性关系资源价值转化为公益项目的助力。但不是所有人都愿意贡献自身的可操作性关系资源，只有契合转发主体意识形态的项目激发了用户的转发意愿后，用户才会将该项目转化其可操作性关系资源价值。因此，网络公益平台用户产生转发公益项目的意愿是用户关系资源价值转化的基础。

由第三章扎根理论分析结果可知，网络公益平台用户连接行为扩散的主要渠道是通过社交平台转发公益项目实现跨平台用户连接，因此，本章的研究问题可描述为：第一，哪些要素影响用户对于转发/不转发公益项目的选择？第二，这些因素如何影响用户转发/不转发公益项目的决策？然而，用户选择是否转发链接的过程不但会受到诸多因素的影响，而且各影响因素之间并不是单独发挥作用，而是复杂的交互作用。因此，需要同时考虑影响因素间的净效应和交互效应。现有关于转发意愿和行为产生的影响因素及内在机理研究多采用结构方程模型、多元回归等定量研究方法，少数研究采用扎根理论的定性研究方法，或定性和定量相结合的文本分析法。基于此，为合理解释转发意愿影响因素之间的关系，需要从定性或定性定量相结合的方法进行探讨，不仅要考虑影响因素的客观性，还要考虑各因素间的复杂关系。

随着社会化媒体的兴起，越来越多的网民通过知乎、百度知道、微博等社会化媒体发布并分享其行为体验和经验等，产生了海量的用户在线评论。影响用户行动的因素暗含在用户的在线评论中，因此，对用户评论文本进行主题挖掘可得到影响用户行动的普适性因素。通过对知乎、百度知道、微博等社会化媒体搜索发现，网络公益平台用户在这些社会化媒体上分享了大量关于网络公益参与（如浏览、捐助、转发项目等）的体验，形成了大量反映用户行为形成的心理状态评论数据。这些数据直接或间接地显示了用户是否转发公益项目的影响因素以及用户选择的相关观点。基于以上研究背景可知（见图 5.1），挖掘在线评论数据中的潜在信息和内在逻辑，将有助于获取影响用户在连接价值转化阶段选择的要素，有助于识别用户在该阶段不同选择的条件组态，从而指导网络公益平台优化运营策略和服务，以获得更多用户流量。

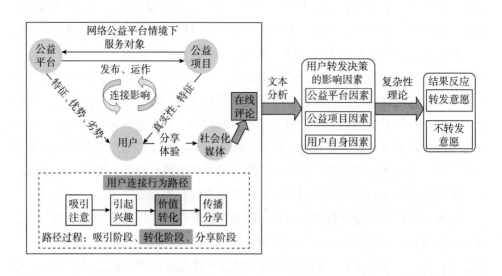

**图 5.1 转化阶段的研究背景**

本章聚焦于网络公益平台用户连接行为的转化阶段，基于网络公益平台用户的在线评论数据，运用 LDA 模型挖掘影响用户转发选择的特定要素主题，以此为基础设计问卷，基于问卷调查数据运用 fsQCA 探索用户选择转发/不转发公益项目的条件组态，具体的研究框架如图 5.2 所示。首先，基于第三章扎根分析结果，结合研究背景，剖析本章研究的具体问题，并厘清问题之间的逻辑关系。其次，基于抓取的网络公益平台用户在线评论数据，经过数据的预处理得到文本挖掘的最终词集，运用 LDA 模型建模挖掘文本词集中影响用户转发选择的关键因素。再次，根据 LDA 主题挖掘得到的影响因素，基于前人研究的成熟量表，设计调查问卷，经过预实验的修正得到最终的正式调查问卷，并展开问卷调查。最后，基于复杂性理论以及扎根理论分析结果，结合前人的研究成果，构建转化阶段网络公益平台用户连接行为的选择模型，并针对问卷调查数据，运用 NCA 和 fsQCA 方法识别网络公益平台用户选择/不选择转发项目连接的条件组态，基于研究结论给出对策建议。

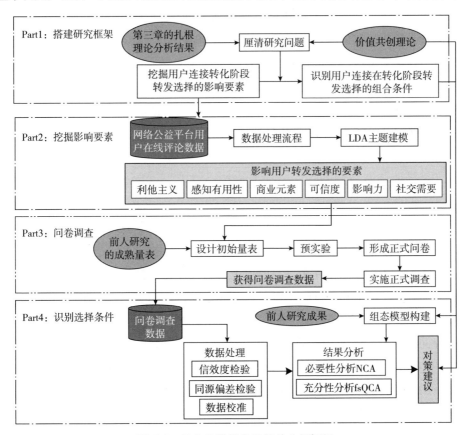

**图 5.2　转化阶段转发链接的分析框架**

## 第二节　网络公益平台用户转发意愿的影响要素挖掘

### 一、数据选取与采集

由于网络公益平台的多样性以及用户的异质性，公益在线评论数据呈现大规模、多模态、碎片化等特征，暗含着丰富的用户态度和观点，于是，本书选取评论数据较丰富的知乎、百度知道、微博为数据获取源。根据第三章深度访谈资料，腾讯公益、水滴筹、轻松筹、支付宝公益等网络公益平台被受访者提及的次数最多，因此，本文选取以上平台作为数据获取的对象。为克服不同获取源数据的差异化，方便于整合多平台评论数据组成的网络公益平台用户评论文本语料库，本书选择共有数据项进行采集，具体采集项包括：用户昵称、评论内容和评论时间。后羿采集器的智能模式可实现自定义采集数据项、自动翻转评论页面、去重处理、将采集的评论数据自动生成 Excel 版的语料库，被广泛应用于文本挖掘的研究中，于是，本书以后羿采集器为获取评论数据的工具。网络公益平台用户评论数据收集时间为 2022 年 9 月 17 日，分别在知乎、百度知道、微博采集评论数据为 1165 条、1262 条、1022 条。

### 二、数据预处理

为去除冗余数据，提高文本识别及分析的准确率，本书对数据进行去除非文本、分词和去停用词等预处理。通过手动去除缺失数据、不一致数据、无关数据、过短评论（长度小于 4 个字符的评论，这类评论包括的语义过于单一，没有明显特征，难以对文本分析起到作用）等非文本，从知乎、百度知道、微博得到的有效数据分别为 757 条、885 条、869 条。针对分词，本书采用 Python 自带的 jieba 分词中文包，结合文本数据构建自定义词典，对用户评论数据进行精准分词处理后得到文本数据语料库。对于停用词库的构建，在对百度停用词表（1395 个）和哈工大停用词表（767 个）去除整合的基础上，结合网络公益平台用户评论的具体情况，增加了"轻松筹""水滴筹""腾讯公益""支付宝公益""公益""捐赠""捐款""捐""展开全文""网页链接""展开""收起全文"

"几天""每次"等专有名词和无实际意义的词，得到的新停用词库提高了数据分析过程中特征词识别的准确率。

### 三、方法及参数选取

#### （一）方法选取

网络公益平台用户评论数据包含大量关于用户的选择、情感、观点等语义信息，不仅呈现出极大的异质性，主题词汇之间还暗含着一定的相似度。隐含狄利克雷分布（Latent Dirichlet Allocation，LDA）模型是基于文档—主题—词语三层贝叶斯结构的概率模型，是主题挖掘中一种常见的方法，在用户行为研究、新闻传播学以及公益慈善研究等领域得到了广泛应用。并且，LDA模型作为一种无监督的文档主题多层生成模型，与传统的文本分析方法相比，克服了文本矩阵稀疏、文本语义概括困难等缺陷，可识别大规模文本或语料库中隐含的主题信息，是分析大规模非结构化文档集最有效的方法之一，常被应用于识别用户评论数据的主题。因此，LDA模型非常适合于用户在线评论数据的主题挖掘。

作为一种无监督机器学习技术，LDA模型主要通过分词工具获取文档中的词语，然后按照某一概率将词语计算生成主题词，再对主题词进行聚类，最后计算主题词的强度，由此呈现文档包含的主题数量和内容。即LDA模型将每个文档表示为一系列主题的多项式分布，且每个主题包括一系列词语的多项式，评论文本到主题、主题到词语均服从多项式分布，如式（5.1）和式（5.2）所示：

$$z \sim \mathrm{Multi}(z \mid \overline{\theta}_n) \tag{5.1}$$

$$v \sim \mathrm{Multi}(v \mid \overline{\theta}_m) \tag{5.2}$$

在公式（5.1）中，$z$ 表示第 $n$ 条评论中产生的主题随机变量，$\overline{\theta}_n$ 表示在 $N \times M$ 的矩阵中第 $n$ 条评论的多项式分布参数，$N$ 表示评论数量，$M$ 表示主题数量。在公式（5.2）中，$v$ 表示第 $m$ 个主题产生的词语随机变量，$\overline{\theta}_m$ 表示在 $M \times W$ 的矩阵中第 $m$ 个主题的多项式分布参数，$W$ 表示词语数量。

综上可知，LDA模型可显著且有效地识别在线评论的主题特征。因此，本书选用LDA模型识别网络公益平台用户评论的主题，并通过对主题内特征词的分析获取该主题表达的核心主旨，即识别网络公益平台用户评论数据中影响用户转发选择的关键要素，为后续探索用户转发选择的条件组态提供理论依据。本书采用Python软件，借助相应的开源工具包实现对评论数据的清洗、分词、去除停用词、词性标识和主题挖掘等，操作步骤如图 5.3 所示。

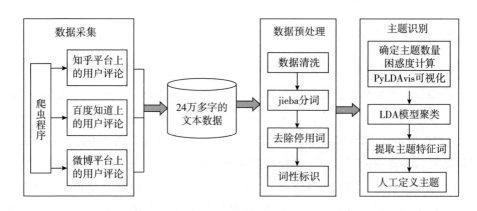

图 5.3　主题挖掘步骤

（二）参数选取

为增加 LDA 模型主题挖掘的准确性，预先确定最佳主题数目是重要步骤。主题数目要适度，过多会造成模型过度拟合而无法区分主题，过少则无法充分体现潜在主题。目前，常用的主题数量选取指标有困惑度、一致性和模型可视化程度等。困惑度是用于度量模型表示能力的好坏程度，其值越低代表模型的表示能力越强，已成为判断最佳主题数目的重要指标，计算公式如式（5.3）和式（5.4）所示。PyLDAvis 的模型可视化采用二维形式直观地展现各个主体之间的聚合效果，圆圈的大小表示该主体包含的文档数量，圆圈间的重合度表示主题间的相似度，圆圈越分散表明模型的主题聚合度效果越好。为准确确定最佳主题数目，且直观地展现结果，本书采用困惑度与 PyLDAvis 可视化相结合的方法，利用困惑度—主题数目曲线确定主题数目的大致范围，采用 PyLDAvis 可视化模块观察不同主题数量和主题间的重合程度，最终确定最佳主题数量。

$$\text{Perplexity}(D) = \exp\left\{ -\frac{\sum_{d=1}^{N} \log p(v_d)}{\sum_{d=1}^{N} M_d} \right\} \tag{5.3}$$

$$p(v_d) = \prod_{i=1}^{(M_d)} \sum_{z} p(v_{d,i} \mid z) p(z \mid d) \tag{5.4}$$

其中，$M_d$ 表示词汇集合，也表示评论的长度，$N$ 表示评论的数量，$p(v_d)$ 表示评论的生成概率，$v_{d,i}$ 表示评论 $d$ 中的第 $i$ 个词，$z$ 表示是特定主题。由于公式

（5.3）中的"exp（）"是以自然常数 $e$ 为底的指数函数，且 Python 代码中"log（）"函数均默认是以 $e$ 为底，因此上述公式（5.3）中的 log 的底亦是常数 $e$。公式（5.4）中 $\sum_z p(v_{d,i} \mid z)p(z \mid d)$ 表示的是文档 $d$ 中第 $i$ 个词汇的生成概率，且每个词汇的概率条件独立，评论 $d$ 的生成概率 $p(v_d)$ 表示的是其评论中每个词汇产生概率之积。

在 LDA 模型的运行中，一条评论的"文档—词项"的生成过程如图 5.4 所示。首先，从 LDA 模型 $\alpha$ 中选择生成评论的主题分布 $\theta_m$。其次，从 $\theta_m$ 取样生成评论的第 $k$ 个词的主题 $z_{m,k}$。再次，从 LDA 模型 $\beta$ 中取样生成主题 $z_{m,k}$ 对应的多项词语分布 $\mu_n$。最后，从 $\mu_n$ 中采样生成单词 $V_{m,k}$。上述过程重复 $k$ 次后，便生成了一条评论的"文档—词项"。

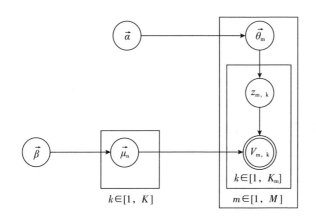

**图 5.4 LDA 模型中一条评论的"文档—词项"生成过程**

本书将 $\alpha$ 和 $\beta$ 设置为默认参数，迭代次数为 5000 次。假定初始主题数量为 15，计算不同主题数量下的困惑度，困惑度—主题数量变化的曲线如图 5.5 所示。随着主题数量的不断增大，困惑度在前期（主题数量为 0~4）呈现快速下降趋势，中期（主题数量为 5~9）呈相对平缓的下降趋势，后期（主题数量为 10~14）略微上升后缓慢下降。研究指出，最佳主题数量一般出现在困惑度曲线的肘形处，且处于困惑度趋于平缓的区域内。因此，困惑度趋于平缓阶段的肘形点是最佳主题数量的备选，即最佳主题数量可能是 6 和 9。为进一步明确最佳主题数目，本文围绕主题数量 6 和 9，选取 5~10 个主题利用 PyLDAvis 可视化分析进行确定，结果如图 5.6 所示。

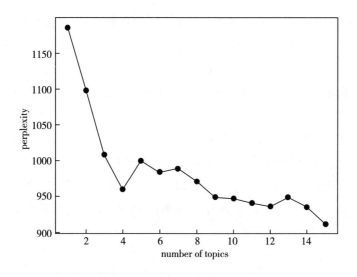

**图 5.5　困惑度—主题数目曲线**

图 5.6 中的（a）、（b）、（c）、（d）、（e）、（f）分别对应主题数量为 5、6、7、8、9、10 时，特定主题数量下主题与主题间内容的重合程度。当主题数量为 5 时，第一主题分别与第二、第四主题之间内容的重合度较高。当主题数量为 7 时，第六主题的大部分内容包含在第五主题中。当主题数量为 8 时，第一主题涵盖了第七主题的绝大部分内容，且第四主题涵盖了第八主题的大部分内容。当主题数量为 9 时，第七主题与第八主题几乎完全重合，且二者与第一主题间的重合程度也较高。在以上四种主题数量下都不能较好地识别和区分主题，因此排除上述四种主题数量。对于主题数量 6 和 10，前者各主题间的重合程度更低，存在重合的主题个数也更少。因此，本书的最佳主题数量确定为 6。

### 四、数据结果与分析

（一）主题挖掘结果

由 LDA 模型生成的每个主题都包含着众多主题特征词，为了准确且有效地提炼主题，本书选取概率排名前 30 的词作为每个主题的特征词。为确保各主题之间边界清晰，将主题词不明确且出现在多个主题的特征词予以删除，如"病人""困难""累计"等。采用人工标识法，以特征词的语义为基础，与 3 名该领域的学者讨论，由此提炼能够概括大多数特征词的表述，最终形成主题标签，具体如表 5.1 所示。

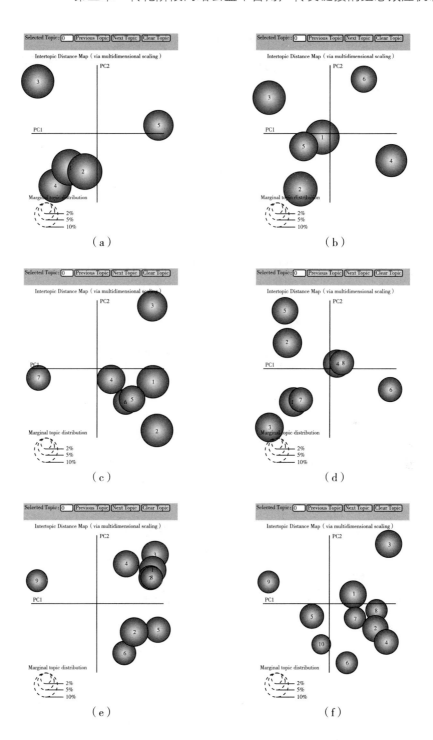

图 5.6 不同主题数量下 PyLDAvis 可视化分析

表 5.1　LDA 主题模型特征词及其权重

| 主题 | 特征词及权重 | 主题标签 | 主题强度（%） |
|---|---|---|---|
| 1 | 爱心 0.0268，一善 0.0224，关怀 0.016，3 农村 0.0135，互助 0.0127，免费 0.0112，服务 0.0085，助力 0.0073，保障 0.0069，全民 0.0069 | 利他主义 | 20.0 |
| 2 | 项目 0.0322，点击 0.0269，微信 0.0237，图标 0.0155，转发 0.0137，点亮 0.0135，成功 0.0106，选择 0.0098，自动 0.0096，朋友圈 0.0084 | 感知有用性 | 19.9 |
| 3 | 真的 0.0215，抽成 0.0168，保险 0.0165，生意 0.0149，互助 0.0109，希望 0.0099，大病 0.0087，商业 0.0084，推广 0.0079，盈利 0.0052 | 商业元素 | 17.9 |
| 4 | 基金会 0.0354，审核 0.0224，携手 0.0211，信用 0.0209，阳光 0.0209，央视 0.0198，新闻 0.0198，小红花 0.0182，基金 0.0134，项目 0.0076 | 可信度 | 16.7 |
| 5 | 信息 0.029，科技 0.023，项目 0.0224，影响力 0.0171，审阅 0.0152，发布 0.0151，公开 0.0121，提供 0.0108，宣传 0.0052，渠道 0.0046 | 影响力 | 13.8 |
| 6 | 运动 0.053，助力 0.0271，社交 0.027，盛典 0.0103，关注 0.0093，蚂蚁 0.0089，朋友 0.008，发展 0.0076，联合 0.0073，活动 0.0064 | 社交需要 | 11.6 |

主题 1：利他主义。该主题是关于平台用户仁爱心、对他人无私关心的描述。其中，特征词"爱心"和"一善"说明用户认为转发公益项目是表达爱心的善意行为，"关怀""互助""免费""服务""助力""保障"是用户利他主义行为的目的，"农村"和"全民"是用户利他主义行为的对象。

主题 2：感知有用性。该主题反映用户对转发公益项目是否有价值的判断和态度。"项目"和"转发"代表感知有用性的对象。"爱心"和"点亮"表示用户认为转发公益项目是表达爱心、点亮他人的一种方式。"点击""参与""打开"表明转发公益项目能够帮助更多人点击、打开、参与项目。"微信"和"朋友圈"是转发的渠道。"成功"表达了用户对转发公益项目的肯定态度。

主题 3：商业元素。该主题反映的是用户对于网络公益平台及其项目是否带有商业性质的关注。"非营利性""互助""希望"和"推广"说明平台及项目是纯公益的，不具有商业元素，"抽成""保险""生意""商业""盈利"代表着项目的商业性质。"大病"表示用户对项目救助名目的关注。

主题 4：可信度。该主题反映的是用户对于网络公益平台及其项目是否可信的关注。"真的""信用""阳光"代表用户对平台及项目可信度的肯定。"审核""携手""小红花"是平台及项目体现可信度的方式。"基金会""央视""新闻""基金"是平台及项目可信度的保证。

主题5：影响力。"项目"和"影响力"表现了用户对网络公益项目影响力的关注。"信息"和"科技"是平台及项目影响力的体现。"审阅""发布""公开""提供""宣传""渠道"是提高项目影响力的途径。

主题6：社交需要。"运动""社交""盛典""蚂蚁""活动"这类具有乐趣和代表人气等特征词的集中出现体现了用户的社交需要。"助力""关注""发展""联合"是用户参与公益社交的方式。

综上所述，在网络公益平台用户连接行为的转化阶段，用户转发公益项目的意愿主要受到利他主义、感知有用性、商业元素、可信度、影响力、社交需要的影响。

（二）结果分析

利他主义，是指个体在不求任何回报的情况下，自愿帮助他人的程度。自公益诞生以来，利他主义便与这种强调帮助他人、奉献自己的事业及行为相关联，被视作是公益慈善行为的核心内在驱动力之一。利他主义的个体比普通人更关注他人的福祉，较少关注个人权益的损失，更愿意去帮助他人。因此，利他主义在慈善公益研究中是常见变量，是个体支持公益项目的根本动机，对个体的捐赠、参与、转发、点赞等公益行为及决策产生重要影响。杨敏（2018）通过扎根理论得出，利他主义是影响微信朋友圈慈善信息分享行为非常重要的因素。当利他主义的网络公益平台用户发现通过社交平台转发公益项目能帮助项目扩散、帮助受益人获得更多关注时，他们将更愿意转发公益项目。因此，利他主义在用户转发意愿的产生过程中起重要作用。

感知有用性，是指用户对转发公益项目给自己和他人带来的价值和便利的认知。感知有用性是用户使用网站及社交应用的重要因素，是网络平台生存的关键，其对平台转移、平台使用、移动支付使用等用户行为的积极影响已得到充分证实。当用户认为转发公益项目是有用的，能帮助项目传播、扩散、获得更多关注，从而提高项目的成功率时，就会越有意愿转发该项目。可见，感知有用性影响用户是否转发公益项目的选择。

商业元素，是指公益事业以献爱心、暖人心、惠民生为宗旨，通过多种参与模式（如转发、点赞、捐步等）吸引更广泛的公益参与，由此实现公益价值共创。20 世纪 80 年代，民间组织和社会资本的涌入致使公益事业中的商业元素逐渐凸显。中国民众对政府有着强烈的信任和依赖，因此，有官方机构（如基金会、红十字会等）支持的公益项目会得到民众的更多支持。公益代表着不求回报和高尚无私的奉献，是非营利性的、有利于社会福祉的。因此，公益项目的性质和归属是影响用户转发意愿的一个重要的前因，用户更愿意转发不带有商业元素、具有政府支持、非营利性的项目。

可信度，是指用户对项目信息、发布项目的平台、支持项目的基金会等的信任程度。可信度作为信息质量的一种判断标准，容易让接收者认为高可信度的信息更可靠，正向作用于接收者的正向态度和行为决策。来源可信度正向影响用户通过社交媒体转发信息的行为意愿，社交平台用户更倾向于转发来源可信度较高的信息。信息内容的质量影响用户对信息的感知，用户倾向于转发感知信息内容可信的信息。官方的信息常被公众认为更权威、更可信、更有说服力，这与聚类结果中多次出现基金会和基金的结果吻合，表明拥有基金会和基金支持的公益项目会因具有更高的可信度而更容易被用户转发。综上所述，可信度是影响用户转发选择的条件之一。

影响力，是指某个体或某事物对其他个体的影响程度，这种影响主要通过舆论的方式作用于他人的行为和选择，会正向影响价值共创参与行为。转发公益项目作为用户参与公益价值共创的一种方式，同样会受到影响力的正向影响，主要包括网络公益平台影响力、公益项目代言人影响力和赞助基金会影响力三个方面。网络公益平台作为公益项目的发布方，影响力越大，其所发布的项目就能被更多的用户转发，二者之间存在着正相关关系。拥有明星或公益达人代言的公益项目会因代言人的强大影响力，而受到更多用户的认可、接纳和支持，由此产生更多的点击、转发、捐赠等公益参与行为。例如，2014 年的"冰桶挑战"公益活动在 IT 界人物的捧场和明星助推下，收获超 44.4 亿人次点击和转发。此外，如果公益项目拥有基金会的赞助，会因基金会的影响力而获得信任背书，从而获得更多被转发的机会。综上所述，影响力也是用户转发选择的前因要素。

社交需要，是指马斯洛需求层次理论中的归属与爱的需要，作为个体渴望与他人建立感情联系或关系，是人心理需要不可或缺的一部分，影响着人们的行为决策。从"蚂蚁森林"设置游戏化社交互动形式、腾讯公益上线"一起做好事"号召型社交互动模式、公益平台广泛采用评价型社交互动方式的现实来看，网络公益平台极其重视公益参与中用户社交需要的满足，究其原因是社交满足在刺激用户产生分享、转发、点赞等行为的过程中发挥重要作用。另外，转发行为契合了社交媒体的社交属性，它的发生受到个体维护、巩固人际关系和社会关系的驱动，而维护、巩固关系的需要是社交需要的一种。且社交媒体具备的瞬时互动与实时分享等特性让依托微信、QQ、微博等产生的链接转发行为具备社交互动性。因此，转发意愿不可避免地受到网络公益平台用户社交需要的影响。

## 第三节　网络公益平台用户转发意愿的条件组态识别

### 一、理论模型构建

转发是一种高效的信息传播机制，是指用户通过点击"转发"或"分享"按钮，对已经生成的内容进行二次传播的过程。转发行为的研究聚焦于作用结果及影响因素两个方面。在作用结果方面，转发行为对用户的后续行为、转发内容的传播、项目筹款的效果、社会的广泛关注、商品营销和引流等的积极作用已得到证实。在影响因素方面，学者们一致认同转发决策同时受到诸多因素的影响，这些要素可归纳为三个维度：一是发布方和用户层面，主要包括信息发布者的特征及感知分享价值、从众心理、共享动机及自我效能等。二是内容层面，如内容的准确性和可信度、价值、发布者的来源可信度和专业知识、有用性和趣味性、暗含的正向和负向情绪等。三是环境层面，包括关系维护、人情和面子、社会影响力及社交媒体的社会性等。三个层面的影响因素不是单独作用，而是交织在一起，共同影响用户的转发决策。

基于文本主题挖掘的结果显示，用户转发公益项目的决策同样受到来自发布方和用户层面（利他主义和感知有用性）、内容层面（可信度和商业元素）和环境层面（影响力和社交需要）因素的影响，与前人的研究吻合，同时囊括了三个层面，复杂性较高。已有关于个体转发行为影响因素的研究，采用了质性研究，缺乏对定量数据的支持。从线性影响的视角，仅研究了前因变量对转发行为的"净效应"，忽视了前因变量之间的交互效应以及转发行为与其前因变量之间的复杂因果非对称性关系。然而，将量化和质性研究方法结合起来可能会得到更合理的结果，且影响因素间的"联合效应"和"交互关系"可能导致路径间的

"殊途同归"。因此，有必要对用户的转发行为展开质性和量化相结合的研究。

根据复杂性理论，任何单一条件都可以是必要的或充分的，但不足以导致结果的发生，任何前因条件都必须与其他条件相结合才能预测结果，一个结果可以由可选的多条路径或不同的条件组合来解释，且这些条件可以组合成不同的组态来解释相同的结果。由此可知，用户对公益项目的转发选择不可能只受到单一因素的影响，而是由利他主义、感知有用性、商业元素、可信度、影响力、社交需要等因素的组合激发。那么，这些因素如何组合以激发用户转发项目呢？现有研究未给出答案。为了促进用户连接行为的延续和扩散，该问题亟须解决，对此，本书基于复杂性理论，根据理论推演和文本挖掘结果，聚焦于影响网络公益平台用户连接转化阶段转发选择的六种因素（利他主义、感知有用性、商业元素、可信度、影响力、社交需要），提出研究模型（见图5.7）。

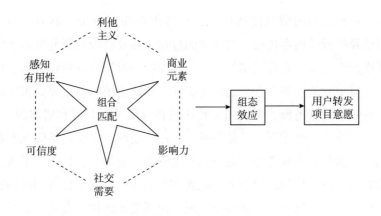

**图 5.7　转化阶段网络公益平台用户转发链接的组态模型**

## 二、研究设计与方法

### （一）研究方法选择

影响因素如何作用于用户转发/不转发公益项目的决策，是一个需从组态视角探索影响因素之间"联合效应"和"交互效应"的复杂问题。基于布尔代数运算和集合论的定性比较分析方法（Qualitative Comparative Analysis, QCA），采用整体和系统的思路分析、挖掘导致结果出现的多个前因条件的组态，突破了传统研究方法中单个变量和结果之间线性关系的局限，非常适合于解决变量间存在复杂关系的管理问题，在管理学领域得到了广泛应用。本书选择模糊集定性比较分析法（fsQCA）来识别用户选择转发/不转发项目的组态，主要原因如下：第一，网络公益平台用户的转发选择由 6 个前因共同导致，且前因条件间具有复杂的交互关系，需从组态整体性视角进行探究。传统回归分析注重变量间的净效应，难以解决多重并发的因果关系以及 3 个以上变量的交互效应，但 QCA 可很好地解决这类综合效应。第二，现实中促使用户选择转发公益项目的条件组态并非唯一。QCA 可以有效识别多个条件变量与结果变量之间的等效关系，有助于揭示致使用户转发/不转发选择的不同等价条件组态。第三，用户连接行为转化阶段的转发选择与其前因条件之间存在着因果非对称性，QCA 的非对称性假设更贴近实践问题。第四，本书的数据采用李克特 7 分量表获得，只能处理二分变量的清晰集定性比较分析（CHSP-Set QCA，CSQCA）和仅能处理三分或四分变量的多值集定性比较分析法（Multi-Value QCA，mvQCA）不能胜任数据处理的要求，而 fsQCA 能处理二分、三分、多值以及连续型数据。因此，从具体问题和数据类型的角度，fsQCA 是最适用于本书的方法。

必要条件分析（NCA）适用于识别和检测数据中影响结果变量的必要非充分条件，能弥补传统方法仅关注充分条件而忽略必要条件的不足。虽然，fsQCA 也具备识别必要条件的功能，但仅限于从定性角度判断变量 X 是不是结果 Y 的必要条件，而 NCA 不仅可以根据散点图空白区域与整体区域的比值来定量地计算必要条件的效应值，还能以瓶颈表展示前因变量 X 为满足结果变量 Y 达到预期给定水平所需的条件必需水平。因此，本书采用 fsQCA 和 NCA 混合方法，检验是否存在影响用户转发选择的必要条件，如果存在，在何种水平上达到影响。

（二）样本选择与数据来源

由 LDA 主题挖掘结果可知，6 个因素中的利他主义、感知有用性和社交需要是用户的心理程度反映指标，由用户自我评价最为准确。然而，爬取数据无法获得关于转发用户自我感知的相关信息，且历史公开数据亦无法准确获得关于用户的心理反应指标。fsQCA 可分析调查问卷、爬虫数据、历史公开数据等多种类型的数据。因此，考虑到数据的可获得性和准确性，本章采用调查问卷法获得探索网络公益平台用户转发选择所需的数据。

为确保研究的内容效度，测量题项均源自成熟量表，且严格按照"翻译—回忆"程序对借鉴的国外量表进行本土化修订。并结合本书背景及用户在线评价的实际情况进行适当改编。为进一步完善量表，本书实施了预调研（样本量 37

个），根据预调研结果剔除了因子载荷低于 0.6 的题项，并根据反馈意见完善了量表的流畅度和题项的可读性。问卷星平台不但能够辅助问卷的设计和发放，还能通过 IP 限制、同一设备、陷阱题、时间控制、相似度检测、人工抽检等程序保障数据质量。因此，本书采用问卷星进行正式调研，将调查对象限定为拥有社交媒体转发公益项目经历的网络公益平台用户。历时 3 周，共收回问卷 287 份，剔除没有公益项目转发经历的、回答时间少于 100 秒的（按照每题 3 秒钟的标准，共有 32 道回答题需要 96 秒，另外 4 秒用以阅读声明和说明）、答案有缺失、选项高度一致等无效问卷后，得到有效问卷 219 份。

如表 5.2 所示，男女比例较均衡，男性占 51.40%，女性占 48.60%。受访者年龄主要集中在 19~30 岁，符合通过社交媒体转发公益项目人群的年龄特征。在学历方面，受过大专/本科教育的受访者占比最大，为 53.20%。在月可支配收入方面，各阶段的受访者人数相差不大。

**表 5.2　转化阶段的样本描述**

| 性别 | 人数（人） | 百分比（%） | 年龄 | 人数（人） | 百分比（%） |
|---|---|---|---|---|---|
| 男 | 112 | 51.40 | 18 岁及以下 | 7 | 3.20 |
| 女 | 106 | 48.60 | 19~30 岁 | 121 | 55.50 |
| 月可支配收入 | 人数（人） | 百分比（%） | 31~40 岁 | 63 | 28.90 |
| 2000 元及以下 | 46 | 21.10 | 41~50 岁 | 18 | 8.30 |
| 2001~4000 元 | 48 | 22 | 51 岁及以上 | 9 | 4.10 |
| 4001~6000 元 | 42 | 19.30 | 受教育程度 | 人数（人） | 百分比（%） |
| 6001~8000 元 | 33 | 15.10 | 初中及以下 | 2 | 0.90 |
| 8001~10000 元 | 19 | 8.70 | 高中 | 7 | 3.20 |
| 10000 元以上 | 30 | 13.80 | 大专/本科 | 116 | 53.20 |
| | | | 研究生 | 93 | 42.70 |

（三）变量测量

调查问卷的第一部分是对调查研究的声明以及说明，第二部分是对 6 个前因变量和 1 个结果变量的考察，其中每个变量包含 3 个测量题项（商业元素仅包含 2 个题项，因预调研的因子载荷值小于 0.6 被删除 1 题），具体测量题项和来源如表 5.3 所示。最后一部分为受访者的基本情况调查，包括性别、年龄、学历、月可支配收入以及是否转发过公益项目等。

表5.3　转化阶段用户转发意愿的问卷测量题项

| 变量 | 标号 | 题项 | 文献来源 |
|------|------|------|----------|
| 利他主义 | LT1 | 我愿意通过转发公益项目帮助他人规避项目选择风险 | Kankanhalli 等 （2005）；Chang 和 Chuang （2011） |
| | LT2 | 我乐意通过转发公益项目为他人提供获取项目的途径 | |
| | LT3 | 我喜欢通过转发公益项目帮助项目受益人 | |
| 感知有用性 | YY1 | 我认为转发公益项目能帮助该项目传播和扩散 | Lee （2009）；梁少博和李金玲（2022） |
| | YY2 | 我认为转发公益项目有助于该项目获得更多人关注 | |
| | YY4 | 我认为转发公益项目对于共创公益价值是有用的 | |
| 商业元素 | XG1 | 我不愿意转发涵盖保险业务的公益平台上的公益项目 | |
| | XG2 | 我不愿意转发带有商业性质的公益平台上的公益项目 | |
| 可信度 | KX1 | 我偏向于转发来源真实可靠的公益项目 | 成全和刘彬彬 （2022）；Cheung 等（2009） |
| | KX2 | 我偏向于转发具有较高信息质量的公益项目 | |
| | KX3 | 我倾向于转发审核流程较严格的公益平台上的项目 | |
| 影响力 | YX1 | 我倾向于转发声誉较好的公益平台上的项目 | Koh 等（2003）；彭晓东和申光龙（2016） |
| | YX2 | 我倾向于转发被周围人熟知的公益平台上的项目 | |
| | YX3 | 我倾向于转发具有较多人支持的公益项目 | |
| 社交需要 | SJ1 | 转发公益项目可以使我获得他人的认可和尊重 | 王晓蓉 等 （2017）；Croker 等（2003） |
| | SJ2 | 转发公益项目可以提升他人对我的看法 | |
| | SJ3 | 转发公益项目可以让我给别人留下好印象 | |
| 转发意愿 | ZF1 | 我会转发自己认可的公益项目 | 汤胤 等 （2016）；Lee 和 Ma （2012） |
| | ZF2 | 我会邀请朋友转发我认可的公益项目 | |
| | ZF3 | 我会继续转发自己认可的公益项目 | |

（四）信度与效度检验

数据分析前需检验测量指标的信度和效度，结果如表5.4所示，各变量的Cronbach's α 值、CR 值均大于0.7，表明各指标的信度、内部一致性较好。各测量题项的因子载荷均大于0.7，说明题项对所属变量的解释性很强。此外，各变量的KMO 值均大于0.6，累计方差贡献率最小值为69.69%，平均萃取方差 AVE 值均大于0.6，表明变量具有很好的效度。综上所述，测量指标通过了信效度检验。

表5.4　转化阶段的信度和效度检验结果

| 前因变量 | 测量题项 | 标准因子载荷 | Cronbach's α 值 | CR | KMO | 累计方差贡献率（%） | AVE |
|----------|----------|--------------|-----------------|-----|-----|-------------------|-----|
| 利他主义 | LT1 | 0.806*** | 0.813 | 0.888 | 0.697 | 72.80 | 0.725 |
| | LT2 | 0.889*** | | | | | |
| | LT3 | 0.857*** | | | | | |

续表

| 前因变量 | 测量题项 | 标准因子载荷 | Cronbach's α 值 | CR | KMO | 累计方差贡献率（%） | AVE |
|---|---|---|---|---|---|---|---|
| 感知有用性 | YY1 | 0.848*** | 0.834 | 0.898 | 0.707 | 75.17 | 0.745 |
| | YY2 | 0.860*** | | | | | |
| | YY3 | 0.881*** | | | | | |
| 商业元素 | XG1 | 0.930*** | 0.810 | 0.913 | 0.650 | 84.05 | 0.840 |
| | XG2 | 0.902*** | | | | | |
| 可信度 | KX1 | 0.886*** | 0.864 | 0.917 | 0.733 | 78.64 | 0.786 |
| | KX2 | 0.896*** | | | | | |
| | KX3 | 0.878*** | | | | | |
| 影响力 | YX1 | 0.851*** | 0.791 | 0.878 | 0.679 | 70.64 | 0.706 |
| | YX2 | 0.888*** | | | | | |
| | YX3 | 0.779*** | | | | | |
| 社交需要 | SJ1 | 0.939*** | 0.946 | 0.965 | 0.737 | 90.26 | 0.903 |
| | SJ2 | 0.969*** | | | | | |
| | SJ3 | 0.941*** | | | | | |
| 转发意愿 | ZF1 | 0.834*** | 0.780 | 0.873 | 0.646 | 69.69 | 0.697 |
| | ZF2 | 0.771*** | | | | | |
| | ZF3 | 0.895*** | | | | | |

注：***表示 $p<0.001$。

（五）同源偏差检验

本书借鉴辛本禄和穆思宇（2023）的做法，采用 Harman 单因素检验同源偏差。将所有题项进行未旋转的因子分析，得到第一个主成分解释的变异量为36.591（<40%），因此认为同源偏差不严重，可进行后续的统计分析。

（六）数据校准

根据 fsQCA 方法的分析流程，在进行组态分析之前，需要对数据进行校准以为各案例赋予集合隶属分数，确立 3 个锚点，即完全隶属点、交叉点和完全不隶属点。根据 Pappas 和 Woodside（2021）、马鸿佳等的研究，如果数据非正态分布，常将锚点设定为 0.2、0.5、0.8 分位点。如表 5.5 所示描述的各变量偏度及峰度可知，所有变量呈左偏分布。因此，本书采用 0.2、0.5、0.8 分位点进行校准，各变量的校准信息如表 5.5 所示。

表 5.5　转化阶段各变量的校准瞄点及取值标准

| 变量 | 偏度 | 峰度 | 锚点 | | |
|---|---|---|---|---|---|
| | | | 完全隶属 | 交叉点 | 完全不隶属 |
| 利他主义 LT | −0.834 | 0.864 | 6.333 | 5.667 | 4.333 |
| 感知有用性 YY | −1.414 | 3.296 | 7.000 | 6.000 | 5.000 |
| 商业元素 XG | −0.846 | 0.316 | 7.000 | 6.000 | 4.000 |
| 可信度 KX | −1.060 | 1.151 | 7.000 | 6.000 | 5.333 |
| 影响力 YX | −0.695 | 0.286 | 6.667 | 6.000 | 4.667 |
| 社交需要 SJ | −0.311 | −0.392 | 6.000 | 4.333 | 3.333 |
| 转发意愿 ZF | −0.452 | 0.120 | 6.000 | 5.333 | 4.333 |

## 三、结果分析

### （一）必要性分析

针对连续变量，NCA 提供了上限回归（CR）和上限包络分析（CE）两种估计方法。本书使用 CR 和 CE 分别得到每个前因条件的精确度、上限区域、范围、效应量和 P 值等分析指标（见表 5.6）。当单个条件的效应量（d）大于 0.1，且 p 值检验达到显著性水平（$P < 0.05$）时，则认为该条件是结果的一个必要条件。如表 5.6 所示，感知有用性的必要性效应不显著（$p > 0.05$），但所有前因条件的必要性效应量均远小于 0.1，因此，本书中的单一前因条件不能构成网络平台用户选择转发的必要条件。

表 5.6　NCA 对单个条件必要性的分析

| 条件[a] | 方法 | 精确度（%） | 上限区域 | 范围 | 效应量（d） | P 值[b] |
|---|---|---|---|---|---|---|
| 利他主义 | CR | 98.20 | 0.019 | 0.990 | 0.020 | 0.000 |
| | CE | 100 | 0.029 | 0.990 | 0.029 | 0.000 |
| 感知有用性 | CR | 100 | 0.000 | 0.990 | 0.000 | 0.062 |
| | CE | 100 | 0.000 | 0.990 | 0.000 | 0.062 |
| 商业元素 | CR | 99.50 | 0.002 | 0.940 | 0.002 | 0.007 |
| | CE | 100 | 0.003 | 0.940 | 0.003 | 0.008 |
| 可信度 | CR | 100 | 0.004 | 0.940 | 0.004 | 0.038 |
| | CE | 100 | 0.007 | 0.940 | 0.008 | 0.028 |

续表

| 条件[a] | 方法 | 精确度（%） | 上限区域 | 范围 | 效应量（d） | P 值[b] |
|---|---|---|---|---|---|---|
| 影响力 | CR | 98.20 | 0.018 | 0.940 | 0.020 | 0.000 |
| | CE | 100 | 0.028 | 0.940 | 0.029 | 0.000 |
| 社交需要 | CR | 99.50 | 0.002 | 0.980 | 0.002 | 0.024 |
| | CE | 100 | 0.003 | 0.980 | 0.003 | 0.038 |

注：a 采用校准后的模糊集隶属度值；b 采用置换检验，重复采样次数为10000。

本书对前因条件的单个条件必要性瓶颈水平进行了分析。如表 5.7 所示，在 0~30% 的转发项目水平上，6 个前因条件对结果变量都没有影响。要达到 80% 的转发水平则需要 80% 的可信度水平。如果要将转发选择水平提升到 90%，则需要可信度和社交需要达到 90% 的水平。如果转发水平达到 100%，则需要满足 95.2% 的利他主义水平、200% 的感知有用性水平、520% 的非商业元素水平、110% 的可信度水平、9500% 的影响力水平和 180% 的社交需要水平才能实现。因此，本书不存在单独构成必要条件的单个前因条件。

表 5.7　NCA 对单个条件必要性瓶颈水平（%）的分析[a]

| 转发公益项目 | 利他主义 | 感知有用性 | 商业元素 | 可信度 | 影响力 | 社交需要 |
|---|---|---|---|---|---|---|
| 0 | NN | NN | NN | NN | NN | NN |
| 10 | NN | NN | NN | NN | NN | NN |
| 20 | NN | NN | NN | NN | NN | NN |
| 30 | NN | NN | NN | 0 | NN | NN |
| 40 | NN | NN | NN | 0.2 | NN | NN |
| 50 | NN | NN | NN | 0.3 | NN | NN |
| 60 | NN | NN | NN | 0.5 | NN | NN |
| 70 | NN | NN | NN | 0.6 | NN | NN |
| 80 | NN | NN | NN | 0.8 | NN | NN |
| 90 | NN | NN | NN | 0.9 | NN | 0.9 |
| 100 | 95.9 | 2 | 5.2 | 1.1 | 95 | 1.8 |

注：a 采用 CR 方法，NN=不必要。

本书进一步运用 fsQCA 分析用户选择转发的前因条件的单个条件必要性。如表 5.8 所示，单个前因条件对用户选择转发/不转发公益项目的必要性一致性水平普遍偏低（均小于0.9），因此，不存在致使网络公益平台用户选择转发/不转发公益项目的必要条件，与NCA结果吻合。

表5.8　fsQCA对单个条件的必要性检验

| 条件变量 | 转发公益项目 | | 不转发公益项目 | |
|---|---|---|---|---|
| | 一致性 | 覆盖度 | 一致性 | 覆盖度 |
| 高利他主义 | 0.702 | 0.741 | 0.365 | 0.379 |
| 非高利他主义 | 0.411 | 0.397 | 0.750 | 0.712 |
| 高感知有用性 | 0.713 | 0.729 | 0.430 | 0.432 |
| 非高感知用性 | 0.444 | 0.441 | 0.730 | 0.715 |
| 有商业元素 | 0.581 | 0.644 | 0.473 | 0.515 |
| 无商业元素 | 0.563 | 0.520 | 0.674 | 0.613 |
| 高可信度 | 0.757 | 0.676 | 0.487 | 0.428 |
| 非高可信度 | 0.361 | 0.417 | 0.632 | 0.719 |
| 强影响力 | 0.679 | 0.779 | 0.338 | 0.382 |
| 非强影响力 | 0.461 | 0.415 | 0.804 | 0.711 |
| 高社交需要 | 0.721 | 0.723 | 0.416 | 0.410 |
| 非高社交需要 | 0.411 | 0.417 | 0.719 | 0.717 |

（二）充分性分析

本书将一致性阈值设置为0.80，PRI设置为0.65，频数阈值设置为1以保证涵盖80%以上的观测样本。fsQCA3.0产生的三类解，中间解由符合理论和实际的逻辑余项得到，兼具复杂解和简约解的优势，识别的组态具有更广的覆盖度和更强的解释力，常被用于组态分析结果的汇报。因此，本书以中间解为主、简约解为辅汇报结果（见表5.9）。

表5.9　转化阶段网络公益平台用户转发意愿的组态

| 前因条件 | 路径 | | | | | |
|---|---|---|---|---|---|---|
| | 转发公益项目（ZF） | | | | 不转发公益项目（~ZF） | |
| | S1 | S2a | S2b | S3 | NS1a | NS1b |
| 利他主义（LT） | ● | | | ● | ⊗ | ⊗ |
| 感知有用性（YY） | · | · | | ● | ⊗ | ⊗ |

续表

| 前因条件 | 路径 | | | | | |
|---|---|---|---|---|---|---|
| | 转发公益项目（ZF） | | | | 不转发公益项目（~ZF） | |
| | S1 | S2a | S2b | S3 | NS1a | NS1b |
| 商业元素（XG） | | | · | ⊗ | | ⊗ |
| 可信度（KX） | ● | ● | ● | ● | | ⊗ |
| 影响力（YX） | ● | ● | ● | | ⊗ | ⊗ |
| 社交需要（SJ） | | ● | ● | · | ⊗ | |
| 一致性 | 0.886 | 0.916 | 0.893 | 0.923 | 0.906 | 0.883 |
| 覆盖率 | 0.473 | 0.446 | 0.370 | 0.251 | 0.462 | 0.422 |
| 净覆盖率 | 0.081 | 0.014 | 0.031 | 0.017 | 0.123 | 0.083 |
| 总体—致性 | 0.856 | | | | 0.876 | |
| 总体覆盖率 | 0.575 | | | | 0.544 | |

注：●和·表示条件存在或程度高；⊗和⊗表示条件不存在或程度低；●和⊗表示核心条件；·和⊗表示边缘条件；空白表示条件可以存在也可以不存在。

（1）用户选择转发公益项目的条件组态。如表5.9所示，用户选择转发公益项目的条件组态有3条，为更直观地展示，本书绘制了图5.8，并针对各组态进行了命题，具体如下（见图5.8）。

**图5.8　转化阶段用户转发公益项目的条件组态**

利他型组态。该组态（LT×KX×YX×YY）由利他主义、可信度和影响力发挥核心作用，感知有用性发挥辅助作用，表明网络公益平台用户是否转发项目主要取决于其是否具备利他主义，项目是否可信、有影响力且项目被感知有用。当公益项目具有高可信度、强影响力，并被用户感知是有用的，那么，利他主义用户会选择转发该项目，以促进连接行为的扩散。该组态表明，除了公益项目相关要素外，利他主义对于用户转发意愿的产生起到关键驱动作用。在利他型模式下，用户无偿转发公益项目的内在动力较强，在利他主义的驱动下愿意转发可信度高、影响力强的项目。该组态能解释约47.3%用户的公益项目转发意愿。

利己型组态。该组态包括S2a和S2b两条子组态，核心条件是可信度、影响力和社交需要，感知有用性和商业元素分别在S2a、S2b中起辅助作用。其中，组态S2a（KX×YX×SJ×YY）表明，只要公益项目具有高可信度、强影响力，且能被用户感知有用性，那么高社交需要的用户选择转发该项目的可能性就较高。该组态解释了约44.6%的用户转发选择。组态S2b（KX×YX×SJ×XG）表示，对于具有高可信度、强影响力的公益项目，当其商业元素较少时，具有高社交需要的用户选择转发该项目的可能性就较高。该组态表明，除了公益项目相关要素外，利己因素（如社交需要和感知有用性）也是激发用户转发意愿的重要前因。在利己型模式下，用户有偿转发公益项目的内在动力较强，在社交需要的驱动下愿意转发可信度高、影响力强的项目。该组态解释了约37.0%的用户转发意愿。

双生型组态。利他主义、感知有用性、商业元素和可信度是该组态（LT×YY×~XG×KX×SJ）的核心条件，社交需要是边缘条件，表明网络公益平台用户选择转发公益项目主要受到利他主义、高感知有用性以及项目的无商业元素、高可信度和用户的高社交需要。该组态表明，利他和利己要素可以同时作用于用户转发意愿的产生，即只要某一公益项目是可信的、能被感知到有用性、不包含商业元素，具有高社交需要的利他主义用户就极有可能会转发该项目，以满足其利他和利己的需要。该组态能解释约25.1%的用户转发意愿。

如图5.8所示，可信度虽已被证明不是构成转发选择的必要条件，但作为核心条件发挥了较普适性的作用，反映出项目可信度对网络公益平台用户转发选择的重要性，与深度访谈的发现吻合。虽然本书提炼的"利他型""利己型"和"双生型"三种用户转发选择组态的前因条件有差异，但每种组态都配置了项目相关因素（如可信度、影响力、商业元素），这意味着用户在决策是否转发公益项目时，来自项目本身的因素是首要关注点。

（2）用户选择不转发公益项目的条件组态。致使网络公益平台用户选择不转发行为的组态仅一种（见表5.9），包括NS2a和NS2b两条子路径，该组态的核心条件是非利他主义、低感知有用性和低影响力，辅助条件为低社交需要或无商业元素和不可信。其中，NS2a（~LT×~YY×~YX×~SJ）表明，只要某一公益项目的影响力不强、用户感知无用，那么低社交需要的利己主义用户选择不转发该项目的概率很高。该组态解释了约 46.2% 的用户为何不转发意愿。NS2b（~LT×~YY×~YX×~XG×~KX）说明，对于影响力不强、感知无用的非营利性公益项目，只要其可信度低，则利己主义用户也不愿意转发该项目以促进连接行为的扩散。该组态能解释约 44.2% 的用户为何不转发某一公益项目。从不转发意愿的条件组态来看，感知有用性和影响力不足是网络公益平台用户选择不转发某一项目的主要障碍。

（三）稳健性分析

QCA 的分析结果可能会随阈值设置的灵活性而改变，因此，研究结果的稳健性检验是 QCA 方法运用的重要步骤。本书借鉴马鸿佳等（2023）的检验方式，通过调整频数阈值和一致性阈值检验稳健性。将案例数阈值由 1 升至 2，产生组态基本一致，将 PRI 一致性由 0.65 提高至 0.70，产生组态亦基本一致。由此说明，本书结果有较好的稳健性。

# 第四节　研究结论与讨论

通过网络公益平台用户的转发行为转化用户的连接关系资源是分享用户连接行为的前提，是公益项目传播和扩散的有效途径，有助于公益价值共创的实现。本章基于复杂性理论，运用机器学习、NCA、fsQCA 等方法从组态视角识别出网络公益平台用户选择转发公益项目的多条路径，主要结论如下：第一，通过 LDA 模型对爬取的 2511 条网络公益平台用户在线评论数据进行主题分析，从客观视角得到了影响用户连接行为转化阶段用户转发选择的 6 个潜在要素，为构建基于复杂性理论的组态模型提供了依据。第二，通过 NCA 分析发现，虽然单个影响要素并非致使用户转发选择的必要条件，但是提高公益项目的可信度对激发用户的转发选择发挥着普适性作用。这体现出广大用户对于公益项目在可靠、真实、可信方面的需要。第三，识别出激发网络公益平台用户转发选择的 3 种条件组态。利他型、利己型、双生型均可激发用户的转发意愿，由此反映出网络公益平台用户在转化其自身可操作性资源方面具有差异。第四，利他主义用户无高社交需要也有可能选择转发某一高可信度项目（S1），而非利他主义用户具有高社交需要时，也有可能选择转发项目（S2a 和 S2b），这表明利他主义和社交需要在驱动用户转发意愿的过程中具有替代性。第五，致使网络公益平台用户不转发意愿的 2 条子组态均包含了非利他主义、非高感知有用性和非高影响力，说明这三个前因条件在用户不转发决策中发挥关键作用。

本章的模型在质性分析中得到了预期的结果，不但扩展了用户公益转发行为的理论研究，还为提高网络公益平台用户连接行为的转化提供了借鉴性指导：第一，根据 fsQCA 结果，公益项目的可信度是影响用户转发意愿的普适性条件，是用户支持公益项目促进价值共创的基础，网络公益平台可采取严格审核制度、透明公开筹款、寻求基金会的支持等措施，以提高公益项目的可信度。第二，网络公益平台还应考虑提高其本身及公益项目的影响力，例如，通过寻找可靠代言人、取得基金会的赞助等方式吸引、带动更多用户帮助转发公益项目。第三，网络公益平台有必要将保险等商业性质业务与公益服务区分开来，从而让用户的利他主义意识发挥主导作用。

## 第五节　本章小结

本章围绕网络公益平台用户连接行为转化阶段的用户转发意愿展开研究，旨在探寻促进用户连接关系资源价值转化的条件组态。以知乎、百度知道、微博为数据获取源，爬取关于腾讯公益、水滴筹、轻松筹、支付宝公益等网络公益平台用户的在线评论数据，运用 LDA 主题模型对评论数据进行聚类和分析获得了影响用户转发选择的核心因素。并以此为基础构建了影响网络公益平台用户转发选择的理论模型，运用 NCA 和 fsQCA 方法分析问卷调查案例，得到用户选择转发公益项目的 3 种组态（即利他型、利己型、双生型）和用户选择不转发公益项目的 1 种组态。由此解决了本章提出的两个问题，研究结论为平台凭借活跃用户连接社交用户提供了依据。

# 第六章　分享阶段公益项目的转发方式对社交平台用户点击意愿的影响机制

## 第一节　问题的提出

借助社交媒体平台（如微信、QQ、微博等）转发信息，能引起社交平台用户对信息的广泛关注，促使用户主动或被动地浏览信息。李静和杨晓冬通过深度访谈发现，其研究中的所有受访者均是通过点击社交平台转发的链接而接触到医疗众筹项目。转发行为对于公益项目的成功筹款至关重要，特别是个人求助项目，因为这类项目往往由项目发起人转发到社交平台上，再由发起人社交平台中的"好友"传播扩散。通过熟人社交平台转发项目链接已成为慈善公益引流、连接潜在捐助者的重要手段。然而，人们并未因为社交平台上公益项目的大幅增加而占用更多的时间精力去全部点击，而是有选择地点开。本书对 57 位微信用户（25 岁以下 16 人，25~35 岁 31 人，35 岁以上 10 人）开展的半结构化访谈结果显示，71.9% 的被试表示"每天都能碰到朋友转发的公益项目链接，但不会每条都点击"。由此可见，对于通过社交媒体平台转发的公益项目链接，用户的点击意愿不强烈，这严重影响了公益项目的筹款效果和互连互动互助公益生态的营造。

点击是进入网络世界的第一道门槛，是与网页链接位置创建连接关系以跳转到指定页面的具体动作，是用户连接行为的重要操作方式，是社交媒体平台用户了解、查询项目链接的完整内容与详细信息（如事情的经过、图片、评论等）的前提。计划行为理论认为，意愿是行为产生的前提，预测并直接影响行为的产生。社交媒体用户有了点击意愿后，才会点击分享的链接，从而跳转到信息的具体界面，得以浏览相关内容、与转发者互动交流等。因此，点击意愿是社交平台用户回应他人转发行为的重要前提，是人们公益参与行为（如关注、捐赠、证言等）的必要"关口"。点击意愿的重要性已引起了学术界的广泛关注，但研究成果主要集中于商业领域。例如，保险广告图片所引发的情绪对受众点击意愿的影响、产品信息的源类型和内容类型影响消费者对信息的点击意愿、个性化招聘广告对求职者点击意愿的影响机制、网络搜索用户点击意愿的影响因素研究等，公益领域潜在捐赠者的点击意愿仍缺乏充分的研究。然而，不同于商业领域点击行为的价值诉求，公益领域是以追求社会价值为目标，而非自身利益，其用户点击意愿的形成过程及机制理应不同。综上所述，公益领域的用户点击意愿需要进一步探索。

不同的转发方式传达了信息在重要性、紧急性和隐秘性的程度方面的不同，以及转发者态度的不同，会导致信息接收者在认知上产生差异，从而影响接收者的点击意愿。根据本书深度访谈资料发现，转发方式按照接收者数量由少到多可划分为私发、群发和圈发三种类型。其中，私发是指一次转发操作仅面向一位信息接收者的情况。群发特指在社群（如亲友群、工作群等）内发布信息的情况，此时信息的接收者是群内的所有成员。圈发是指公开分享信息的方式，例如，微信朋友圈转发、QQ动态空间分享等，此时的信息接收者为转发者"好友"网络中的所有成员。已有研究在一定程度上默认了转发行为影响用户点击意愿的必然性，但主要证实了信息的内容及呈现形式（如"纯文字""文字+图片""视频""链接"等）对受众点击、浏览、分享该信息意愿的影响，而忽视了转发方式（转发行为的三要素之一）影响用户点击意愿的内在机制研究。然而，信息的接收者本身就会对信息的传播方式有一定的偏好和选择性，这会直接影响到接收者对信息的点击意愿。特别是在社交媒体平台的情境下，不同转发方式之间的区别与基于不同社交关系的身份认同、基于不同社会资源的需求交换息息相关，因此，有必要探讨转发方式本身对信息接收者点击意愿的影响。

上述研究（见图6.1）表明，现有研究并未清楚地解释公益项目的不同转发方式对社交平台用户点击意愿的影响是否存在差异，也未系统揭示这种影响差异缘何而生。然而，在数智化技术与经济社会各领域深度融合、重构不同的行为方式，去中心化与社交互动连接大量网络用户、吸引广泛爱心人士参与公益的现实背景下，若无法全面诠释公益项目的转发方式影响用户点击意愿的作用机制，将严重制约着网络慈善公益多维立体生态的营造，以及互动互助互赢互益长效连接机制与共同富裕举措的推进。为此，本书以公益项目转发中最常见的图片链接为内容呈现形式，采用组间实验设计的情境实验法，尝试弥补现有研究局限，探究用户连接行为进入分享阶段后，用户在什么条件下（自我建构）如何（感知被需要和感知关系压力）转发公益项目（三种转发方式：私发、群发和圈发）以促进用户连接行为的扩散（表现为社交媒体平台用户的点击意愿），即公益平台的活跃用户如何贡献自身可操作性关系资源将公益项目传播出去，以促进社交平台用户连接公益项目。

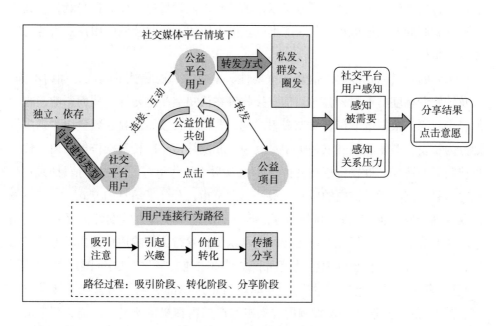

**图 6.1　分享阶段的研究背景**

在现实需要和理论研究不足的背景下，本书将按照图 6.2 的分析框架探究分享阶段公益项目的转发方式对社交平台用户点击意愿的影响机制（见图 6.2）。首先，本章在价值共创理论的框架下，基于社会认同理论和社会交换理论，借鉴前人研究成果，推导出研究假设和理论模型。其次，根据研究问题及理论模型设计四个情境实验。再次，根据实验设计依次开展预实验 1 和实验 1，验证微信情境下的主效应和中介效应，然后依次实施预实验 2 和实验 2。其中，实验 2a 检验主效应和中介效应在 QQ 情境下是否成立，排除转发渠道对实验结果的干扰。实验 2b 排除公益项目类型、实验方式以及替代解释因素的干扰，并验证实验 1 结果的稳健性。然后实施实验 3，对用户的自我建构进行临时性启动操纵，运用简单效应分析检验自我建构在转发方式影响用户点击意愿、感知被需要、感知关系压力中的调节效应，并采用 Bootstrap 进一步检验有调节的中介效应。最后，对实验结果进行分析，得出相应的对策建议。

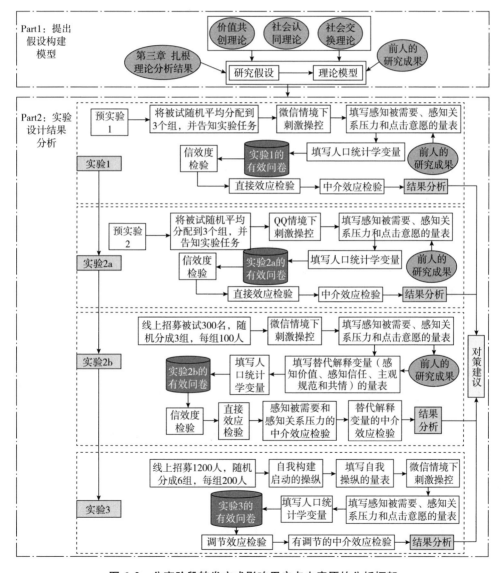

**图 6.2　分享阶段转发方式影响用户点击意愿的分析框架**

# 第二节　研究假设及研究模型

## 一、转发方式对用户点击意愿的影响

依托社会化媒体产生的转发行为，不仅传播了海量信息，还成为人们生活的必要构成部分，并在无形中影响着人们的行为，因此，对转发行为的研究，特别是对基于熟人社交网络的微信和基于陌生人社交的微博平台上用户转发行为的研究，已成为学界的一个研究重点。关于用户转发行为产生的影响因素、机理以及传播模式的研究成果已相当丰富，但将转发行为作为前因，研究其影响信息受众后续行为的成果还存在缺口，对转发行为三要素之一的转发方式影响个体点击行为的研究就更少。转发行为从本质上而言是一种分享行为，是对信息的内容或载体等进行发布或分享的行为。由此可知，研究转发方式对用户连接行为的影响，可以借鉴分享形式/方式、发布形式/方式等方面的研究成果。从表现形式来看，信息的转发形式可分为图片+文字、视频、链接及其他四种类型。从接收者的数量来看，信息的转发方式可以分为一对一的私发、多对多的群发、一对多的微信朋友圈分享/QQ动态空间发布三种类型。有研究指出，信息的发布形式（如"纯文字""文字+图片""文字+图片+视频"等）会影响接收者的点击、浏览、分享等行为。转发方式（如一对一的私发、多对多的群发、一对多的圈发）同样会影响个体点击链接以连接信息内容的意愿。

除了转发涉及的内容外，信息的转发方式亦能表达转发者的某种态度和主观判断。当转发者认为某一信息很重要、很紧急或具有较高的隐秘性时，会选择一对一私发的方式传播。当转发者认为某一信息具有公开性、不具有紧急性时，会选择一对多这种更为便利的转发方式。但当某一信息具有特定范围的接收者时，转发者则会选择群发方式。从信息的转发方式，人们可以推断转发者的态度，从而决定自己的后续行为。私发方式会让公众感知到链接对于自己的紧迫性和关联性，以及转发者的期望等，这导致链接接收者的点击意愿偏高。群发方式更容易让群内成员感知到链接对整个社群的重要性以及与整个社群的关联性，而非个体，群内成员则根据自己在群内的地位、归属感以及动机等，选择是否点击群内分享的链接。一对多的公开分享方式会让公众认为分享内容不重要、不紧急、与关联度不高等，导致公众往往会根据兴趣来选择是否点击链接以了解详情。由此可知，社交网络平台用户对链接的点击意愿会因链接的转发方式不同而存在差异。李文文和陈康遵循扎根理论研究范式，提炼出"转发动机、转发对象、转发内容、转发形式、转发渠道、转发障碍、转发行为生命周期"7个主范畴，并指出这7个范畴都会对社交媒体用户的后续行为产生影响。另外，计划行为理论认为意愿与行为具有一致性，洪学婷等证实了意愿对行为的预测作用。基于此，本书以个体的点击意愿预测其连接行为，提出如下假设：

H6-1：公益项目链接的转发方式影响用户的点击意愿，私发对点击意愿的影响大于群发，而群发又大于圈发。

**二、感知被需要的中介作用**

感知被需要是个体自我感觉到他人/他事想要依赖自己的一种主观感受，是一种体现自我价值和存在意义的心理感受，是个体判断自我价值的标准之一，是社会交换活动的重要动机。社会交换理论认为人类所有社会活动归根结底都是一种交换，正是因为交往双方能从交往行为中的"交换"获得所需要的东西，人与人之间的交互行为才能得以存在。在公益项目链接的转发场景中，转发者通过将项目信息以不同的方式转发给平台用户来表达需要对方回应的诉求，而接收到该诉求的用户会感知到自己被需要的内容，以及因为项目转发方式的不同而感知到自己被需要的程度差异。为了体现自我价值和存在的意义，感知被需要的用户会尽量满足转发者的诉求，从而产生转发者期望的点击意愿和行为。基于社会交换理论，可以将这一过程视作是基于互惠原则的资源交换，当一方得到另一方有形或无形的资源时，会产生回馈的意愿和行动。转发者交换的是公益项目的内容和转发方式，得到的是项目信息的传播和接收者的点击回应；社交平台用户交换的是对链接的点击回应，获得的是项目信息及感知被需要的满足。交换过程得以实现的前提是链接双方对平衡交换关系的维持以及接收者因感知被需要而产生的行为动力，由此可知，转发方式可通过感知被需要影响用户对公益项目链接的点击意愿。

根据社会交换理论，交换双方的行为决策心理过程受到双方卷入程度的影响。本书中链接双方的卷入程度因信息的转发方式不同而不同，这导致交换双方的感知被需要的心理程度存在一定差异。在公益项目链接的三种转发方式中，私发的隐秘性最强、卷入度最高，往往用于转发重要的、紧急的、隐秘的信息。所以，当社交平台用户将公益项目链接以私发方式转发给好友时，对方感知到的被需要程度相对最强，感觉转发者迫切需要自己点击链接。群发方式可能会让群成员认为该信息不是非我不可，从而产生搭便车的想法，故而用户被需要的感知程度相对略低。项目链接通过公开分享的圈发方式转发，其接收者是比群发对象更宽泛的群体，用户更难认同该信息与自己的关联性，卷入度也最低，从而会导致更低的感知被需要。因此，私发、群发和圈发使社交平台用户的感知被需要程度依次减弱。提出如下假设：

H6-2：公益项目链接的转发方式正向影响用户的感知被需要，且私发对感知被需要的影响大于群发，群发又大于圈发。

习总书记提出要让"人民群众有更多获得感"，该"获得感"涵盖着让人民群众从感知"被需要"获得幸福感，这表明被需要对于个人而言十分重要。被需要是一种能力，是行为的动力，是自我价值的体现。当个体感知到被需要后，会为需要自己的人和事去努力，为自我和社会创造价值，因此感知被需要被认为是个体行动的前提条件之一。如果将"被需要"理解为一种生活状态时，相伴而生的就是强烈的存在感、责任感和使命感，关乎尊严、关乎他人、关乎未来，推动着个体的外在行为。感知被需要的背后是对角色和责任的感知，而受角色和责任驱动的是意愿和行为，因此，个体的感知被需要影响着其行为意愿。此外，社会交换理论认为交往双方能从交互行为中的"交换"有所收获，双方的感知被需要程度越高，"交换"就越容易实现。当个体被他人需要时，会认为自己已被对方认可和信赖，作为交换，个体会在内心产生一种责任感或自豪感，进而产生动力促使其有目的地选择能满足他人诉求的行为，从而进一步提升他人对自己的评价，并确认自我价值。由此表明，感知被需要能推动个体行为意愿的产生，感知被需要的程度越高，用户就越有动力去点击链接，以满足转发者的诉求、提高自我价值。结合假设H6-2，本书提出如下假设：

H6-3：用户的感知被需要正向影响其对公益项目链接的点击意愿。并且感知被需要在转发方式对点击意愿的影响中发挥着中介作用。

### 三、感知关系压力的中介作用

马斯洛需求层次理论认为，人作为社会的一分子，有强烈的社交需求，希望通过与他人保持联系而得到他人的认同和关爱。感知关系压力就是人们在社交需要的驱动下，维持一种长期稳定的人际关系时自我感觉到的心理压力。转发公益项目信息会给他人带来一定的关系压力。当用户收到通过社交平台转发的公益项目链接，为了维持与好友的关系，不得不作出回应，那么点击链接就是回应的第一步。此外，社会认同理论认为个体的任何行为表现都是基于个体对所属群体的认知而产生的，个体会通过对自我和已有群体成员的特性认知，将自己自动归属到具有相似特性的群体中，由此产生"内群体"和"外群体"意识，并在情感上产生对内群体的偏爱和对外群体的排斥。当他人转发一条链接后，如果链接接收者将自己标识为内群体（如转发者的好友、同事等），便渴望被该群体认可，由此会感知到内群体关系压力，从而产生内群体成员期望的点击行为。如果接收者将自己标识为外群体，便难以形成群体归属感和感知关系压力，因而表现出较弱的点击意愿。

关系压力来自关系维持、人情、面子和身份等，在人际交往中无处不在。人际互动的情境和方式不同，人们感知到的关系压力水平也随之不同。相较于在线虚拟互动情境，面对面的交流通常会让人们感知到更高的关系压力。社交媒体平台上的私发已实现瞬时回复，与面对面交流情境最为类似，会让交互双方都感知到较强的关系压力，导致接收者难以拒绝私发者的诉求。在虚拟社群中，人们往往会因为"羊群效应"以及希望得到同伴的认同、避免群体排斥等原因，而感知到较大的关系压力。与私发相比，群发方式对于成员搭便车行为的包容性更大，故而群成员的感知关系压力会略低于私发方式。微信朋友圈和QQ动态空间转发这类公开分享方式，被认为是强关系社交中的弱连接辅助方式，产生的关系压力更弱，这也是现实中很多用户对圈发信息视而不见的原因。由此可知，公益项目链接通过不同方式转发，用户感知到的关系压力不同。于是，提出如下假设：

H6-4：公益项目链接的转发方式正向影响用户的感知关系压力，且私发对感知关系压力的影响大于群发，群发又大于圈发。

通过点击友人依托社交平台转发的链接可以便捷地了解友人、增进互动，且沉没成本低，已成为人们维持友好关系的重要途径。因此，人们感知到的关系压力越大，就越有可能通过点击友人转发的链接去了解友人。社会认同理论认为，人们希望被社会群体接受和认可，害怕被排斥，迫于群体内的关系压力会做出被该群体成员认同的行为。这意味着人们感知到的群体内关系压力水平越高，就越有可能去迎合群体内成员的要求，以求被对方认同。邓琪等也指出，感知关系压力对个体的决策和行为有直接影响。面对他人转发的公益项目链接，个体基于对朋友、同事或同学身份的认同，会产生不同程度的感知关系压力，这种来自身份认同的关系压力进而促使个体做出符合身份的回应行为（例如，应朋友的要求通过点击转发的链接以进行后续的浏览、评价、捐赠等）。另外，人类行为存在自主需求、关系需求和胜任需求这三种先天的心理需求，其中关系需求若未被满足则催生感知关系压力。由此可推断，个体感知到的关系压力会促使其参与他人期望的行动。维持在他人眼中的良好形象是促使人们采取合适行为的基本动机。当面对他人转发的链接时，为了维持良好形象，人们往往会遵从对方的诉求而实施点击操作。Zhao 和 Zhang（2020）也指出关系线索的驱动，如面子和人情，是人们网络社交参与行为（包括点击、浏览、点赞、评价等）的促进因素。因此，点击转发链接作为网络社交参与行为的一种，其意愿必然受到感知关系压力的影响。结合假设 H6-4，本书提出如下假设：

H6-5：用户的感知关系压力正向影响其对公益项目链接的点击意愿。并且，感知关系压力在转发方式对点击意愿的影响中发挥着中介作用。

### 四、自我建构类型的调节作用

自我建构作为理解和认知自我的一种方式，指的是人们认为自己与他人相分离或相连接的程度，影响人们的认知、偏好和行为，包括独立和依存两个维度。其中，独立自我建构的个体倾向于将自我与他人区分开来，更关注自我利益或诉求的表达和维护，注重自身独特性的发掘，常表现出独立、自信、强势等亲自己的特质或行为，倾向于坚持己见的决策和行为。依存自我建构的个体则倾向于寻求自我与他人的相连接、相一致，更注重对他人利益或诉求的尊重和支持，看重与他人的和谐关系，常表现出遵从、共情、迁就等亲社会的特质或行为，偏好于妥协或折中的决策和行为。不同自我建构个体的信息处理机制存在差异，独立自我建构个体偏好依靠自我对信息进行加工，并依据自我判断进行决策。依存自我建构的个体则偏好于整合信息、寻找信息之间的联系以及信息中他人给予的参考，并以此为决策依据。自我建构在个体行为研究中的调节作用已被学者们反复证实，但研究成果主要集中于商业领域，在公益领域的作用尚未引起重视。然而，研究公益领域用户点击意愿若未考虑自我建构的调节作用，将会忽视不同自我建构类型的用户在决策判断方面的偏好，导致研究结果难以得到充分解释。因此，本书在探索外在刺激（公益项目链接的转发方式）影响用户点击意愿的过程中引入自我建构作为调节变量。

两类自我建构个体间存在的差异会使得个体的决策和行为产生显著的偏好差异。相较于圈发，当公益项目链接以私发或群发方式转发时，代表着链接在接受者数量上存在一定的限制和排他性，独立自我建构用户据此会认为自己在转发者心目中是"独特的"，从而产生比圈发方式更高的感知关系压力，并由于其独特性需要得到满足而产生更高的感知被需要水平，也会因为转发者的特殊对待而对链接产生更高的点击意愿。不过，私发和群发作为可转换为即时交流的转发方式，二者在转发者态度和诉求上暗含的细微差异容易被倾向于坚持己见的独立自我建构用户因过于关注自身利益而忽视，从而导致他们的感知被需要、感知关系压力以及点击意愿的差异不显著。相较于群发和圈发，当公益项目以私发方式转发时，代表着转发者对回应行为的高度诉求、对亲密关系的高度肯定，依存自我建构用户由于更注重对他人诉求的尊重和支持会感知到更强的被需要水平，也因更看重和谐关系而感知到更高的关系压力，从而更愿意为满足转发者的诉求、维持友好关系而给予点击支持。当公益项目以群发或圈发的方式转发时，众多用户都处于链接接收者群体的类似情境中，依存自我建构用户都可以依靠群体内成员给予的参考进行行为决策，因此，感知被需要、感知关系压力以及点击意愿的差异不明显。于是，本书提出如下假设：

H6-6：自我建构调节公益项目链接的转发方式对用户点击意愿的影响，即当用户属于独立自我建构时，私发和群发对点击意愿的影响无显著差异，但二者均显著高于圈发方式。当用户属于依存自我建构时，私发对点击意愿的影响显著高于群发和圈发，但群发和圈发方式之间无显著差异。

H6-7：自我建构调节公益项目链接的转发方式对用户感知被需要的影响，即当用户属于独立自我建构时，私发和群发对感知被需要的影响无显著差异，但二者均显著高于圈发方式。当用户属于依存自我建构时，私发对感知被需要的影响显著高于群发和圈发，但群发和圈发方式之间无显著差异。

H6-8：自我建构调节公益项目链接的转发方式对用户感知关系压力的影响，即当用户属于独立自我建构时，私发和群发对感知关系压力的影响无显著差异，但二者均显著高于圈发方式。当用户属于依存自我建构时，私发对感知关系压力的影响显著高于群发和圈发，但群发和圈发方式之间无显著差异。

综上所述，本书的研究模型如图6.3、假设汇总如表6.1所示。

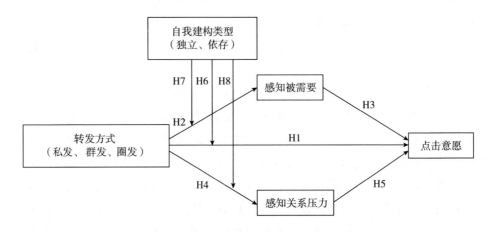

**图 6.3　分享阶段的概念模型**

**表 6.1　分享阶段的研究假设**

| 编号 | 假设 |
| --- | --- |
| H6-1 | 公益项目链接的转发方式影响用户的点击意愿，私发对点击意愿的影响大于群发，群发又大于圈发 |
| H6-2 | 公益项目链接的转发方式正向影响用户的感知被需要，私发对感知被需要的影响大于群发，群发又大于圈发 |
| H6-3 | 用户的感知被需要正向影响其对公益项目链接的点击意愿。并且，感知被需要在转发方式对点击意愿的影响中发挥着中介作用 |
| H6-4 | 公益项目链接的转发方式正向影响用户的感知关系压力，私发对感知关系压力的影响大于群发，群发又大于圈发 |
| H6-5 | 用户的感知关系压力正向影响其对公益项目链接的点击意愿。并且，感知关系压力在转发方式对点击意愿的影响中发挥着中介作用 |
| H6-6 | 自我建构调节公益项目链接的转发方式对用户点击意愿的影响，即当用户属于独立自我建构时，私发和群发方式对点击意愿的影响无显著差异，且二者均显著高于圈发方式。当用户属于依存自我建构时，私发方式对点击意愿的影响显著高于群发和圈发，但群发和圈发之间无显著差异 |
| H6-7 | 自我建构调节公益项目链接的转发方式对用户感知被需要的影响，即当用户属于独立自我建构时，私发和群发方式对感知被需要的影响无显著差异，但二者均显著高于圈发方式。当用户属于依存自我建构时，私发方式对感知被需要的影响显著高于群发和圈发，但群发和圈发之间无显著差异 |
| H6-8 | 自我建构调节公益项目链接的转发方式对用户感知关系压力的影响，即当用户属于独立自我建构时，私发和群发方式对感知关系压力的影响无显著差异，但二者均显著高于圈发方式。当用户属于依存自我建构时，私发方式对感知关系压力的影响显著高于群发和圈发，但群发和圈发之间无显著差异 |

# 第三节　实验设计与结果分析

本书采用 4 个情境模拟实验（见表 6.2）进行假设检验：实验 1 测量三种转发方式（私发、群发、圈发）对用户点击意愿的影响，检验感知被需要和感知关系压力的中介作用，验证假设 H6-1~H6-5。实验 2 包含两个子实验，旨在排除转发渠道、公益项目类型、实验方式以及替代解释因素的干扰，再次检验假设 H6-1~H6-5，并验证结果的稳健性。实验 3 检验自我建构在转发方式影响用户感知被需要、感知关系压力、点击意愿中的调节作用，检验假设 H6-6~H6-8。

**表 6.2　转化阶段的研究设计框架**

| 实验编号 | 实验目的 | 研究设计描述 | 样本描述 | 自变量操控 | 中介变量 | 调节变量 |
|---|---|---|---|---|---|---|
| 实验 1 | 验证主效应和中介效应 | 单因素三个水平（转发方式：私发、群发、圈发）的组间实验 | 学生样本，现场实验，样本量 540 个 | 您看到您的同学通过微信私聊给您转发/通过微信群发布/通过微信朋友圈分享了一条公益项目链接 | 感知被需要；感知关系压力 | 无 |
| 实验 2a | 检验实验 1 结果的稳健性，排除转发渠道的干扰 | 单因素三个水平（转发方式：私发、群发、动态发）的组间实验 | 学生样本，现场实验，样本量 300 个 | 您看到您的同学通过 QQ 私聊给您转发/通过 QQ 群发布/通过 QQ 动态空间分享了一条公益项目链接 | 同实验 1 | 无 |
| 实验 2b | 再次验证研究结果的稳健性，排除线下线上实验方式、公益项目类型、替代解释变量的干扰 | 同实验 1 | 社会样本，线上实验，样本量 300 个 | 您看到您的同事通过微信私聊给您转发/通过微信群发布/通过微信朋友圈分享了一条公益项目链接 | 感知被需要；感知关系压力；感知价值；感知信任；主观规范；共情 | 无 |
| 实验 3 | 验证调节效应：自我建构的作用 | （转发方式：私发、群发、圈发）（自我建构：独立、依存）的组间实验 | 社会样本，线上实验，样本量 1200 个 | 同实验 2b | 同实验 1 | 采用"网球场景法"启动暂时性自我建构 |

## 一、实验1

（一）预实验1

预实验1的目的是检验被试能否准确理解实验1刺激材料中公益项目的不同转发方式、实验情境是否合理以及转发方式的操纵是否成功。首先现场招募60名大学生（女性占47.9%，年龄为18~24岁），随机分成三组，每组20人，将实验1私发、群发和圈发的刺激材料依次发放给三个组的被试。其次请被试们阅读刺激材料，2分钟后收走刺激材料。最后请被试回忆并写下刺激材料中的转发方式，并让被试对自己所写的转发方式的正确程度打分（您认为自己写下的答案的正确程度如何？1=一点都不正确，7=非常正确）。结果显示，三个组被试答案的正确率为100%，被试自认为的答案正确程度分别为：$M_{私发}=6.500$，$SD_{私发}=0.607$。$M_{群发}=6.250$，$SD_{群发}=0.786$。$M_{圈发}=6.550$，$SD_{圈发}=0.686$，表明每组被试均能正确判断刺激材料中展现的转发方式，因此本书对公益项目转发方式的操控合理。

（二）实验设计

实验1采用单因素三个水平（公益项目链接的转发方式：私发、群发、圈发）组间实验设计，旨在检验本实验的主效应（H1、H2和H4）与中介效应（H3和H5）。本实验为现场实验，在江西某综合性大学共招募540名被试，男生占57.3%，女生占42.7%，年龄为18~23岁，学历为大专及本科。

实验开始前，我们将被试随机分配到3个实验组（$N_{私发}=180$、$N_{群发}=180$、$N_{圈发}=180$），并告知被试需要完成三个相关的实验任务。首先，被试仔细阅读刺激材料。其次，被试填写关于感知被需要、感知关系压力和点击意愿的问卷。因未找到感知被需要的成熟量表，本书在融合感知真实性、感知努力和感知威胁等成果的基础上，结合实验情境修改得到三个题项（"我感到转发链接的同学希望我点击链接""我感到同学转发的链接需要我点击支持""我感到同学转发的公益项目需要我的支持"）。感知关系压力的题项源于Ross（1992）和Alajoutsijärvi等的成熟研究，共计3题，分别是："不点击同学转发的公益项目链接让我觉得自己有点不近人情""不点击同学转发的公益项目链接让我感觉有点说不过去"和"不点击同学转发的公益项目链接让我面对该同学时觉得有点不好意思"。单一题项的测量方式因具有诸多优势得到学界的普遍认可，并被学者们提倡。因此，本书采用单一题项测量点击意愿，即"我愿意点击该公益项目链接"。所有题项采用李克特 7 分打分法，1＝非常不同意，7＝非常同意。最后，被试填写性别、年龄、学历等人口统计学变量。

（三）实验结果

91 份问卷因中途退出、答题时间过短、有缺失值或注意力测试题不过关等原因被剔除，本次实验最终得到 449 份有效问卷（$N_{私发} = 154$、$N_{群发} = 166$、$N_{圈发} = 129$）。其中，男性 207 人，女性 247 人，$M_{年龄} = 20.16$（$SD = 3.754$）。

（1）变量的检验与处理。如表 6.3 所示，感知被需要和感知关系压力量表的 Cronbach's α 值分别是 0.839 和 0.908，均大于被推荐的标准 0.7，表明量表具有良好的一致性和可靠性。同时，所有题项的标准化因子载荷值均介于 0.838 ~ 0.937，远超过 0.5 的标准，说明各变量的聚合效度较好。感知被需要和感知关系压力的 CR 值分别为 0.902 和 0.942，均大于 0.8，AVE 值分别为 0.756 和 0.844，都大于 0.7，说明变量的组合信度和收敛效度均较好。另外，各变量 AVE 值的平方根均大于其他变量之间的相关系数（见表 6.4），可知各变量之间具有较好的区分效度。Haman 单因子检验结果显示，未旋转时第一个主成分占据的载荷量为 38.641%，未超过 40% 的标准，说明共同方法偏差不严重。

表 6.3 实验 1 中各变量的信效度分析

| 构面 | 题项 | 标准化因子载荷值 | Cronbach's α 值 | 组合信度 | 平均抽取变异量（AVE） |
|---|---|---|---|---|---|
| 感知被需要 | XY1 | 0.838 *** | 0.839 | 0.902 | 0.756 |
| | XY2 | 0.920 *** | | | |
| | XY3 | 0.848 *** | | | |
| 感知关系压力 | GY1 | 0.912 *** | 0.908 | 0.942 | 0.844 |
| | GY2 | 0.937 *** | | | |
| | GY3 | 0.907 *** | | | |

注：*** 表示 P<0.001。

表 6.4 实验 1 中各变量的区别效度分析

| 变量 | ZF | XY | GY | LJ |
|---|---|---|---|---|
| 转发方式 ZF | 1 | | | |

续表

| 变量 | ZF | XY | GY | LJ |
|------|-----|-----|-----|-----|
| 感知被需要 XY | 0.138 | **0.869** | | |
| 感知关系压力 GY | 0.111 | 0.308 | **0.919** | |
| 点击意愿 LJ | 0.132 | 0.669 | 0.425 | **1** |

注：对角线上加粗的数值为 AVE 的平方根

（2）直接效应的检验。首先，采用单因素方差分析分别检验公益项目链接的转发方式对用户点击意愿、感知被需要和感知关系压力的直接影响。公益项目链接的转发方式对用户点击意愿的单因素方差分析发现，转发方式的主效应〔$F$（2，446）＝20.188，$P<0.001$，$\eta_p^2 = 0.083$〕显著，且事后多重比较的结果（见图 6.4 上）显示，被试对私发的公益项目链接的点击意愿（$M_{私发} = 5.240$，$SD_{私发} = 1.474$）显著高于群发方式（$M_{群发} = 4.600$，$SD_{群发} = 1.594$，$P<0.001$）和圈发方式（$M_{圈发} = 4.100$，$SD_{圈发} = 1.770$，$P<0.0001$），且群发组的点击意愿亦显著高于圈发组（$P = 0.010$），因此，假设 H1 得到验证。转发方式对感知被需要的主效应〔$F$（2，446）＝16.032，$P<0.001$，$\eta_p^2 = 0.067$〕显著，且事后多重比较的结果（见图 6.4 中）显示，私发组被试的感知被需要（$M_{私发} = 5.492$，$SD_{私发} = 1.235$）显著高于群发组（$M_{群发} = 5.026$，$SD_{群发} = 1.535$，$P = 0.006$）和圈发组（$M_{圈发} = 4.589$，$SD_{圈发} = 1.522$，$P<0.0001$），且群发组亦显著高于圈发组（$P = 0.011$），于是，假设 H2 得到验证。转发方式对感知关系压力的主效应〔$F$（2，446）＝12.005，$P<0.001$，$\eta_p^2 = 0.051$〕显著，且事后多重比较的结果（见图 6.4 下）显示，私发组被试的感知关系压力（$M_{私发} = 4.098$，$SD_{私发} = 1.768$）显著高于群发组（$M_{群发} = 3.628$，$SD_{群发} = 1.447$，$P = 0.012$）和圈发组（$M_{圈发} = 3.229$，$SD_{圈发} = 1.494$，$P<0.0001$），且群发组亦显著高于圈发组（$P = 0.036$），因此，假设 H4 得到验证。以上表明，在通过微信转发公益项目链接的三种方式中，私发方式对用户点击意愿、感知被需要、感知关系压力的影响最大，其次是群发，最后是圈发，假设 H1、H2、H4 均得到验证。

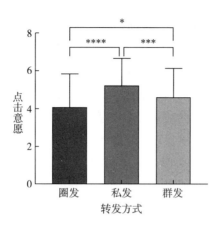

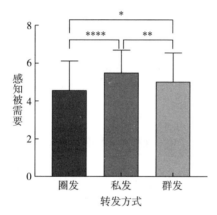

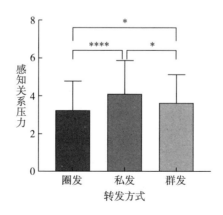

**图 6.4　实验 1 中不同转发方式的点击意愿、感知被需要和感知关系压力**

注：均值越大，表示被试越愿意点击链接；误差线表示标准误。＊表示 P＜0.05，＊＊表示 P＜0.01，＊＊＊表示 P＜0.001，＊＊＊＊表示 P＜0.0001。

其次，分别检验公益项目链接接收者的感知被需要和感知关系压力对其点击意愿的直接影响。以感知被需要为自变量、点击意愿为因变量构建回归方程 [$F(1, 447) = 344.055$, $P < 0.001$]，结果显示标准化回归系数为 $\beta = 0.659$ [$t(447) = 18.549$, $P < 0.001$]，表明个体的感知被需要正向影响其对链接的点击意愿，假设 H3 的前半部分得到支持。以感知关系压力为自变量、点击意愿为因变量构建回归方程 [$F(1, 447) = 97.892$, $P < 0.001$]，结果显示标准化回归系数为 $\beta = 0.424$ [$t(447) = 9.894$, $P < 0.001$]，这表明个体的感知关系压力正向影响其对链接的点击意愿，假设 H5 的前半部分得到支持。

（3）中介效应的检验。为了进一步阐明公益项目链接的转发方式影响用户点击意愿的心理机制，本书采用 Process 统计软件进行偏差校正的 Bootstrapping（抽取 5000 次）检验感知被需要和感知关系压力对特定转发方式影响用户点击意愿的中介效应。由于自变量（私发、群发和圈发）是三分类的类别变量，因此本书借鉴宋锡妍等（2021）的做法将转发方式编码为虚拟变量，以圈发组为参照，结果见表 6.5。

表 6.5　实验 1 中感知被需要和感知关系压力的中介效应

| 中介效应路径 | 标准化估计值 | 标准误 SE | 95%CI 置信区间 | |
| --- | --- | --- | --- | --- |
| | | | 低 | 高 |
| 以圈发组为参照： | | | | |
| 私发→感知被需要→点击意愿 | 0.584[a] | 0.108 | 0.379 | 0.795 |
| 私发→感知关系压力→点击意愿 | 0.210[a] | 0.058 | 0.107 | 0.337 |
| 私发→点击意愿 | 0.349[a] | 0.141 | 0.073 | 0.625 |
| 群发→感知被需要→点击意愿 | 0.283[a] | 0.121 | 0.050 | 0.530 |
| 群发→感知关系压力→点击意愿 | 0.096[a] | 0.045 | 0.013 | 0.190 |
| 群发→点击意愿 | 0.120 | 0.144 | −0.163 | 0.404 |

注：a 表示中介效应显著。

由表 6.5 可知，以圈发组为参照时，私发组、群发组通过感知被需要对用户点击意愿的中介效应值（即标准化估计值）分别为 0.584 和 0.283，95% 的 Bootstrap 置信区间（即 95%CI 置信区间）分别为 [0.379, 0.795] 和 [0.050, 0.530]，均不包括 0，表明感知被需要的中介效应显著，假设 H3 的后半部分得到验证。私发组、群发组通过感知关系压力对用户点击意愿的中介效应值分别为

0.210 和 0.096，95% 的 Bootstrap 置信区间（即 95% CI 置信区间）分别为 [0.107，0.337] 和 [0.013，0.190]，均不包括 0，说明感知关系压力的中介效应显著，假设 H5 的后半部分得到验证。加入中介变量感知被需要和感知关系压力后，私发方式对接收者点击意愿的直接效应为 0.349，95% 的 Bootstrap 置信区间（即 95% CI 置信区间）为 [0.073，0.625]，不包括 0，但群发方式对点击意愿的直接效应为 0.120，95% 的 Bootstrap 置信区间（即 95% CI 置信区间）为 [−0.163，0.404]，包括 0，这表明，当加入中介变量感知被需要和感知关系压力后，转发方式对用户点击意愿的直接效应不再显著。

（4）实验 1 结果分析。实验 1 通过对公益项目转发方式的操纵，验证了转发方式对用户点击意愿的正向影响，以及感知被需要和感知关系压力的双重中介作用，证实了假设 H1～H5。实验结果表明，公益项目链接的私发方式对用户点击意愿的影响大于群发，群发又大于圈发，感知被需要和感知关系压力在其中起到了双重中介作用。不过，该实验情境是微信，其他熟人社交媒体平台（如 QQ）是否会产生相同的结果？刺激材料采用的是个人求助类项目，其他类型的公益项目是否产生同样的结论？除了感知被需要和感知关系压力外，中介效应是否还存在其他的替代解释变量？为了解答以上三个问题并验证结果的稳健性，我们设计了实验 2。

**二、实验 2**

实验 2 包含 2a 和 2b 两个子实验。实验 2a 与实验 1 的区别在于转发渠道（QQ 和微信），而实验 2b 基于实验 1 有三个变动：一是现场实验改为线上实验，排除实验方式造成的偏差。二是将大病求助类的个人型公益项目更换为赈灾救济类的群体型，排除公益项目类型造成的干扰。三是增加潜在中介因素的检验，排除替代性的解释。总之，实验 2 旨在验证研究结果的稳健性。

（一）预实验 2

预实验 2 的目的是检验被试能否准确理解实验 2a 和 2b 刺激材料中公益项目的不同转发方式、实验情境是否合理以及转发方式的操纵是否成功。首先，现场招募 60 名大学生（女性占 42.4%，年龄为 18～25 岁），随机分成私发、群发和圈发三个组，每组 20 人，将实验 2a 中私发、群发和圈发的刺激材料依次发放给私发、群发和圈发组的被试。其次，再将实验 2b 中私发、群发和圈发的刺激材料（见图 6.5）依次发放给私发、群发和圈发组。再次，请被试们阅读刺激材料，3分钟后收走刺激材料。最后，请被试回忆并分别写下两份刺激材料中的转发方式，并让被试分别对自己所写的转发方式的正确程度进行打分（您认为自己写下的答案的正确程度如何？1＝一点都不正确，7＝非常正确）。

您看到您的同事通过微信好友给您私发了一条公益项目链接，具体如图6.5所示。

**图 6.5　实验 2b 中私发、群发、圈发的刺激材料**

结果显示，实验2a中三个组被试答案的正确率为100%，被试自认为的答案正确程度分别为：$M_{私发}=6.100$，$SD_{私发}=0.641$，$M_{群发}=6.150$，$SD_{群发}=0.813$，$M_{圈发}=6.050$，$SD_{圈发}=0.887$。实验2b中三个组被试答案的正确率为100%，被试自认为的答案正确程度分别为：$M_{私发}=6.300$，$SD_{私发}=0.733$，$M_{群发}=6.150$，$SD_{群发}=0.745$，$M_{圈发}=6.250$，$SD_{圈发}=0.851$。表明每组被试均能正确判断实验2a和2b刺激材料中展现的转发方式，因此本书对公益项目转发方式的操控合理。

（二）实验 2a

实验2a同样采用单因素三个水平（私发、群发、动态发）的组间实验设计，为现场实验，在江西某所综合性大学招募300名被试。操作流程同实验1，仅将刺激材料中的微信更换为 QQ。剔除不合格问卷后，该实验得到 253 份有效问卷，男性 112 人，女性 141 人，$M_{年龄} = 20.41$（SD = 2.814）。

数据分析过程同实验 1。描述性统计结果（见表 6.6）显示，感知被需要和感知关系压力量表的 Cronbach's α 值分别是 0.865 和 0.897，均大于被推荐的标准 0.7，证明量表具有良好的一致性和可靠性。同时，验证性因子分析发现，所有题项的标准化因子载荷值均介于 0.872~0.931，远超过 0.5 的标准，表明各变量具有较好的聚合效度。且各变量的 CR 值均大于 0.9，AVE 值均大于 0.7，由此表明，各变量具有较好的组合信度和收敛效度。另外，如表 6.7 所示，各变量的 AVE 值的均方根均大于其他变量之间的相关系数，这表明各变量之间具有较好的区分效度。运用 Haman 单因子检验结果检验本书的共同方法偏差，将所有题项一起做因子分析，未旋转时第一个主成分占据的载荷量为 36.323%，未超过 40% 的标准，这表明同源偏差不严重，共同方法偏差对结果的影响可以忽略不计。此外，为了统计分析的需要，分别将公益项目链接的动态空间转发、私发和群发的方式分别编码为 1、2、3。

#### 表 6.6　实验 2a 中各变量的信效度分析

| 构面 | 题项 | 标准化因子载荷值 | Cronbach's α | 组合信度 | 平均抽取变异量（AVE） |
|---|---|---|---|---|---|
| 感知被需要 | XY1 | 0.872*** | 0.865 | 0.917 | 0.787 |
| | XY2 | 0.916*** | | | |
| | XY3 | 0.873*** | | | |
| 感知关系压力 | GY1 | 0.909*** | 0.897 | 0.936 | 0.829 |
| | GY2 | 0.931*** | | | |
| | GY3 | 0.891*** | | | |

注：***表示 P<0.001。

#### 表 6.7　实验 2a 中各变量的区别效度分析

| 变量 | ZF | XY | GY | LJ |
|---|---|---|---|---|
| 转发方式 ZF | **1** | | | |
| 感知被需要 XY | 0.142 | **0.887** | | |
| 感知关系压力 GY | 0.133 | 0.409 | **0.910** | |
| 点击意愿 LJ | 0.150 | 0.651 | 0.495 | **1** |

注：对角线上加粗的数值为 AVE 的平方根。

　　首先，分别检验在 QQ 平台的情境下，公益项目链接的转发方式对接收者点击意愿、个体感知被需要、感知关系压力的直接影响。单因素方差分析发现，方差齐性检验结果为 0.336，大于 0.05，表明数据适合于方差分析。转发方式对点击意愿（$F_{(2, 250)} = 12.111$，$P < 0.001$，$\eta_p^2 = 0.088$）、感知被需要（$F_{(2, 250)} = 10.517$，$P < 0.001$，$\eta_p^2 = 0.078$）、感知关系压力（$F_{(2, 250)} = 11.160$，$P < 0.001$，$\eta_p^2 = 0.082$）的主效应均显著。且事后多重比较结果（见图 6.6）显示，被试对 QQ 私发的公益项目链接的点击意愿（$M_{私发} = 4.92$，$SD_{私发} = 1.573$）显著高于群发组（$M_{群发} = 4.34$，$SD_{群发} = 1.670$，$P = 0.016$）和 QQ 动态空间转发组（$M_{动态发} = 3.74$，$SD_{动态发} = 1.441$，$P < 0.001$），且群发组被试的点击意愿亦显著高于动态转发（$P = 0.014$）。QQ 私发组被试的感知被需要（$M_{私发} = 5.224$，$SD_{私发} = 1.432$）显著高于群发组（$M_{群发} = 4.723$，$SD_{群发} = 1.485$，$P = 0.023$）和动态空间转发组（$M_{动态发} = 4.218$，$SD_{动态发} = 1.373$，$P < 0.001$），且 QQ 群发组被试的感知被需要亦显著高于动态空间转发组（$P = 0.024$）。QQ 私发组被试的感知关系压力（$M_{私发} = 3.702$，$SD_{私发} = 1.477$）显著高于群发组（$M_{群发} = 3.129$，$SD_{群发} = 1.603$，$P = 0.012$）和动态空间转发组（$M_{动态发} = 2.639$，$SD_{动态发} = 1.312$，$P < 0.001$），且 QQ 群发组被试的感知关系压力亦显著高于动态空间转发组（$P = 0.032$）。以上结果表明，私发组被试的点击意愿、感知被需要、感知关系压力均显著高于群发组，群发组高于动态空间转发组。因此，假设 H6-1、H6-2、H6-4 再次得到验证，结论同实验 1。

　　其次，分别检验 QQ 社交平台的情境下，公益项目链接接收者的感知被需要和感知关系压力对其点击意愿的影响。以感知被需要为自变量、点击意愿为因变量构建回归方程（$F_{(1, 251)} = 180.260$，$P < 0.001$），结果显示标准化回归系数为 $\beta = 0.647$（$t_{(251)} = 13.426$，$P < 0.001$），这表明通过 QQ 社交平台转发公益项目链接，用户的感知被需要正向影响其对链接的连接行为，假设 H3 的前半部分再次得到支持，以感知关系压力为自变量、点击意愿为因变量构建回归方程（$F_{(1, 251)} = 80.092$，$P < 0.001$），结果显示标准化回归系数为 $\beta = 0.494$（$t_{(251)} = 9.005$，$P < 0.001$），这说明用户的感知关系压力同样会正向影响其对链接的连接行为，假设 H5 的前半部分再次得到支持。

　　最后，采用 Bootstrapping 方法（抽取 5000 次）再次验证中介效应，以 QQ 动态空间转发组为参照，结果如表 6.8 所示。当以动态空间转发组为参照时，私发组和群发组通过感知被需要对点击意愿的中介效应值分别为 0.574 和 0.288，

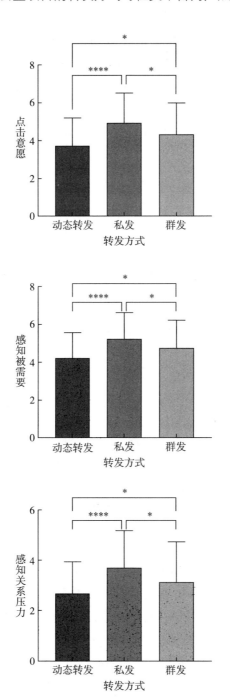

**图 6.6 实验 2a 中不同转发方式的点击意愿、感知被需要和感知关系压力**

95%的 Bootstrap 置信区间（即 95% CI 置信区间）分别为［0.307，0.874］和
［0.032，0.580］，均不包括 0，这表明感知被需要的中介效应显著，假设 H3 的后
半部分再次得到支持。私发组和群发组通过感知关系压力对点击意愿的中介效应值
分别为 0.299 和 0.138，95%的 Bootstrap 置信区间（即 95% CI 置信区间）分别为
［0.138，0.496］和［0.013，0.300］，均不包括 0，这说明感知关系压力的中介效
应显著，假设 H5 的后半部分得到验证。加入中介变量感知被需要和感知关系压力
后，私发、群发对链接接收者点击意愿的直接效应分别为 0.307 和 0.174，95%的
Bootstrap 置信区间（即 95% CI 置信区间）分别为［-0.070，0.684］和［-0.190，
0.537］，均包括 0，说明直接效应不再显著。上述分析说明，感知被需要和感知
关系压力在转发方式影响接收者连接行为的过程中起到完全中介的作用，即转发
方式影响点击意愿的潜在机制是通过提高感知被需要和感知关系压力实现的，这
与实验 1 的结论一致。

表 6.8　实验 2a 感知被需要和感知关系压力的中介效应

| 中介效应路径 | 标准化估计值 | 标准误 SE | 95% CI 置信区间 | |
| --- | --- | --- | --- | --- |
| | | | 低 | 高 |
| 以圈发组为参照： | | | | |
| 私发→感知被需要→点击意愿 | 0.574[a] | 0.145 | 0.307 | 0.874 |
| 私发→感知关系压力→点击意愿 | 0.299[a] | 0.093 | 0.138 | 0.496 |
| 私发→点击意愿 | 0.307 | 0.192 | -0.070 | 0.684 |
| 群发→感知被需要→点击意愿 | 0.288[a] | 0.139 | 0.032 | 0.580 |
| 群发→感知关系压力→点击意愿 | 0.138[a] | 0.072 | 0.013 | 0.300 |
| 群发→点击意愿 | 0.174 | 0.185 | -0.190 | 0.537 |

注：a 表示中介效应显著。

（三）实验 2b

因实验 2b 的结论需与实验 1 对比，本书将实验 2b 设置为微信转发情境。本
次实验通过问卷星招募 300 位被试（以参加工作者为主）。实验流程同实验 1，
且转发者由同学变更为同事。另外，调查问卷增加了替代解释变量（感知价值、
感知信任、主观规范和共情）的测量（见表 6.9）。

表 6.9　替代解释因素的测量

| 构面 | 编号 | 测量题项 | 文献来源 |
| --- | --- | --- | --- |
| 感知价值 | GJ1 | 点击转发的公益项目链接是一种非常方便的公益参与方式 | Pavlou（2006） |
| | GJ2 | 点击转发的公益项目链接可以得到朋友的赞许 | |
| | GJ3 | 点击转发的公益项目链接可以获得更好的公众形象 | |

续表

| 构面 | 编号 | 测量题项 | 文献来源 |
|------|------|----------|----------|
| 感知信任 | GX1 | 转发的公益项目链接看起来是可信的 | Carter 和 Belange（2005） |
| | GX2 | 点击转发的公益项目链接看起来是可靠的 | |
| | GX3 | 点击转发的公益项目链接是一种值得信赖的公益参与方式 | |
| 主观规范 | ZG1 | 对我很重要的人希望我点击该公益项目链接 | Kaushik 等（2015） |
| | ZG2 | 能影响我行为的人希望我点击该公益项目链接 | |
| | ZG3 | 点击该公益项目链接能提高我在朋友们心中的地位 | |
| 共情 | GQ1 | 我能想象到公益项目转发者的感受 | 冉雅璇等（2017） |
| | GQ2 | 我能想象到公益项目转发者的心情 | |
| | GQ3 | 我对公益项目的受益人深表同情 | |

　　剔除中途退出、答题时间过短、有缺失值或注意力测试题不过关等 31 份问卷，有效问卷共计 269 份（$N_{私发}$ = 96、$N_{群发}$ = 87、$N_{圈发}$ = 80）。其中，男性 94 人，女性 169 人，$M_{年龄}$ = 29.54（SD = 7.620）。在学历分布方面，研究生学历的被试 148 人，占比为 56.3%。大专/本科学历的被试 88 人，占比为 33.5%。高中学历 16 人，占比为 6.1%。初中及以下学历的被试人数最少，占总人数的 4.1%。

　　首先，检验感知被需要、感知关系压力、感知价值、感知信任、主观规范及共情等变量的信效度，检验结果如表 6.10 所示，Cronbach's α 值均介于 0.825 ～ 0.948，说明量表具有良好的一致性和可靠性。同时，验证性因子分析显示，所有题项的标准化因子载荷值均介于 0.764 ～ 0.962，远大于 0.5 的标准，表明各变量具有较好的聚合效度。且各变量的 CR 值均大于 0.8，AVE 值均大于 0.7，说明各变量具有较好的组合信度和收敛效度。另外，表 6.11 的结果显示，各变量的 AVE 值的均方根均大于其与其他变量之间的相关系数，表明各变量之间具有较好的区分效度。

**表 6.10　实验 2b 中各变量的信效度分析**

| 构面 | 题项 | 标准化因子载荷值 | Cronbach's α 值 | 组合信度 | 平均抽取变异量（AVE） |
|------|------|----------------|----------------|----------|----------------------|
| 感知被需要 | XY1 | 0.881*** | 0.870 | 0.921 | 0.794 |
| | XY2 | 0.933*** | | | |
| | XY3 | 0.858*** | | | |

续表

| 构面 | 题项 | 标准化因子载荷值 | Cronbach's α 值 | 组合信度 | 平均抽取变异量（AVE） |
|------|------|------------------|------------------|----------|------------------------|
| 感知关系压力 | GY1 | 0.926*** | 0.914 | 0.946 | 0.853 |
| | GY2 | 0.952*** | | | |
| | GY3 | 0.891*** | | | |
| 感知价值 | GJ1 | 0.853*** | 0.858 | 0.913 | 0.779 |
| | GJ2 | 0.901*** | | | |
| | GJ3 | 0.891*** | | | |
| 感知信任 | GX1 | 0.951*** | 0.948 | 0.966 | 0.905 |
| | GX2 | 0.962*** | | | |
| | GX3 | 0.941*** | | | |
| 主观规范 | ZG1 | 0.901*** | 0.825 | 0.897 | 0.745 |
| | ZG2 | 0.912*** | | | |
| | ZG3 | 0.768*** | | | |
| 共情 | GQ1 | 0.926*** | 0.844 | 0.908 | 0.768 |
| | GQ2 | 0.929*** | | | |
| | GQ3 | 0.764*** | | | |

注：*** 表示 $P < 0.001$。

表 6.11　实验 2b 中变量的区别效度分析

| 变量 | ZF | XY | GY | GJ | GX | ZG | GQ | LJ |
|------|-----|-----|-----|-----|-----|-----|-----|-----|
| 转发方式 ZF | **1** | | | | | | | |
| 感知被需要 XY | 0.148 | **0.891** | | | | | | |
| 感知关系压力 GY | 0.179 | 0.544 | **0.923** | | | | | |
| 感知价值 GJ | 0.049 | 0.569 | 0.620 | **0.882** | | | | |
| 感知信任 GX | 0.065 | 0.423 | 0.463 | 0.693 | **0.951** | | | |
| 主观规范 ZG | 0.039 | 0.436 | 0.464 | 0.686 | 0.619 | **0.863** | | |
| 共情 GQ | 0.017 | 0.413 | 0.435 | 0.545 | 0.549 | 0.688 | **0.876** | |
| 点击意愿 LJ | 0.149 | 0.537 | 0.515 | 0.589 | 0.567 | 0.518 | 0.616 | **1** |

注：对角线上加粗的数值为 AVE 的平方根。

其次，检验公益项目链接的转发方式对用户点击意愿、感知被需要和感知关系压力的影响。单因素方差分析发现，转发方式对点击意愿（$F_{(2, 260)}$ =

16.755，P < 0.001，$\eta_p^2 = 0.114$）、感知被需要（F（2，260）= 14.462，P < 0.001，$\eta_p^2 = 0.100$）和感知关系压力（F（2，260）= 17.790，P < 0.001，$\eta_p^2 = 0.120$）的主效应均显著，即假设 H1、H2、H4 进一步通过验证。事后多重比较结果（见图 6.7 上）表明，被试对私发的公益项目链接的点击意愿（$M_{私发} = 5.280$，$SD_{私发} = 1.374$）显著高于群发组（$M_{群发} = 4.640$，$SD_{群发} = 1.494$，P = 0.002）和圈发组（$M_{圈发} = 4.060$，$SD_{圈发} = 1.306$，P < 0.0001），且群发组被试的点击意愿显著高于圈发组（P = 0.008）。如图 6.7 中所示，被试对私发的公益项目链接的感知被需要（$M_{私发} = 5.872$，$SD_{私发} = 1.168$）显著高于群发组（$M_{群发} = 5.356$，$SD_{群发} = 1.316$，P = 0.006）和圈发组（$M_{圈发} = 4.850$，$SD_{圈发} = 1.294$，P < 0.0001），且群发组被试的感知被需要程度亦显著高于圈发组（P = 0.010）。如图 6.7 下图所示，被试对私发的公益项目链接的感知关系压力（$M_{私发} = 4.639$，$SD_{私发} = 1.755$）显著高于群发组（$M_{群发} = 3.962$，$SD_{群发} = 1.658$，P = 0.006）和圈发组（$M_{圈发} = 3.133$，$SD_{圈发} = 1.580$，P < 0.0001），且群发组被试的感知关系压力显著高于圈发组（P = 0.002）。表明公益项目链接的三种转发方式，私发对用户点击意愿、感知被需要、感知关系压力的影响最大，然后是群发，最后是圈发，结论同实验 1。

再次，分别检验个体的感知被需要和感知关系压力对其连接行为的影响。以感知被需要为自变量、点击意愿为因变量构建回归方程（F（1，261）= 104.308，P < 0.001），结果显示标准化回归系数为 $\beta = 0.534$（t（261）= 10.213，P < 0.001），说明个体的感知被需要正向影响其对链接的点击意愿，假设 H3 的前半部分进一步得到支持。以感知关系压力为自变量、点击意愿为因变量构建回归方程（F（1，261）= 92.107，P < 0.001），结果显示标准化回归系数为 $\beta = 0.511$（t（261）= 9.597，P < 0.001），表明个体的感知关系压力正向影响其对链接的点击意愿，假设 H5 的前半部分进一步得到支持。

最后，运用 Bootstrapping（抽取 5000 次）检验感知被需要、感知关系压力对特定转发方式影响用户点击意愿的中介效应，并排除替代中介变量的干扰。将公益项目链接的私发、群发和圈发编码为虚拟变量，以圈发组为参照。感知被需要和感知关系压力的中介分析结果（见表 6.12）显示，当以圈发组为参照时，私发组和群发组通过感知被需要对接收者点击意愿的中介效应值分别为 0.389 和 0.193，95% 的 Bootstrap 置信区间（即 95%CI 置信区间）为［0.193，0.623］和［0.035，0.374］，均不包括 0，表明感知被需要的中介效应显著，假设 H4 的后

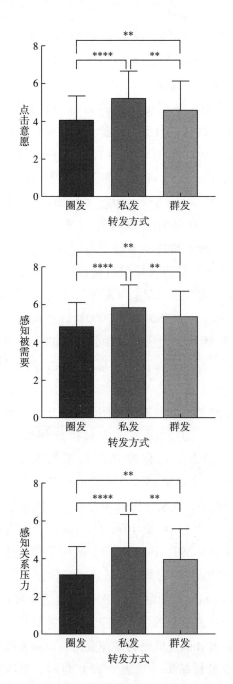

**图 6.7　实验 2b 中不同转发方式的点击意愿、感知被需要和感知关系压力**

半部分进一步得到支持。私发组、群发组通过感知关系压力对接收者点击意愿的
中介效应值为 0. 352 和 0. 194，95% 的 Bootstrap 置信区间（即 95% CI 置信区

间）分别为［0.168, 0.570］和［0.064, 0.358］，均不包括0，说明感知关系压力的中介效应显著，假设H5的后半部分进一步得到验证。加入中介变量感知被需要和感知关系压力后，私发方式对链接接收者点击意愿的直接效应为0.478，95%的Bootstrap置信区间（即95%CI置信区间）为［0.098, 0.859］，不包括0，但群发方式对链接接收者点击意愿的直接效应为0.195，95%的Bootstrap置信区间（即95%CI置信区间）为［-0.173, 0.563］，包括0，这表明此时的直接效应不再显著，即感知被需要和感知关系压力在转发方式对个体连接行为的影响中共同起到完全中介作用。

**表 6.12　实验 2b 中感知被需要和感知关系压力的中介效应**

| 中介效应路径 | 标准化估计值 | 95%CI 置信区间 | |
| --- | --- | --- | --- |
| | | 低 | 高 |
| 以圈发组为参照： | | | |
| 私发→感知被需要→点击意愿 | 0.389ª | 0.193 | 0.623 |
| 私发→感知关系压力→点击意愿 | 0.352ª | 0.168 | 0.570 |
| 私发→点击意愿 | 0.478ª | 0.098 | 0.859 |
| 群发→感知被需要→点击意愿 | 0.193ª | 0.035 | 0.374 |
| 群发→感知关系压力→点击意愿 | 0.194ª | 0.064 | 0.358 |
| 群发→点击意愿 | 0.195 | -0.173 | 0.563 |

注：a 表示中介效应显著。

**表 6.13　潜在替代变量的中介效应分析结果**

| 中介效应路径 | 标准化估计值 | 95%CI 置信区间 | |
| --- | --- | --- | --- |
| | | 低 | 高 |
| 以圈发组为参照： | | | |
| 私发→感知价值→点击意愿 | 0.119ª | 0.004 | 0.275 |
| 私发→感知信任→点击意愿 | 0.082 | -0.002 | 0.203 |
| 私发→主观规范→点击意愿 | -0.042 | -0.144 | 0.035 |
| 私发→共情→点击意愿 | 0.196ª | 0.032 | 0.388 |
| 私发→点击意愿 | 0.864ª | 0.560 | 0.169 |
| 群发→感知价值→点击意愿 | 0.051 | -0.061 | 0.189 |
| 群发→感知信任→点击意愿 | 0.048 | -0.036 | 0.157 |
| 群发→主观规范→点击意愿 | -0.013 | -0.092 | 0.032 |

| 中介效应路径 | 标准化估计值 | 95%CI 置信区间 | |
|---|---|---|---|
| | | 低 | 高 |
| 群发→共情→点击意愿 | 0.033 | −0.143 | 0.222 |
| 群发→点击意愿 | 0.462[a] | 0.154 | 0.771 |

注：a 表示中介效应显著。

对于潜在的替代中介变量，我们首先对各替代变量进行了单因素方差分析，结果（见表 6.13）显示：公益项目链接无论采用何种转发方式，被试的感知价值（$F(2, 260) = 2.023$，$P = 0.134$）、感知信任（$F(2, 260) = 1.843$，$P = 0.160$）、主观规范（$F(2, 260) = 2.333$，$P = 0.099$）、共情（$F(2, 260) = 2.936$，$P = 0.055$）的主效应均不显著。采用 Bootstrapping 检验替代解释变量的中介效应，结果如表 6.13 所示，以圈发组为参照，私发组被试呈现的感知信任、主观规范无显著差异，群发组被试呈现的感知价值、感知信任、主观规范和共情均无显著差异，由此可知，潜在替代变量（感知价值、感知信任、主观规范和共情）的中介效应均不显著。但是，私发组、群发组被试报告的点击意愿均显著，此结论再次验证了假设 H1。

（四）实验 2 结果分析

通过实验 2a 证明了在 QQ 社交平台情境下，实验 1 的结论依然成立，验证了研究结果的稳健性。但与实验 1 的结果相比，实验 2a 中结果的均值都较小，即公益项目链接以 QQ 转发时，转发方式对感知被需要、感知关系压力、点击意愿的影响均小于微信情境下的同一方式，由此可知，公益项目通过微信扩散比 QQ 更有效。实验 2b 进一步验证了假设 H1～H5，排除了公益项目类型、实验方式、潜在替代解释变量对研究结果的干扰。但实验 2 并未解决另一个问题，即感知被需要与感知关系压力完全中介公益项目链接转发方式对用户点击意愿的影响是否存在边界条件？为解答此问题，本书设计了实验 3。

**三、实验 3**

实验 3 旨在检验自我建构的调节作用，并对整个研究模型进行再次检验。本实验采用 3（公益项目的转发方式：私发、群发、圈发）×2（自我建构：独立、依存）的组间实验设计，采用实验 1 的实验情境和刺激材料。

（一）自我建构的操纵

自我建构的操纵采用启动方法。Aaker 等（2001）的研究发现，自我建构具有情境性和可塑性，不同的激活情境会唤醒不同的自我建构倾向。通过实验操控的暂时性自我建构与被试的长期性自我建构对行为的影响具有一致性，但长期性自我建构不适合用于检验实验研究中的短时间启动效果。因此，本书采用目前运用较广的启动法操纵被试暂时性的自我建构，启动材料（见附录5）采用被广泛应用的"网球场景法"，即"我（我的团队）正在打一场网球锦标赛并且打到了总决赛……""无论怎样我都要为我自己（我的团队）证明我的价值"。测量题项来自 Ma 等（2014）的研究，依存自我和独立自我各 7 个题项（见表 6.14）。为了尽可能情境化以增强启动性，每个题项以"此时此刻"开头。为避免单纯使用问卷测量计算得分存在误差，本书借鉴李东进等（2016）的做法，分别计算独立自我建构和依存自我建构题项得分的均值，再将二者相减，差值为正的被试归入独立自我建构组（$M_{独立} = 0.918$，$SD = 0.701$，$N = 420$），赋值为 1。差值为负的被试归入依存自我建构组（$M_{依存} = -0.872$，$SD = 0.700$，$N = 459$），赋值为2。差值为 0 的被试视为操纵不成功，剔除。

**表 6.14 自我建构的测量**

| 变量 | 编号 | 测量题项 |
| --- | --- | --- |
| 依存自我 YC | YC1 | 此时此刻，同伴们的幸福对我来说很重要 |
| | YC2 | 此时此刻，保持团队内部的和谐是很重要的 |
| | YC3 | 此时此刻，我的幸福在很大程度上取决于我周围人的幸福 |
| | YC4 | 此时此刻，如果我的家人不同意，我会牺牲我非常喜欢的一项活动 |
| | YC5 | 此时此刻，即使我非常不同意小组成员的意见，我也会避免争论 |
| | YC6 | 此时此刻，如果他们需要我，我会留在团队中，即使我对团队不满意 |
| | YC7 | 此时此刻，对我来说，尊重团队的决定是很重要的 |
| 独立自我 DL | DL1 | 此时此刻，我独立于他人的个人身份对我来说非常重要 |
| | DL2 | 此时此刻，我喜欢与众不同，喜欢在很多方面与众不同 |
| | DL3 | 此时此刻，我是一个独一无二的人 |
| | DL4 | 此时此刻，我宁愿直接对别人说"不"，也不愿冒被误解的风险 |
| | DL5 | 此时此刻，我喜欢在与人竞争的环境中工作 |
| | DL6 | 此时此刻，竞争是自然法则 |
| | DL7 | 此时此刻，如果我和别人讨论时，我喜欢直截了当 |

（二）实验设计

实验3通过问卷星平台招募1200名被试，男性669人，女性531人，随机分配到6个实验组，每组200人。首先，被试仔细阅读自我建构启动刺激材料。其次，填写自我建构量表（见附录6）。再次，阅读转发方式的操纵刺激材料（同实验1，仅将公益项目链接转发者从同学换为同事，因实验3的被试是社会样本）。最后填写同实验1的量表。

（三）实验结果

剔除中途退出、答题时间过短、有缺失值、自我建构操纵未成功等308份问卷，得到892份有效问卷（$N_{私发,独立自我}=169$、$N_{私发,依存自我}=155$、$N_{群发,独立自我}=161$。$N_{群发,依存自我}=143$、$N_{圈发,独立自我}=137$、$N_{圈发,依存自我}=127$）。其中，男性529人，女性363人，$M_{年龄}=28.67$（$SD=11.879$）。在受教育程度方面，具有大专及本科学历的被试人数最多，占比为93.5%，具体如表6.15所示。

表6.15 实验3样本的人口统计信息

| 变量 | 指标 | 数量（人） | 比例（%） | 变量 | 指标 | 数量（人） | 比例（%） |
|---|---|---|---|---|---|---|---|
| 性别 | 男 | 529 | 59.3 | | 18岁及以下 | 46 | 5.157 |
| | 女 | 363 | 40.7 | | 18~30岁 | 538 | 60.314 |
| 学历 | 初中及以下 | 3 | 0.3 | 年龄 | 31~40岁 | 133 | 14.911 |
| | 高中 | 20 | 2.2 | | 41~50岁 | 124 | 13.901 |
| | 大专/本科 | 834 | 93.5 | | 51~60岁 | 47 | 5.269 |
| | 研究生 | 35 | 3.9 | | 60岁以上 | 4 | 0.448 |

由于实验1和实验2已充分证实了直接效应、中介效应以及研究结果的稳健性，且受篇幅影响，此处不再报告此类检验结果，仅验证自我建构的调节效应以及有调节的中介效应。

借鉴陈春峰等（2023）采用的简单效应分析，本书分别检验自我建构在转发方式影响用户点击意愿、感知被需要、感知关系压力中的调节效应。结果如图6.8所示，转发方式与自我建构的交互效应对点击意愿（$F(5, 886)=10.447$，$P<0.001$，$\eta_p^2=0.056$）、感知被需要（$F(5, 886)=8.462$，$P<0.001$，$\eta_p^2=0.046$）、感知关系压力（$F(5, 886)=10.771$，$P<0.001$，$\eta_p^2=0.057$）的影响均显著。对于独立自我建构的被试，私发组的点击意愿（$M_{私发}=5.059$，$M_{群发}=4.652$，$P=$

0.063，[-0.016，0.830]）、感知被需要（$M_{私发}$ = 5.292，$M_{群发}$ = 5.071，P = 0.221，[-0.100，0.651]）、感知关系压力（$M_{私发}$ = 4.095，$M_{群发}$ = 3.820，P = 0.333，[-0.155，0.704]）与群发组均无显著差异。但私发组、群发组的点击意愿（$M_{私发}$ = 5.059，$M_{圈发}$ = 4.175，P < 0.001，[0.442，1.326]；$M_{群发}$ = 4.652，$M_{圈发}$ = 4.175，P = 0.032，[0.031，0.923]）、感知被需要（$M_{私发}$ = 5.292，$M_{圈发}$ = 4.591，P < 0.001，[0.309，1.093]；$M_{群发}$ = 5.071，$M_{圈发}$ = 4.591，P = 0.031，[0.029，0.822]）、感知关系压力（$M_{私发}$ = 4.095，$M_{圈发}$ = 3.282，P < 0.001，[0.364，1.261]；$M_{群发}$ = 3.820，$M_{圈发}$ = 3.282；P = 0.014；[0.084，0.991]）均显著高于圈发组。对于依存自我建构的被试，私发组的点击意愿（$M_{私发}$ = 5.310，$M_{群发}$ = 4.706，P = 0.004，[0.158，1.049]；$M_{私发}$ = 5.310，$M_{圈发}$ = 4.323，P < 0.001，[0.527，1.447]）、感知被需要（$M_{私发}$ = 5.213，$M_{群发}$ = 4.713，P = 0.008，[0.104，0.895]；$M_{私发}$ = 5.213，$M_{圈发}$ = 4.459，P < 0.001，[0.345，1.162]）、感知关系压力（$M_{私发}$ = 4.531，$M_{群发}$ = 3.872，P = 0.002，[0.207，1.111]；$M_{私发}$ = 4.531，$M_{圈发}$ = 3.483，P < 0.001，[0.582，1.515]）显著高于群发组和圈发组，但群发组与圈发组的点击意愿（$M_{群发}$ = 4.706，$M_{圈发}$ = 4.323，P = 0.144；[-0.085，0.852]）、感知被需要（$M_{群发}$ = 4.713，$M_{圈发}$ = 4.459、P = 0.373、[-0.162，0.670]）、感知关系压力（$M_{群发}$ = 3.872、$M_{圈发}$ = 3.483、P = 0.144、[-0.087，0.864]）均无显著差异。由此可得，假设 H6、H7、H8 得到验证。

为进一步检验有调节的中介效应，本书采用徐虹（2022）等研究中的 Bootstrap 分析，以点击意愿为因变量，公益项目链接的转发方式为自变量（虚拟化），自我建构为调节变量，将感知被需要和感知关系压力为中介变量，结果如表 6.16 所示。以圈发组为参照，对于独立自我的用户而言，感知被需要在私发（LLCI = 0.157，ULCI = 0.449，不包含 0，$\beta$ = 0.296）、群发（LLCI = 0.046，ULCI = 0.325，不包含 0，$\beta$ = 0.180）与自我建构交互影响点击意愿中的中介效应显著，感知关系压力在私发（LLCI = 0.164，ULCI = 0.467，不包含 0，$\beta$ = 0.309）、群发（LLCI = 0.065，ULCI = 0.357，不包含 0，$\beta$ = 0.205）与自我建构交互影响点击意愿中的中介效应亦显著。对于依存自我的用户而言，感知被需要在私发（LLCI = 0.162，ULCI = 0.485，不包含 0，$\beta$ = 0.319）、群发（LLCI = -0.047，ULCI = 0.272，包含 0，$\beta$ = 0.107）与自我建构交互影响点击意愿中的中介效应显著。感知关系压力在私发（LLCI = 0.241，ULCI = 0.575，不包含 0，$\beta$ = 0.399）、

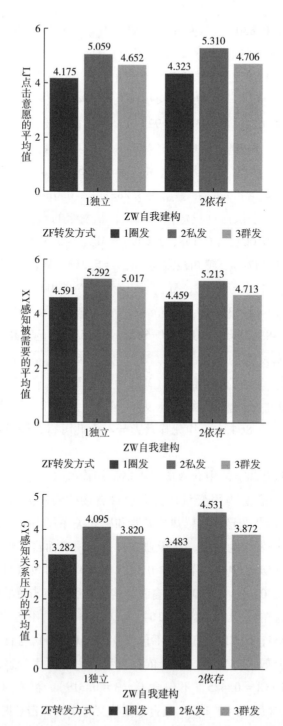

**图6.8 转发方式与自我建构对用户点击意愿、感知被需要、感知关系压力的影响**

群发（LLCI=0.000，ULCI=0.311，不包含0，β=0.148）与自我建构交互影响点击意愿中的中介效应也显著。由此可知，对于独立自我建构和依存自我建构的用户，感知被需要和感知关系压力的中介效应都显著，即有调节的中介效应成立。

表6.16　感知被需要与感知关系压力在调节变量下的中介效应

| 自变量 | 调节变量 | Effect | Bootse | BootLLCI | BootULCI |
|---|---|---|---|---|---|
| 以圈发组为参照，中介变量为感知被需要 | | | | | |
| 私发 | 独立自我 | 0.296[a] | 0.074 | 0.157 | 0.449 |
| 私发 | 依存自我 | 0.319[a] | 0.820 | 0.162 | 0.485 |
| 群发 | 独立自我 | 0.180[a] | 0.070 | 0.046 | 0.325 |
| 群发 | 依存自我 | 0.107 | 0.081 | −0.047 | 0.272 |
| 以圈发组为参照，中介变量为感知关系压力 | | | | | |
| 私发 | 独立自我 | 0.309[a] | 0.077 | 0.164 | 0.467 |
| 私发 | 依存自我 | 0.399[a] | 0.085 | 0.241 | 0.575 |
| 群发 | 独立自我 | 0.205[a] | 0.074 | 0.065 | 0.357 |
| 群发 | 依存自我 | 0.148[a] | 0.079 | 0.000 | 0.311 |

注：a表示中介效应显著。

通过启动操纵法，实验3检验了自我建构的调节作用，证实了假设H6~H8。结果证明，自我建构在公益项目链接转发方式影响用户连接行为、感知被需要和感知关系压力中起到调节作用，即自我建构调节了转发方式对用户点击意愿、感知被需要、感知关系压力的影响。当用户属于独立自我建构时，私发和群发对其点击意愿、感知被需要和感知关系压力的影响无显著差异，但均显著高于圈发方式。当用户属于依存自我建构时，私发对其点击意愿、感知被需要和感知关系压力的影响显著高于群发和圈发，但群发和圈发方式之间无显著差异。

## 第四节　实验结论与讨论

本书通过四个情境模拟实验，探究了转发方式影响用户点击意愿的要素以及内在机制。主要结论有：第一，公益项目链接的转发方式对用户点击意愿的正向影响显著，且不同转发方式对点击意愿的影响存在差异，私发方式的影响最大，然后是群发，最后是圈发。转发渠道对该影响机制无干扰，即通过微信和QQ转发，转发方式都正向影响点击意愿。但在QQ情境下，用户的点击意愿均低于微信情境下的同一方式，表明公益项目链接通过微信转发比QQ更有效，深度访谈分析显示这主要是因为，与QQ相比，微信在日常生活中的使用频率更高、范围更广，在安全性和稳定性方面也更佳（例如，QQ用户表示他们点击链接会担心遭遇盗号或骗子的风险）。第二，感知被需要和感知关系压力在公益项目链接的转发方式影响用户点击意愿的过程中发挥完全中介作用，即转发方式对用户点击意愿的影响是双路径机制。并且，感知被需要发挥的中介作用强于感知关系压力，这也表明关系绑架式的劝募已不再适用。第三，转发方式通过感知被需要、感知关系压力影响点击意愿的中介过程受到自我建构的调节作用，即当用户属于独立自我建构时，私发和群发对用户感知被需要、感知关系压力、点击意愿的影响无显著差异，但均显著高于圈发方式。当用户属于依存自我建构时，私发对用户感知被需要、感知关系压力、点击意愿的影响显著高于群发和圈发，但群发和圈发方式之间无显著差异。

本书基于社会交换理论和社会认同理论拓展了点击意愿和转发行为在慈善公益领域的研究，同时推进了自我建构理论的研究范畴。理论贡献如下：第一，补充了点击意愿在慈善公益领域的研究。现有关于点击意愿的研究主要集中在信息传播和消费者行为等领域，决定着流量和关注度的点击意愿在公益领域鲜有研究。本书回答了社会化媒体中公益点击意愿何以产生，是点击意愿在慈善公益领域研究的补充。第二，丰富了转发行为作为前因变量的研究。在实践中，公益项目的转发方式对用户点击意愿的影响不难被发现，但尚未有研究对转发方式进行细分，并探讨不同转发方式对慈善公益领域用户点击意愿的影响。本书根据访谈分析结果，将公益项目的转发方式按照接收者数量由少到多划分为私发、群发和圈发三种，深入挖掘三种不同方式对用户点击意愿的内在影响机制，这无疑是对转发行为研究成果的进一步丰富。第三，推进了自我建构理论在慈善公益领域的研究。自我建构对个体购买、在线参与、抱怨等行为的影响已被证实，但鲜有研究探讨其对公益参与行为的影响。本书从信息接收者的个体特质层面，引入用户的自我建构分类，分别揭示了独立自我建构、依存自我建构类型的用户分别面对公益项目的不同转发方式时，其点击意愿是否存在显著差异，由此厘清了转发方式影响用户点击意愿的边界条件，推进了自我建构对于公益参与行为影响的研究。

本书的实践启示主要有三点：一是公益项目链接转发者需要合理利用不同的转发方式以提高链接的点击率，从而促进公益连接与引流。依托社交平台转发公益项目链接是一种常见现象，但如何利用不同的转发方式来提高链接的点击率一直未被破解，以至于用户们不愿转发，或随意转发，或直接朋友圈转发，这导致链接常被视而不见。根据本书的研究发现，可建议转发者针对用户的不同自我建构类型和转发情境增强他们的点击意愿。具体来说，针对公益项目链接的私发方式，转发者可强调人际关系或唤醒接收者的依存自我建构倾向。针对群发方式，转发者则可强调公益项目本身的需要或唤醒接收者的独立自我建构倾向。二是转发者可通过转发方式诱发用户的感知被需要或感知关系压力来提升用户点击链接的意愿。由于私发比圈发方式更能激发个体对被需要和关系压力的感知，从而导致更高的点击愿意，因此，公益项目发起人可多鼓励亲朋好友采用私发方式转发项目链接。三是公众应正确认识、理性看待公益项目链接及其转发方式，不同的转发方式暗含着不同的项目线索和转发者诉求，影响着亲朋间的互动和关系维系，对此，用户须根据实际情境和自身偏好理性对待以不同方式转发的公益项目，在节省时间和精力的同时，也给迫切需要帮助的公益项目一个被了解及扩大圈层的机会。

## 第五节　本章小结

本章基于价值共创理论、社会交换理论和社会认同理论，从跨平台引流出发，构建了公益项目链接的不同转发方式通过感知被需要和感知关系压力影响用户点击意愿的双重中介模型，探讨了用户自我建构类型的调节作用，并通过四个情境实验对研究模型及假设进行检验。实验1通过单因素三个水平（公益项目的转发方式：私发、群发、圈发）的现场实验发现，相较于圈发方式，群发和私发更能激发用户点击链接的意愿。相较于群发，用户更愿意点击私发的公益项目链接。感知被需要和感知关系压力在转发方式影响用户点击意愿的过程中起着完全中介作用，即公益项目链接转发方式对用户点击意愿的正向影响是通过增强用户感知被需要和感知关系压力得以实现。实验 2 包括两个子实验，实验 2a 将公益项目链接转发的渠道从微信平台更换为 QQ，通过现场实验证实了假设 H1～H5，排除了转发渠道的干扰。实验 2b 通过更换实验 1 的刺激材料（公益项目从个人求助类变为群体救灾类）和实验方式（现场实验改为在线实验），增加潜在替换解释变量（感知价值、感知信任、主观规范和共情）的中介效应检验，再次检验了研究模型及假设，证实了研究结果的稳健性。实验 3 通过在线实验证实了假设 H6～H8，即链接接收者的自我建构调节了公益项目链接转发方式对用户点击意愿、感知被需要和感知关系压力的正向影响。研究结论对网络公益平台用户转化自身可操作性关系资源价值以帮助公益项目传播扩散、公益平台吸引社交平台用户流提供了经验证据。

# 第七章　总结、对策建议、展望

## 第一节　总结

　　本书从价值共创的过程视角，以用户连接行为路径及内在机制为主线，基于价值共创、SOR、社会交换、社会认同、情绪感染等理论，采用扎根理论、结构方程模型、人工神经网络、机器学习、模糊集定性比较分析法、实验法等定性与定量的研究方法，剖析了网络公益平台用户连接行为的路径过程和内在机制。针对吸引阶段，基于纵向追踪的问卷调查数据，运用结构方程模型探究了用户连接行为的驱动机制，并运用人工神经网络验证了研究结果的稳健性。在转化阶段，以爬取的网络公益平台用户在线评论数据为基础，通过 LDA 主题模型挖掘了影响用户转发选择的关键因素，并基于问卷调查数据，运用 fsQCA 方法识别了用户在连接价值转化阶段产生转发/不转发意愿的条件组态。针对分享阶段，运用四个情境实验探究了网络公益平台用户如何转发公益项目链接以帮助项目传播。基于三个阶段的研究结论，从公益价值共创视角构建促进网络公益平台用户连接行为的对策建议体系。本书尝试揭开用户连接行为路径的演进过程，提出促进该行为产生的建议，主要的研究成果及结论如下：

　　（1）阐释了网络公益平台用户连接行为的路径演进过程及影响因素。从用户参与公益价值共创的过程视角，运用基于深度访谈资料的扎根理论分析方法对网络公益平台用户连接行为进行剖析和解读，得到本书的理论逻辑框架。研究对象限定为网络公益平台的资源供应方，包括通过网络公益平台贡献和有可能贡献时间、金钱、精力、人际关系的任何个体。基于关系、交互、过程和方式的整合视角，提出网络公益平台用户连接行为指的是公益资源的供应方访问、登录、关注、浏览或点击各慈善基金会、非营利组织、企业通过互联网设立的 PC 端网站、移动客户端 APP、小程序、链接等，以及其中包含的一系列心理决策活动。网络公益平台用户连接行为的路径被划分为平台主导和用户主导两个环节，其中平台主导环节包括吸引注意和引起兴趣两个子阶段，合并为吸引阶段，由驱动机制发挥作用。用户主导环节包括价值转化和传播分享两个阶段，分别简称为转化阶段和分享阶段。影响网络公益平台用户连接行为形成的关键因素包括主观（即个体特征、公益素养、感知价值、感知认同、情绪情感）和客观（即平台因素、项目因素、社会影响和情境因素等）两个方面。

（2）验证了吸引阶段网络公益平台用户连接行为的驱动机制。在网络公益价值共创的情境下，基于 SOR 模型，引入社会认同理论和情绪感染理论，结合第三章扎根分析结果，构建了吸引阶段用户连接行为的理论模型。实证分析发现，吸引阶段的两个子阶段存在着先后逻辑关系，吸引注意阶段是引起兴趣阶段产生的前提，且两个子阶段的驱动机制存在差异。在吸引注意阶段，感知价值和情绪唤醒在社会影响作用于用户—平台连接行为的过程中发挥着双重中介作用，且感知价值的影响作用大于情绪唤醒。在引起兴趣阶段，项目认同和共情唤起在公益项目的信息呈现作用于用户—项目连接行为的过程中发挥双重中介作用，且共情唤起的作用大于项目认同。社会影响的三个因素：公益氛围、口碑推荐和信息触达均显著影响感知价值，在影响强弱程度上，信息触达较强，口碑推荐次之，公益氛围相对较弱。信息触达显著正向影响情绪唤醒，但公益氛围和口碑推荐对情绪唤醒的影响不显著。信息呈现的三个因素——视觉吸引力、目标可实现和受益人线索均正向影响用户对公益项目的认同，在影响程度方面，受益人线索较大，目标可实现次之，视觉吸引力相对较小。视觉吸引力、受益人线索正向影响共情唤起，且受益人线索的影响强度大于视觉吸引力，但目标可实现对共情唤起的影响不显著。

（3）识别了转化阶段网络公益平台用户转发链接的影响因素及条件组态。促使网络公益平台用户产生转发公益项目的意愿能转化连接关系价值，是公益项目传播和用户连接行为扩散的前提。本书基于复杂性理论，结合机器学习、NCA、fsQCA 等方法，探究了网络公益平台用户转发意愿产生的影响因素及条件组态。基于 2511 条网络公益平台用户在线评论数据的 LDA 主题挖掘发现，网络公益平台用户的转发选择受到利他主义、感知有用性、商业元素、可信度、影响力和社交需要的影响。NCA 分析发现，单个影响要素并非致使用户转发链接的必要条件，但提高公益项目的可信度对促进用户转发意愿的产生发挥了更普适的作用。fsQCA 分析识别出促进网络公益平台用户转发选择有利他型、利己型、双生型三种条件组态，致使用户选择不转发的两条子路径都包含了非高利他主义、非高感知有用性和非高影响力。

（4）剖析了分享阶段公益项目的转发方式对社交平台用户点击意愿的影响机制。提高社交平台用户点击意愿是网络公益平台跨平台引流的重要渠道，关系着公益项目的传播扩散和连接关系价值的转化成效。基于价值共创、社会认同和社会交换理论，本书构建了公益项目链接的转发方式（私发、群发、圈发）对用户点击意愿的双路径影响模型，采用四个情境模拟实验揭示公益项目的转发方式对社交平台用户点击意愿的影响机制。实验结果表明，公益项目链接的转发方式对用户点击意愿的正向影响显著，且不同转发方式对点击意愿的影响存在差异，私发的影响最大，然后是群发，最后是圈发。感知被需要和感知关系压力在转发方式影响用户点击公益项目链接意愿的过程中发挥双重中介作用，且受到自我建构的调节作用，感知被需要的中介作用强于感知关系压力。此外，项目转发方式对用户点击意愿的影响机制不受转发渠道、项目类型和实验方式的干扰。

（5）构建了促进网络公益平台用户连接行为产生的对策建议体系。本书从连接行为的主体（网络公益平台）和客体（用户）两个层面，针对网络公益平台构建了促进用户连接行为形成的策略体系。在平台自身层面，建议网络公益平台从健全规范的运作机制、先进技术的采用、项目信息呈现的规范、公益价值共创理念的推广、商业元素的削减等方面改进。在用户层面，建议网络公益平台从用户的身份及角色转变、良好公益氛围的培育、对待口碑推荐的态度、积极情绪的唤醒、感知被需要和感知关系压力的激发等方面强化。

# 第二节　对策建议

基于网络公益平台用户连接行为在吸引阶段、转化阶段、分享阶段的研究结论，本书从连接行为的主体（网络公益平台）和客体（用户）两个层面，针对促进用户连接行为的主体——网络公益平台提出对策建议（见图7.1），为网络公益平台及项目吸纳用户流量、公益价值的共创聚集人气，为网络慈善公益多维立体生态的营造、互动互助互赢互益长效连接机制与共同富裕举措的推进提供指导意见。

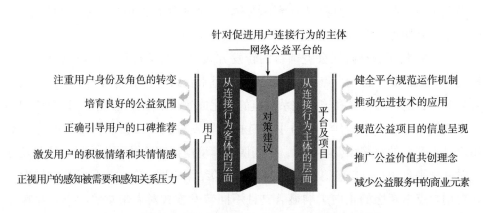

**图7.1 促进网络公益平台用户连接行为的对策建议框架**

（1）注重用户身份及角色的转变。在"互联网+"背景下，慈善公益由具象化传统模式转变为通过网络化、趣味化、场景化、社交化等途径集聚普通公众力量的公益价值共创模式。对此，网络公益平台用户的身份发生了变化，不再是单一的公益资源供应者，而是具有多重角色的价值提供者、价值接受者、价值主导者和价值创造者，是慈善公益事业的核心主体。针对用户身份和角色的转变，各公益平台及组织需把握两点。一是要正视用户身份及角色的转变。网络公益平台用户连接行为的形成过程必然伴随着用户身份和角色的转变，在吸引注意阶段，潜在用户转变为新用户；在引起兴趣阶段，新用户转变为一般用户；在价值转化阶段，一般用户转变为活跃用户；在传播分享阶段，活跃用户转变为忠实用户。二是平台及相关组织要加强对用户身份及角色转变的识别及管理，合理引导用户身份及角色的转变，以促进连接行为的产生、公益价值的共创。

（2）培育良好的公益氛围。第四章证实了公益氛围对于用户—平台连接行为促进作用，为培育全民参与的公益氛围，需从三个方面努力。一是丰富公益宣传的形式。公益平台可通过官方网站、微博或公众号等常规途径定期普及公益慈善知识，让公众在知识获取中逐渐改变意识。公益组织还可通过树立榜样、开展贴合实际的主题活动和公益讲座、开发公益类短视频和电视节目等让人们在活动参与中提升公益意识。二是分群体开展针对性宣传。公益平台应针对用户特征对信息受众进行划分，针对不同类型的受众进行精准信息推送，同时要增加信息的趣味性、创意性和生活气息，由此激发人们对公益的兴趣、价值感知和认同感知。三是重视学校的公益教育。公益平台及组织应将公益活动送进学校，尽可能多地开展丰富多彩的校园公益参与活动，引导、帮助大学生接触、连接到公益组织。可通过基于公益项目的暑期社会实践让大学生切身感受到公益参与的价值和力量，鼓励大学生开展公益类型的创业项目，将公益理念贯彻到学生的多个方面，让大学生成为公益事业发展的后备力量。

（3）正确引导用户的口碑推荐。第四章证实了口碑推荐对用户—平台连接行为的正向促进作用，但人们对口碑推荐视而不见的现象非常普遍，这不利于网络公益平台吸纳用户流量，因此，正确引导用户的口碑推荐对于触发用户—平台连接行为极为关键。首先，平台应适当鼓励口碑推荐行为，以优质的服务、项目和体验让用户心甘情愿地进行真实的口碑推荐，杜绝为谋求物质奖励的利己型口碑推荐。其次，平台应合理规范口碑推荐的内容，引导和鼓励用户根据自身真实体验进行口碑推荐，反对、打击夸大其词、虚假的推荐方式。最后，平台应引导人们正确看待、对待口碑推荐，让人们相信口碑推荐的可信性和有用性，建议用户根据推荐者的品行、与自身的关系、推荐的内容等来判断口碑推荐的可信度。

（4）激发用户的积极情绪和共情情感。第四章证实了用户的积极情绪在社会影响因素作用于用户—平台连接行为、共情情感在信息呈现因素作用于用户—项目连接行为中的中介作用，因此，激发用户的积极情绪和共情情感是促进用户连接行为产生的重要途径，本书对此提出三点建议：一是平台应鼓励项目呈现积极正面的图片和语言，为公益项目营造积极向上的氛围，促进用户积极情绪的唤醒。二是平台应减少具有消极面部特征的图片、负面语言、极端言论的出现，以减少对用户消极情绪的刺激。三是公益项目在信息呈现方面应注重情感元素的注入，以唤起用户的情绪共情和认知共情，避免生硬说教，以情带动其点击、关注、访问公益项目。

（5）正视用户的感知被需要和感知关系压力。第六章证实了用户的感知被需要和感知关系压力在激发用户—用户连接行为中的重要作用。对此建议如下：一是合理看待用户在传播分享阶段的感知被需要，正视其客观存在，并合理引导和正确运用，以促进用户公益行为的产生。二是平台和项目发起人可适当利用用户的感知关系压力以帮助用户连接关系价值的转化，通过公益项目的不同转发方式激发对方不同程度的感知关系压力，让社交平台用户在不反感的情况下连接公益项目。

（6）健全平台规范运作机制。健全平台规范运作机制不但可以确保平台合法、合规运作，还能促进平台健康长远发展。一是平台要完善信息公开机制，明确信息公开的方式、内容、审核标准以及信息的使用说明，避免不实、虚假信息的出现以及信息的挪用、盗用。二是平台要规范对项目及受益人的审查机制，对项目的发起人、申请人及受益人的资格进行严格认定，准确核实受益人的家庭经济、医疗保障和受困受灾等情况，避免信息的瞒报。三是平台要建立善款使用的全过程监督机制，对项目的善款使用情况实施全过程监管，做到每一笔钱可查、透明、公开。实施善款分批提取制度，上一笔善款使用审查通过，且提供了合理的资金使用计划后，才能提取下一笔善款；与社交媒体、银行、审查机构等合作，让善款使用的全过程监督无死角。四是平台要优化自身的内部管理制度，合理安排组织中的职位，避免人员冗余，提高员工的工作效率以降低运营成本，员工考核指标要合理，避免单一的营业指标考核。

（7）推动先进技术的应用。先进技术对慈善公益事业的积极作用毋庸置疑，作为慈善公益项目的发布者、运营者和管理者，网络公益平台要率先应用先进技术，由此推动整个慈善公益行业的革新和发展。首先，在信息核实方面应用先进技术，以提高核实的准确性和效率，降低虚假项目的发布及核实成本。其次，在保证传统的短信推送、广告植入、站内弹窗、Push 推送等信息触达方式正常运作的同时，运用 ChatGPT 等人工智能技术在人机交互过程中触达用户、传送信息。再次，在项目传播方面引用先进技术，以打通网络公益平台与社交平台之间的壁垒，实现互联互通。最后，在公开哪些信息、如何公开信息、通过哪些渠道公开信息、如何保证信息的透明等信息公开方面运用大数据、云计算、人工智能等新技术，以增强用户的信任、促进公益连接。

（8）规范公益项目的信息呈现。公益项目的信息呈现方式和内容均会影响用户连接该项目的意愿，过于庞杂的信息呈现方式使得平台页面过于混乱而不利于用户的浏览体验，不真实的信息呈现内容会降低用户对平台及项目的信任，二者均不利用户连接行为的产生。对此，本书提出两点建议：一是规范公益项目信息呈现的方式。平台可针对自身的使命、特色和发展情况，对公益项目信息呈现的方式进行规范。例如，如统一所有项目的呈现方式（包括视频、文字、视频+文字、图片、文字+图片等），且明确限定对视频的时长、文字的字数、图片的数量等。二是规范公益项目信息呈现的内容。针对项目信息呈现的内容，最重要的是真实性。平台应严格审核项目呈现的各类信息，对于虚假信息不予发布。此外，应减少消极信息的发布，鼓励据实、按需发布项目的核心信息，杜绝发布不实、夸大的信息，以此提升用户对平台及公益事业的信任。

（9）推广公益价值共创理念。价值共创理念与慈善公益"积少成多，共同富裕"的理念在本质上是一致的，用价值共创理念指导平台及公益项目的运作是平台、项目吸纳用户连接的有效手段，平台可通过以下几个途径推行公益价值共创理念。首先，网络公益平台应与社交网络平台、社会化媒体、网络购物平台、在线支付平台等实现互连互通，优化各平台连接的界面设计和交互功能，简化平台间转跳、互通的流程，以方便其他平台用户转接到网络公益平台，促进平台间的用户引流。其次，网络公益平台的日常运作中要体现公益价值共创的理念。具体而言，在项目发布和扩散环节，平台要打破各自为政的局面，推行同一公益项目能由多家平台共同发布、扩散的整合运营方式；在项目的运营和管理方面，鼓励多方平台之间的互助互益互赢，以促进项目所需资源的快速聚集，以及平台之间的价值共创。再次，平台应积极与政府、非营利组织以及社会各界爱心人士合作，让更多主体参与到公益事业，以实现资源整合。最后，平台应加强公益价值共创文化的建设，在潜移默化中影响人们的公益行为，由此促进良好的公益价值共创氛围的形成。

（10）减少公益服务中的商业元素。公益服务中的商业元素不利于公益资源的积累和用户的引流，因此，平台应专心发展公益事业，减少公益服务中的商业元素，具体建议有三点。一是降低公益服务的手续费标准，以提高公益服务的非营利性。二是削减营利性的非公益类业务。各网络公益平台应专心于公益事业的发展，紧紧围绕公益服务开展业务，避免开展保险、直播带货、商业广告等营利性业务。以提高公众对公益事业的信任度。三是避免不必要的有偿商业活动，特别是有偿邀请明星、达人等为公益事业代言、宣传。有偿代言和宣传虽然可以为公益事业引流、吸纳资源，但会让人们认为公益服务偏向商业，导致支持热情降低。因此，公益组织和平台应尽量争取无偿代言和宣传。

# 第三节　展望

通过扎根理论、SEM、人工神经网络、机器学习、fsQCA、情境实验等研究方法，本书基本达到预期研究目标，具有一定的理论创新，得到的研究结论和对策建议对实践具有指导意义，但仍存在一定的局限性，可供未来继续探索。

（1）平台类型及用户偏好需考虑。虽然，第三章给出了网络公益平台的定义，但未指明具体的网络公益平台。然而，网络公益平台具有异质性，例如，阿里巴巴公益依托淘宝店铺、支付宝公益添加了游戏元素、轻松筹和水滴筹注重个人求助等。平台的异质性可能对其用户连接行为的驱动机制产生影响，未来研究可聚焦于某一特定的网络公益平台深入地探索用户连接行为的驱动机制，或聚焦于某几个特定平台进一步探究平台特征对用户连接行为驱动机制的影响。另外，第六章分别从微信和 QQ 证实了公益项目转发方式通过感知被需要和感知关系压力影响社交平台用户点击意愿的内在作用机制，得到了重要的实践启示，但针对不同的社交平台，人们可能存在偏好，这种偏好是否会干扰用户连接行为的分享效果呢？未来可对此进行探讨。

（2）吸引阶段的影响因素和中介变量可延伸。有研究指出，消极情绪对个体助人行为、利他行为有促进作用，但本书考虑到消极情绪对个体行为还具有负向影响，而未考虑消极情绪对用户—平台连接行为的影响，仅探究了积极情绪唤醒对用户连接行为的影响。未来可以从积极和消极情绪两个方面同时开展探索。此外，共情、信息呈现等因素可能会对用户连接行为有反向作用，未来也可对此展开深入探讨。虽然本书探讨了社会影响、信息呈现等客观因素对用户的刺激，但未考虑用户自身主观因素对其行为的影响，未来可从个体特质层面（例如，接受他人帮助的经历、感知社会温暖等）展开对用户连接行为的研究。

（3）转化阶段的主题挖掘可分析其演化规律。动态主题分析可探索主题的演化规律，即上一个时间段内讨论的主题在下一个时间段是消亡还是演化为其他讨论主题，可提高主题关联准确度，揭示个体在不同时间段或阶段内关注点之间的关联关系，有助于追踪个体行为过程中的关注点转移情况，能得到静态主题分析无法获得的研究结论。本书第五章在探讨转化阶段用户转发选择的影响要素时，未考虑时间因素对主题的影响，可能会遗漏用户连接行为在转化过程中的动态演化规律，未来研究可探索随时间的推移的平台用户评论主题。

（4）分享阶段可探索其他变量的调节作用。第六章在探索分享阶段公益项目的转发方式对社交平台用户点击意愿的影响机制时，验证了自我建构中的调节效应，但未来可以进一步探索其他变量的调节作用。例如，感知社会距离。如果个体感知与链接转发者之间的社会距离较远，将会多考虑整体价值，更关注与内心感受和结果关联的主观信息。在这种情境下，即使公益项目链接以私发方式转发，对方也可能更多地从自身视角考虑而选择不点击。

# 参考文献

［1］Aaker J L, Lee A Y. "I" seek pleasures and "we" avoid pains: The role of self-regulatory goals in information processing and persuasion ［J］. Journal of Consumer Research, 2001, 28 (1): 33-49.

［2］Adelaar T, Chang S, Lancendorfer K M, et al. Effects of media formats on emotions and impulse buying intent ［J］. Journal of Information Technology, 2003, 18 (4): 247-266.

［3］Ahn T, Ryu S, Han I. The impact of the online and offline features on the user acceptance of Internet shopping malls ［J］. Electronic Commerce Research and Applications, 2004, 3 (4): 405-420.

［4］Alajoutsijärvi K, Möller K, Tähtinen J. Beautiful exit: How to leave your business partner ［J］. European Journal of Marketing, 2000, 34 (11/12): 1270-1290.

［5］Anand K, Grisaffe D B. Effects of extrinsic attributes on perceived quality, customer value and behavioral intentions in B2B settings: A comparison across goods and service industries ［J］. Journal of Business-to-Business Marketing, 2004, 11 (4): 43-74.

［6］Anderson S P, Ciliberto F, Liaukonyte J. Information content of advertising: Empirical evidence from the OTC analgesic industry ［J］. International Journal of Industrial Organization, 2013, 31 (5): 355-367.

［7］Andersson P, Rosenqvist C, Ashrafi O. Mobile innovations in healthcare: Customer involvement and the co-creation of value ［J］. International Journal of Mobile Communications, 2007 (4): 371-388.

［8］Antonaras A, Lacovidou M, Memtsa C. Measuring social return on investment using the EBEN GR business ethics excellence model [J]. Current Issues of Business and Law Issn, 2011, 6 (1): 69-89.

[9] Ashforth B E, Mael F. Social identity theory and the organization [J]. Academy of Management Review, 1989, 14 (1): 20-39.

[10] Bagozzi R P, Lee K H. Multiple routes for social influence: The role of compliance, internalization, and social identity [J]. Social Psychology Quarterly, 2002, 3 (65): 226-247.

[11] Barsade S G, Coutifaris C G V, Pillemer J. Emotional contagion in organizational life [J]. Research in Organizational Behavior, 2018 (38): 137-151.

[12] Baumann D J, Cialdini R B, Kendrick D T. Altruism as hedonism: Helping and self-gratification as equivalent responses [J]. Journal of Personality and Social Psychology, 1981, 40 (6): 1039-1046.

[13] Baumeister R F, Tice D M. Point-counterpoints: Anxiety and social exclusion [J]. Journal of Social and Clinical Psychology, 1990, 9 (2): 165.

[14] Baxendale S, Macdonald E K, Wilson H N. The impact of different touchpoints on brand consideration [J]. Journal of Retailing, 2015, 91 (2): 235-253.

[15] Bitner M J. Servicescapes: The impact of physical surroundings on customers and employees [J]. Journal of Marketing, 1992, 56 (2): 57-71.

[16] Blau P. Power and exchange in social life [M]. New York: J Wiley & Sons, 1964: 352.

[17] Blei D M, Ng A Y, Jordan M I. Latent dirichlet allocation [J]. Journal of Machine Learning Research, 2003, 3 (1): 993-1022.

[18] Brielmann A A, Pelli D G. Beauty requires thought [J]. Current Biology, 2017, 27 (11): 1706.

[19] Burns D J, Reid J S, Toncar M, et al. Motivations to volunteer: The role of altruism [J]. International Review on Public and Nonprofit Marketing, 2006, 3 (2): 79-91.

[20] Byrne D S, Callaghan G. Complexity theory and the social sciences: The state of the Art [M]. New York: Routledge, 2014.

[21] Carlo G, Randall B A. The development of a measure of prosaically behaviors for late adolescents [J]. Journal of Youth & Adolescence, 2002, 31 (1):

31-44.

［22］Cennamo C. Building the value of next-generation platforms the paradox of diminishing returns ［J］. Journal of Management, 2016, 14（9）：631-658.

［23］Charlotte S, Bernadine B, Ciara B, et al. Factors influencing the development of empathy and pro-social behaviour among adolescents：A systematic review ［J］. Children and Youth Services Review, 2018（94）：421-436.

［24］Chen C H, Li X Y. Effects of Singles' Day atmosphere stimuli and confucian values on consumer purchase intention ［J］. Asia Pacific Journal of Marketing and Logistics, 2020, 32（7）：1387-1405.

［25］Choy K, Schlagwein D. Crowdsourcing for a better world on the relation between IT affordances and donor motivations in charitable crowdfunding ［J］. Information Technology & People, 2016, 29（1）：221-247.

［26］Cross S E, Bacon P L, Morris M L. The relational-interdependent self-construal and relationships ［J］. Journal of Personality and Social Psychology, 2000, 78（4）：791-808.

［27］Cyr D, Head M, Larios H, et al. Exploring human images in website design：A multi-method approach ［J］. MIS Quarterly, 2009, 33（3）：539-566.

［28］Davis F D. Perceived usefulness, perceived ease of use, and user acceptance of information technology ［J］. MIS Quarterly, 1989, 13（3）：319-340.

［29］De Angelis M, Bonezzi A, Peluso A M, et al. On braggarts and gossips：A self-enhancement account of word-of-mouth generation and transmission ［J］. Journal of Marketing Research, 2012, 49（4）：551-563.

［30］Dijkstra T K, Henseler J. Consistent partial least squares path modeling ［J］. MIS Quarterly, 2015, 39（2）：297-316

［31］Dollinger M, Lodge J, Coates H. Co-creation in higher education：Towards a conceptual model ［J］. Journal of Marketing for Higher Education, 2018, 28（2）：210-231.

［32］Du J G, Fan X C, Feng T J. Multiple emotional contagions in service encounters ［J］. Journal of the Academy of Marketing Science, 2011, 39（3）：449-466.

［33］Dubois D, Bonezzi A, Angelis M D. Sharing with friends versus strangers：

How interpersonal closeness influences word of-mouth valence [J]. Journal of Marketing Research, 2016, 53 (5): 712-727.

[34] Dul J. Identifying single necessary conditions with NCA and fsQCA [J]. Journal of Business Research, 2016, 69 (4): 1516-1523.

[35] Eisenmann T, Parker G, Alstyne M V. Platform envelopment [J]. Strategic Management Journal, 2011, 32 (12): 1270-1285.

[36] Elie R, Chbeir R, Dipanda A. Discovering relationship types between users using profiles and shared photos in a social network [J]. Multimedia Tools and Applications, 2013, 64 (1): 141-170.

[37] Emerson R N. Social exchange theory [J]. Annual review of sociology, 1976, 2 (1): 335-362.

[38] Eroglu S A, Machleit K A, Davis L M. Atmospheric qualities of online retailing: A conceptual model and implications [J]. Journal of Business Research, 2001, 54 (2): 177-184.

[39] Eroglu S A, Machleit K A, Davis L M. Empirical testing of a model of online store atmospherics and shopper responses [J]. Psychology & Marketing, 2003, 20 (2): 139-150.

[40] Faraji-Rad A, Samuelsen B M, Warlop L. On the persuasiveness of similar others: The role of mentalizing and the feeling of certainty [J]. Journal of Consumer Research, 2015, 42 (3): 458-471.

[41] Fiss P C. Building better causal theories: A fuzzy set approach to typologies in organization research [J]. Academy of Management Journal, 2011, 54 (2): 393-420.

[42] Gorbatai A D, Nelson L. Gender and the language of crowdfunding. Academy of Management Proceedings [M]. New York: Academy of Management, 2015.

[43] Gruen T W, Sunnners J O, Acito F. Relationship marketing activities, commitment and membership behaviors in professional associations [J]. Journal of Marketing, 2000 (64): 34-49.

[44] Hair J F, Howard M C, Nitzl C. Assessing measurement model quality in PLS-SEM using confirmatory composite analysis [J]. Journal of Business Research, 2020 (109): 101-110.

［45］Hatfield E, Cacioppo J T, Rapson R L. Emotional contagion ［J］. Current Directions in Psychological Science, 1993, 2 (3): 96-99.

［46］Haug N, Mergel I. Public value co-creation in living labs-results from three case studies ［J］. Administrative Sciences, 2021, 11 (3): 74-96.

［47］Heijden H V D. Factors influencing the usage of websites: The case of a generic portal in the netherlands ［J］. Information and Management, 2003, 40 (6): 541-549.

［48］Heinonen K, Strandvik T, Mickelsson K, et al. A customer-dominant logic of service ［J］. Journal of Service Management, 2010, 21 (4): 531-548.

［49］Heinonen K, Strandvik T. Customer-dominant logic: Foundations and implications ［J］. Journal of Service Management, 2015, 29 (6/7): 472-484.

［50］Hennig-Thurau T, Gwinner K P, Walsh G, et al. Electronic word-of-mouth via consumer-opinion platforms: What motivates consumers to articulate themselves on the internet? ［J］. Journal of Interactive Marketing, 2004, 18 (1): 38-52.

［51］Herzenstein M, Sonenshein S, Dholakia U M. Tell me a good story and I may lend you money: The role of narrativesin peer-to-peer lending decisions ［J］. Journal of Marketing Research, 2011, 48: 138-149.

［52］Hew J, Leong L, Tan G W, et al. The age of mobile social commerce: An artificial neural network analysis on its resistances ［J］. Technological Forecasting & Social Change, 2019 (144): 311-324.

［53］Hoffman M L. How automatic and representational is empathy and why ［J］. Behavioral and Brain Sciences, 2002 (25): 38-39.

［54］Hofmann S, Beverungen D, Rackers M, et al. What makes local governments' online communications successful? Insights from a multi-method analysis of Facebook ［J］. Government Information Quarterly, 2013, 30 (4): 387-396.

［55］Hogg M A. The social psychology of group cohesiveness: From attraction to social identity ［M］. London: Harvester Wheatsheaf, 1992.

［56］Homans G C. Social behavior as exchange ［J］. American Journal of Sociology, 1958, 63 (6): 597-606.

［57］Huang K H, Yu T H K. Entrepreneurship, process innovation and value creation by a non-profit SME [J]. Management Decision, 2011, 49 (2): 284-296.

[58] Huang P F, Dai C W. The impacts of emotional contagion and emotion labor perception on employees' service performance [J]. International Journal of Electronic Business Management, 2010 (8): 68-79.

[59] Jenkins R. Categorization: Identity, Social process and epistemology [J]. Current Sociology, 2000, 48 (48): 7-25.

[60] Jerath K, Ma L, Park Y H. Consumer click behavior at a search engine: The role of keyword popularity [J]. Journal of Marketing Research, 2014, 51 (4): 480-486.

[61] Jiang C H, Zhao W G, Sun X H, et al. The effects of the self and social identity on the intention to microblog: An extension of the theory of planned behavior [J]. Computers in Human Behavior, 2016 (64): 754-759.

[62] Kao T Y, Yang M H, Wu J T B, et al. Co-creating value with consumers through social media [J]. Journal of Services Marketing, 2016, 30 (2): 141-151.

[63] Katoch R, Rana A. Online spiritual meets (OSMs) and user behaviour-a divine application of technology during COVID-19 [J]. Computers in Human Behaviour, 2023 (139): 107-514.

[64] Kelman H C. Compliance, identification and internalization three processes of attitude change [J]. Journal of Conflict Resolution, 1958, 2 (1): 51-60.

[65] Kim E, Sung Y, Kang H. Brand followers' retweeting behavior on Twitter: How brand relationships influence brand electronic word-of-mouth [J]. Computers in Human Behavior, 2014 (37): 18-25.

[66] Kim H J. Motivations for hyperlinking in scholarly electronic articles: A qualitative study [J]. Journal of the American Society for Information Science, 2000, 51 (10): 887-899.

[67] Kim H W, Chan H C, Gupta S. Value-based adoption of mobile Internet: An empirical investigation [J]. Decision Support Systems, 2007, 43 (1): 111-126.

[68] Kim J H, Lennon S J. Information available on a web site: Effect on consumers' shopping outcomes [J]. Journal of Fashion Marketing and Management, 2010, 14 (2): 247-262.

[69] Kim M, Song D, Jang A. Consumer response toward native advertising on

social media: The roles of source type and content type [J]. Internet Research, 2021, 31 (5): 1656-1676.

[70] Klafke R, Barrios A, Didonet S R. Service encounter value co-creation in fundraising activities at the NPO sector [J]. Journal of Services Marketing, 2023, 37 (7): 851-861.

[71] Kobayashi Y. A study of engagement in Japan [J]. Aoyama Journal of Business, 2009, 43 (4): 39-60.

[72] Koh J, Kim Y G, Kim Y G. Sense of virtual community: A conceptual framework and empirical validation [J]. International Journal of Electronic Commerce, 2003, 8 (2): 75-94.

[73] Korfiatis N, Stamolampros P, Kourouthanassis P, et al. Measuring service quality from unstructured data: A topic modeling application on airline passengers' online reviews [J]. Expert Systems with Applications, 2019 (116): 472-486.

[74] Lam S K, Ahearne M, Schillewaert N. A multinational examination of the symbolic-instrumental framework of consumer-brand identification [J]. Journal of International Business Studies, 2012, 43 (3): 306-331.

[75] Lee C S, Ma L. News sharing in social media: The effect of gratifications and prior experience [J]. Computers in Human Behavior, 2012, 28 (2): 331-339.

[76] Lee Y, Kim H Y. Consumer need for mobile app atmospherics and its relationships to shopper responses [J]. Journal of Retailing and Consumer Services, 2019 (51): 437-442.

[77] Leong L Y, Hew T S, Lee V H, et al. An SEM-artificial-neural-network analysis of the relationships between SERVPERF, customer satisfaction and loyalty among low-cost and full-service airline [J]. Expert Systems with Applications, 2015 (42): 6620-6634.

[78] Liang H, Xue Y. Understanding security behaviors in personal computer usage: A threat avoidance perspective [J]. Journal of the Association for Information Systems, 2010, 11 (7): 394-413.

[79] Limayem M, Hirt S G, Cheung C M K. How habit limits the predictive power of intention: The case of information systems continuance [J]. MIS Quarterly, 2007, 31 (4): 705-737.

[80] Lindgaard G, Fernandes G, Dudek C, et al. Attention Web designers: You have 50 milliseconds to make a good first impression! [J]. Behaviour & Information Technology, 2006, 25 (2): 115-126.

[81] Liu Y, Li Q, Yin M. The influence of internet shopping festival atmosphere on consumer impulse buying [J]. Commercial Research, 2018 (7): 18-23.

[82] London B, Downey G, Mace S. Psychological theories of educational engagement: A multi-method approach to studying individual engagement and institutional change [J]. Vanderbilt Law Review, 2007, 60 (2): 455-481.

[83] Lundqvist O. A swedish adaptation of the emotional contagion scale factor and psychometric properties [J]. Scandinavian Journal of Psychology, 2006, 47 (4): 263-272.

[84] Lyles C R, López A, Pasick R, et al. "5 mins of uncomfyness is better than dealing with cancer 4 a lifetime": An exploratory qualitative analysis for cervical and breast cancer screening dialogue on Twitter [J]. Journal of Cancer Education, 2013, 28 (1): 127-133.

[85] Ma Z F, Yang Z Y, Mourali M. Consumer adoption of new products: Independent versus interdependent self-perspectives [J]. Journal of Marketing, 2014, 78 (2): 101-117.

[86] Marais K. Translation theory and development studies: A complexity theory approach [M]. New York and London: Routledge, 2014.

[87] Maraqa M, Rashed A. Users' attitudes towards website characteristics [J]. International Journal of Scientific & Engineering Research, 2018, 9 (7): 407-412.

[88] Markus H R, Kitayama S. Culture and the self: Implications for cognition, emotion, and motivation [J]. Psychological Review, 1991, 98 (2): 224-253.

[89] Martensen A, Mouritsen J. Using the power of word-of-mouth to leverage the effect of marketing activities on consumer responses [J]. Total Quality Management and Business Excellence, 2016 (27): 1-17.

[90] McGrath R G. A real options logic for initiating technology positioning investments [J]. Academy of Management Review, 1997, 22 (4): 974-996.

[91] Meer J. Effects of the price of charitable giving: Evidence from an online crowdfunding platform [J]. Journal of Economic Behavior & Organization, 2014,

103（C）：113-124.

[92] Mehrabian A, Russell J A. An approach to environmental psychology [M]. Cambridge：MIT press, 1974.

[93] Mitchell M. Complexity：A guided tour [M]. New York：Oxford University Press, 2009.

[94] Moshtari M, Gonçalves P. Factors influencing interorganizational collaboration within a disaster relief context [J]. Voluntas, 2017, 28（4）：1673-1697.

[95] Myléne Hardy, 杨震宁, 王以华. 复杂性理论的启示：管理学研究需要多元化方法 [J]. 科学学与科学技术管理, 2008（4）：16-17.

[96] Neghina C, Bloemer M J H. van Birgelen M J H, et al. What motivates consumers to cocreate? Comparing professional and generic services [Z]. 2014.

[97] Neslin S A, Grewal D, Leghorn R, et al. Challenges and opportunities in multichannel customer management [J]. Journal of Service Research, 2006, 9（2）：95-112.

[98] Ngah J H, Thurasamy R, Han H S. If you don't care, I will switch：Online retailers' behaviour on third-party logistics services [J]. International Journal of Physical Distribution & Logistics Management, 2023, 53（7/8）：813-837.

[99] Norris G, Brookes A. Personality, emotion and individual differences in response to online fraud [J]. Personality and Individual Differences, 2021（169）：109847.

[100] Otto P E, Bolle F. Multiple facets of altruism and their influence on blood donation [J]. Journal of Socio-Economics, 2011, 40（5）：558-563.

[101] Papacharissi Z. A networked self and platforms, stories, connections [M]. London：Routledge Press, 2018.

[102] Pappas I O, Woodside A G. Fuzzy-set qualitative comparative analysis（fsQCA）：guidelines for research practice in information systems and marketing [J]. International Journal of Information Management, 2021（58）：102310.

[103] Pappasa I Q, Papavlasopoulou S, Mikalefb P, et al. Identifying the combinations of motivations and emotions for creating satisfied users in SNSs：An fsQCA approach [J]. International Journal of Information Management, 2020, 53（8）：102-128.

[104] Payne A F, Storbacka K, Frow P. Managing the co-creation of value

［J］. Journal of the Academy of Marketing Science, 2008, 36 (1): 83-96.

［105］Pfiffelmann J, Pfeuffer A, Dens N, et al. Unique horizontal ellipsis like everyone else: effects and mechanisms of personalization appeals in recruitment advertising ［J］. International Journal of Advertising, 2023: 70-79.

［106］Prahalad C K, Ramaswamy V. Co-opting customer competence ［J］. Harvard Business Review, 2000, 78 (1): 79-90.

［107］Prahalad CK, Ramaswamy V. Co-creation experiences: The next practice in value creation ［J］. Journal of Interactive Marketing, 2004, 18 (3): 5-14.

［108］Ramaswamy V, Ozcan K. Brand value co-creation in a digitalized world: An integrative framework and research implications ［J］. International Journal of Research in Marketing, 2015, 33 (1): 93-106.

［109］Randall A, Kidder A, Chen D R. Meta analysis for benefits transfer-Toward value estimates for some outputs of multifunctional agriculture ［C］. 12 the Congress of the European Association of Agricultural Economists-EAAE, 2008.

［110］Ranjbari M, Morales-Alonso G, Carrasco-Gallego R. Conceptualizing the sharing economy through presenting a comprehensive framework ［J］. Sustainability, 2018, 10 (7): 1-24.

［111］Reimert I, Bolhuis J E, Kemp B, et al. Indicators of positive and negative emotions and emotional contagion in pigs ［J］. Physiology & Behavior, 2013, 1 (1): 42-50.

［112］Rihoux B, Ragin C C. Configurational comparative methods: Qualitative comparative analysis (QCA) and related techniques ［M］. New York: Sage, 2009.

［113］Ross I. Switching processes in customer relationships ［J］. Journal of Service Research, 1999, 2 (1): 68-85.

［114］Rostami R, Chiew T K. Adaptng web content based on user connection speed to ensure response time ［J］. Malaysian Journal of Computer Science, 2013, 26 (4): 266-276.

［115］Russell J A. Core affect and the psychological construction of emotion ［J］. Psychological Review, 2003, 110 (1): 145-172.

［116］Ryan R M, Deci E L. Self-determination theory and the facilitation of intrinsic motivation, social development, and well-being ［J］. American Psychologist,

2000, 55 (1): 68-78.

[117] Salovey P, Mayer J D, Rosenhan D L. Mood and helping: Mood as a motivator of helping and helping as a regulator of mood [J]. Review of Personality and Social Psychology, 1991 (12): 215-237.

[118] Sautter P, Hyman M R, Lukošius T S. E-tail atmospherics: A critique of the literature and model extension [J]. Journal of Electronic Commerce Research, 2004, 5 (1): 14-24.

[119] Sharma P. Positive and negative affect: Impact on empathy and prosocial behaviour among college going adolescents [J]. The International Journal of Indian Psychology, 2015, 2 (3): 12-17.

[120] Sim J J, Tan G W H, Wong J C J, et al. Understanding and predicting the motivators of mobile music acceptance-A multi-stage MRA-artificial neural network approach [J]. Telematics and Informatics, 2014 (31): 569-584.

[121] Singaraju S P, Quan A N, Niininen O, et al. Social media and value co-creation in multi-stakeholder systems: A resource integration approach [J]. Industrial Marketing Management, 2016 (54): 44-55.

[122] Sorensen E, Bryson J, Crosby B. How public leaders can promote public value through co-creation [J]. Policy and Politics, 2021, 49 (2): 267-286.

[123] Spector P E, Fox S. An emotion-centered model of voluntary work behavior: Some parallels between counter-productive behavior and organizational citizenship behavior [J]. Human Resource Management, 2002, 12 (2): 269-292.

[124] Stephen A T, Toubia O. Deriving value from social commerce networks [J]. Journal of Marketing Research, 2010, 47 (2): 215-228.

[125] Steven M M. Simplifying complexity: A review of complexity theory [J]. Geoforum, 2015, 32 (3): 405-414.

[126] Sweeney J C, Soutar G N. Consumer perceived value: The development of a multiple item scale [J]. Journal of Retailing, 2001, 77 (2): 203-220.

[127] Syed R, Rahafrooz M, Keisler J M. What it takes to get retweeted: An analysis of software vulnerability messages [J]. Computers in Human Behavior, 2018, 80 (3): 207-215.

[128] Tajfel H, Turner J C. An Integrative theory of intergroup conflict [M].

Monterey, Canada: Brooks-Cole, 1979.

[129] Tajfel H, Turner J C. The social identity theory of intergroup behavior [M]. Chicago: Nelson Hall, 1986.

[130] Tajfel H. Differentiation between social groups: Studies in the social psychology of intergroup relations [M]. New York: Academic Press, 1978.

[131] Tajfel H. Social psychology of intergroup relations [J]. Annual Review of Psychology, 1982, 33 (1): 1-39.

[132] Tekleab A G, Quigley N R, Tesluk P E. A longitudinal study of team conflict, conflict management, cohesion, and team effectiveness [J]. Group & Organization Management, 2016, 34 (2): 170-205.

[133] Telle N T, Pfister H R. Positive empathy and prosocial behavior: A neglected link [J]. Emotion Review, 2016, 8 (2): 154-163.

[134] Tongleta M, Phillips P S, Bates M P. Determining the drivers for householder pro-environmental behaviour: Waste minimisation compared to recycling [J]. Resources, Conservation and Recycling, 2004, 42 (1): 27-48.

[135] Turley L W, Milliaman R E. Atmospheric effects on shopping behavior: A review of the experimental evidence [J]. Journal of Business Research, 2000, 49 (2): 193-211.

[136] Vargo S L, Lusch R F. From repeat patronage to value co-creation in service ecosystems: A transcending conceptualization of relationship [J]. Journal of Business Market Management, 2010, 4 (4): 169-179.

[137] Voorberg W H, Bekkers V J J M, Tummers L G. A systematic review of co-creation and co-production: Embarking on the social innovation journey [J]. Public Management Review, 2015, 17 (9): 1333-1357.

[138] Wang J, Liu K. Understanding WeChat users' herd behavior in forwarding health information: An empirical study in China [J]. Smart Health, 2019 (7): 177-188.

[139] Wang W, Zhang X, Shao P. Exploring health information sharing behavior of Chinese elderly adults on WeChat [J]. Healthcare, 2020, 8 (3): 207.

[140] Whiting S W, Maynes T D, Podsakoff N P, et al. Effects of message, source, and context one valuations of employee voice behavior [J]. Journal of Applied

Psychology, 2012 (1): 159-182.

［141］Wilkinson D, Harries G, Thelwall M, et al. Motivations for academic Web site interlinking: Evidence for the Web as a novel source of information on informal scholarly communication ［J］. Journal of Information Science, 2003, 29 (1): 59-66.

［142］Wilson J, Son J. The connection between neighboring and volunteering ［J］. City & Community, 2018, 17 (3): 720-736.

［143］Woodside A G. Constructing business-to-business marketing models that overcome the limitations in variable-based and case-based research paradigms ［J］. Journal of Business-to-Business Marketing, 2015, 22 (1/2): 95-110.

［144］Wu C H, Sundiman D, Kao S C, et al. Emotion induction in click intention of picture advertisement: A field examination ［J］. Journal of Internet Commerce, 2018, 17 (4): 356-382.

［145］Wu P L, Yeh S S, Huan T C, et al. Applying complexity theory to deepen service dominant logic: Configural analysis of customer experience-and-outcome assessments of professional services for personal transformations ［J］. Journal of Business Research, 2014, 67 (8): 1647-1670.

［146］Wu W, Tsai C. The empirical study of CRM: Consumer-company identification and purchase intention in the direct selling industry ［J］. International Journal of Commerce and Management, 2008, 17 (3): 194-210.

［147］Yetano A, Royo S. Keeping citizens engaged a comparison between online and offline participants ［J］. Administration & Society, 2017, 49 (3): 394-422.

［148］Yi Y, Gong T. Customer value co-creation behavior: Scale development and validation ［J］. Journal of Business Research, 2013, 66 (9): 1279-1284.

［149］Yin F L, Lv J H, Zhang X J, et al. COVID-19 information propagation dynamics in the Chinese Sina-Microblog ［J］. Mathematical Biosciences Engineering, 2020, 17 (3): 2676-2692.

［150］Youn S, Faber R J. Impulse buying: Its relation to personality traits and cues ［J］. Advances in Consumer Research, 2000, 27 (1): 179-185.

［151］Zha X, Yang H, Yan Y, et al. Exploring the effect of social media information quality, source credibility and reputation on informational fit-to-task: Moderating role of focused immersion［J］. Computers in Human Behavior, 2018, 79（2）：227-237.

［152］Zhao H, Zhang M. The role of Guanxiand positive emotions in predicting users' likelihood to click the like button on WeChat［J］. Frontiers in Psychology, 2020（11）：1736.

［153］Zheng Y, Schachter H L. The impact of administrator willingness on website e-participation: Some evidence from municipalities［J］. Public Performance & Management Review, 2018, 41（4）：1-21.

［154］安希孟. 作人的意义：为人，是人，成为人［J］. 太原师范学院学报（社会科学版），2010, 9（6）：1-4.

［155］曹冉. 媒介依赖视域下社交媒体"点赞行为"研究［J］. 新媒体研究，2018, 4（7）：22-24.

［156］晁亚男，刘庆旭，毕强. 数字图书馆知识链接用户使用意愿影响因素及实证研究［J］. 现代情报，2017, 37（9）：35-43.

［157］陈春峰，张德鹏，张凤华，等. 专业口碑还是群众口碑更好？口碑类型对顾客购买意愿的影响研究［J］. 南开管理评论，2023：40-79.

［158］陈姝，窦永香，张青杰. 基于理性行为理论的微博用户转发行为影响因素研究［J］. 情报杂志，2017, 36（11）：147-152, 160.

［159］陈先红. 论新媒介即关系［J］. 现代传播（中国传媒大学学报），2006（3）：54-56.

［160］陈晓红，周源. 基于扎根理论的开源软件项目成员间知识共享模式质性研究［J］. 管理学报，2022, 19（6）：901-909.

［161］陈一壮.［法］埃德加·莫兰. 复杂性思想导论［M］. 上海：华东师范大学出版社，2008.

［162］程斯璨，苏红，周利平. 社会影响理论视角下电子政务公民采纳意愿研究［J］. 保定学院学报，2020, 33（4）：1-7.

［163］池毛毛，潘美钰，王伟军. 共享住宿与酒店用户评论文本的跨平台比较研究：基于 LDA 的主题社会网络和情感分析［J］. 图书情报工作，2021, 65（2）：107-116.

［164］崔德乾. 用户连接：从"枪流量"到"建关系"［J］. 销售与市场（营销版），2018（11）：56-58.

[165] 崔楠，陈全，徐岚，等．当历史文创产品遇上 AR：增强现实技术产品展示对消费者历史文创产品评价的影响 [J]．南开管理评论，2021，24（6）：50-61．

[166] 邓琪，万华，吴志成．职场负面八卦会影响员工建言吗——人际关系压力及心理弹性的作用 [J]．财会月刊，2019（16）：120-128．

[167] 邓伟伟，林迎星．旅游者视觉感知对目的地选择意向的影响——基于视觉吸引力与审美情绪视角分析 [J]．企业经济，2021（10）：151-160．

[168] 丁绪武，吴忠，夏志杰．社会媒体中情绪因素对用户转发行为影响的实证研究——以新浪微博为例 [J]．现代情报，2014，34（11）：147-155．

[169] 杜建刚，范秀成．服务补救中情绪对补救后顾客满意和行为的影响——基于情绪感染视角的研究 [J]．管理世界，2007，22（8）：85-94．

[170] 杜运周，贾良定．组态视角与定性比较分析（QCA）：管理学研究的一条新道路 [J]．管理世界，2017（6）：155-167．

[171] 段坤，王大海，姚唐，等．自我建构对消费者促销方式偏好的影响 [J]．管理科学，2018，31（6）：128-144．

[172] [英] 菲利普·海恩斯．公共服务管理的复杂性 [M]．孙健译．北京：清华大学出版社，2008．

[173] 樊帅，杜鹏，田志龙，等．"互联网+公益"背景下虚拟共创行为的影响研究 [J]．宏观经济研究，2017（7）：166-183．

[174] 樊亚凤，胡左浩，洪瑞阳．互联网公益平台生态圈的价值创造与治理机制——基于S公益平台的个案研究 [J]．中国行政管理，2022（2）：51-58．

[175] 樊耘，马贵梅，颜静．社会交换关系对建言行为的影响：基于多对象视角的分析 [J]．管理评论，2014，26（12）：68-77．

[176] 方劲皓，钱晓东．改进的 SCIR 模型中社交网络信息传播研究 [J]．计算机工程与应用，2020，56（19）：105-113．

[177] 高静华．利他还是交换：群体视角下慈善动机的影响因素研究 [J]．社会保障评论，2021，5（1）：146-159．

[178] 高庭勇，李崇光．亲疏关系下口碑推荐效力的差异研究 [J]．软科学，2020，34（7）：60-66．

[179] 宫蒲光．社会治理现代化大格局下推进慈善事业高质量发展 [J]．中国行政管理，2021（2）：6-13．

［180］顾远东，彭纪生．组织创新氛围对员工创新行为的影响：创新自我效能感的中介作用［J］．南开管理评论，2010，13（1）：30-41．

［181］洪学婷，张宏梅，张业臣．Airbnb平台的使用意愿与使用行为——对技术接受模型的扩展［J］．地域研究与开发，2021，40（4）：91-95，117．

［182］胡小飞，陈进亮．移动医疗服务用户健康信息披露意愿研究——基于fsQCA和NCA的实证分析［J］．现代情报，2023，43（2）：65-74．

［183］黄京华，金悦，张晶．企业微博如何提升消费者忠诚度——基于社会认同理论的实证研究［J］．南开管理评论，2016，19（4）：159-168．

［184］黄锐，谢朝武，张凌云．旅游者门票感知价格及影响机制研究——基于中国5A景区网络点评大数据的模糊集定性比较分析［J］．南开管理评论，2023，26（2）：210-219，232．

［185］黄微，朱镇远，徐烨．自媒体用户信息共享行为动机分析与实证［J］．图书情报工作，2020，64（4）：61-69．

［186］黄月琴，黄宪成．"转发"行为的扩散与新媒体赋权——基于微博自闭症议题的社会网络分析［J］．新闻集中，2021（5）：36-47．

［187］贾建民，杨扬，钟宇豪．大数据营销的"时空关"［J］．营销科学学报，2021，1（1）：97-113．

［188］简兆权，令狐克睿，李雷．价值共创研究的演进与展望——从"顾客体验"到"服务生态系统"视角［J］．外国经济与管理，2016，38（9）：3-20．

［189］江积海，李琴．平台型商业模式创新中连接属性影响价值共创的内在机理——Airbnb案例研究［J］．管理评论，2016，28（7）：252-260．

［190］江积海，刘芮．互联网产品中用户价值创造的关键源泉：产品还是连接？——微信2011-2018年纵向案例研究［J］．管理评论，2019，31（7）：110-122．

［191］蒋怀滨，郑婉丽，马松，等．大学生网络利他行为与共情、网络社会支持的关系研究［J］．山东师范大学学报（自然科学版），2016，31（3）：132-138．

［192］金玉芳，张倩毓．空间距离对在线评论效果的影响：感知努力的中介作用［J］．南开管理评论，2023：41-77．

［193］敬乂嘉．从购买服务到合作治理——政社合作的形态与发展［J］．中

国行政管理，2014（7）：54-59.

[194] 柯湘．我国互联网公益众筹平台的运作及其风险自控机制探析［J］．海南金融，2016（11）：64-68.

[195] 李彪．社交媒体平台议题的动员策略与表达机制——基于新浪微公益平台众筹项目标题的文本分析［J］．当代传播（汉文版），2017（6）：94-96，112.

[196] 李东进，张成虎，马明龙．脱销情境下消费者会购买相似品吗——自我建构视角的分析［J］．南开管理评论，2016，19（3）：98-109.

[197] 李国武，卜冬青．公益项目网络募捐效果及其影响因素［J］．青年研究，2021（5）：14-23，94.

[198] 李京丽．网络求助文本的话语研究——对"轻松筹"和"微爱通道"的三个案例分析［J］．新闻界，2016（11）：47-53.

[199] 李静，杨晓冬．社交媒体中"医疗众筹"信息分享行为研究：转发还是不转发？［J］．新闻与传播研究，2018，25（2）：64-79.

[200] 李静芝，李永周．组织创新氛围、网络嵌入对员工创新行为的影响［J］．科技进步与对策，2022，39（12）：130-139.

[201] 李倩，王帅．LDA模型下我国公共图书馆微信平台阅读推广内容主题研究［J］．图书情报工作，2022，66（8）：72-83.

[202] 李倩倩，范雅雯．共情对公益广告说服效果的影响研究［J］．管理学报，2018，15（3）：420-441.

[203] 李文辉，李婵，沈悦，等．大学生共情对利他行为的影响：一个有调节的中介模型［J］．心理发展与教育，2015，31（5）：571-577.

[204] 李文文，陈康．危机传播情境下社交媒体用户涉疫信息转发行为形成机理［J］．图书馆论坛，2023，43（6）：103-114.

[205] 李旭，王刊良．社交媒体用户营销信息分享行为——受评忧虑与系统反馈视角［J］．管理科学，2020，33（4）：82-97.

[206] 李震．谁创造了体验——体验创造的三种模式及其运行机制研究［J］．南开管理评论，2019，22（5）：178-191.

[207] 廖建文，施德俊．从"连接"到"联结"：商业关系的重构，竞争优势的重建［J］．清华管理评论．2014（9）：24-36.

[208] 林少龙，纪婉萍．消费者的品牌认同、善因认同与内在道德认同如何

促进善因营销的成功［J］．南开管理评论，2020，23（4）：25-36．

［209］林新奇，苏伟琳．社会交换理论视域下的新生代员工激励管理研究［J］．现代管理科学，2017（5）：8-10．

［210］刘大正，吕春梅．内容·用户·链接：媒体融合的区域样本——以《齐鲁晚报·今日运河》为例［J］．中国出版，2020（11）：42-46．

［211］刘继，李磊．基于微博用户转发行为的舆情信息传播模式分析［J］．情报杂志，2013，32（7）：63+74-77．

［212］刘建新，李东进，李研．新产品脱销对消费者加价支付意愿的影响——基于心理所有权与相对剥夺感双中介模型管理评论［J］．管理评论，2020，32（2）：184-196．

［213］刘立华，王炳成．"创而不业"为哪般？象征性创业形成机理研究——基于扎根理论的分析［J］．科技进步与对策，2022，39（24）：10-18．

［214］刘林，梅强，吴金南，等．个体与情境因素如何促成员工低频安全违规行为？——基于个体-情境互动理论的组态分析［J］．系统管理学报，2023：1-17．

［215］刘卫梅，林德荣．基于信任的旅游目的地口碑推荐机制研究［J］．旅游学刊，2018，33（10）：63-74．

［216］刘向东，何明钦，刘雨诗．数字化零售能否提升匹配效率？——基于交易需求异质性的实证研究［J］．南开管理评论，2022：20-27．

［217］刘毅，夏怡璇，曾佳欣．基于 AARRR 模型的图书直播营销用户运营策略研究［J］．出版发行研究，2021（6）：44-53．

［218］楼芸，丁剑潮．价值共创的理论演进和领域：文献综述与展望［J］．商业经济研究，2020（8）：147-150．

［219］罗莹，李佳润，王子通．中国互联网公益平台的创新发展研究［J］．中国青年研究，2015（7）：20-24．

［220］马鸿佳，王亚婧，苏中锋．数字化转型背景下中小制造企业如何编排资源利用数字机会？——基于资源编排理论的 fsQCA 研究［J］．南开管理评论，2023：2-22．

［221］马英红，刘志远，王文倩．基于连接行为驱动的合作网络模型与实证分析［J］．管理科学学报，2018，21（8）：83-97．

［222］潘海利，黄敏学．用户三元情感关系的形成与差异化影响：满意、依

恋、认同对用户行为的交互补充作用［J］. 南开管理评论，2017，20（4）：16-26，72.

［223］潘京华. 知识付费平台的用户增长策略及其对图书馆工作的启示——以喜马拉雅FM为例［J］. 图书情报导刊，2019，4（10）：31-36.

［224］彭兰. 人—人连接的升级及隐忧［J］. 新闻记者，2018（1）：9-11.

［225］彭晓东，申光龙. 虚拟社区感对顾客参与价值共创的影响研究——基于虚拟品牌社区的实证研究［J］. 管理评论，2016，28（11）：106-115.

［226］彭宇泓，韩欢，郝辽钢，等. 直播营销中关系纽带、顾客承诺对消费者在线购买意愿的影响研究［J］. 管理学报，2021，18（11）：1686-1694.

［227］钱玲，杜兰英，侯俊东. 微公益特征因素解析及对个人公益参与行为的影响［J］. 管理科学，2019，32（3）：120-134.

［228］乔秀宏. 大学生对突发公共事件的微博转发动机研究［J］. 东南传播，2018（6）：118-120.

［229］谯金苗，漆亚林. 用户连接：传播生态位价值提升的行动路向［J］. 现代视听，2019（7）：10-14.

［230］秦敏，李若男. 在线用户社区用户贡献行为形成机制研究：在线社会支持和自我决定理论视角［J］. 管理评论，2020，32（9）：168-181.

［231］邱娟，江黛苔，段亚杰，等. 大学生网络捐助的影响因素：求助者特征的视角［J］. 心理发展与教育，2020，36（5）：569-575.

［232］宋锡妍，程亚华，谢周秀甜，等. 愤怒情绪对延迟折扣的影响：确定感和控制感的中介作用［J］. 心理学报，2021，53（5）：456-468.

［233］孙建军，顾东晓. 动机视角下社交媒体网络用户链接行为的实证分析［J］. 图书情报工作，2014，58（4）：71-78.

［234］孙凯. 移动互联网环境下品牌信息内容呈现对消费者参与的影响研究［D］. 吉林大学，2016.

［235］万怀宇，林友芳，黄厚宽. 社会网络中的链接稳定性预测问题研究［J］. 北京交通大学学报（自然科学版），2009，33（5）：99-103.

［236］万君，吴迪，赵宏霞. 网络搜索用户对竞价广告的点击意愿研究［J］. 现代情报，2014，34（12）：7-11.

［237］汪惠怡，蔡雯. 连接媒体与用户：主流媒体平台扩大影响力的行动策略与难点——基于对三个央媒平台账号体系的考察［J］. 编辑之友，2023（6）：

78-84.

[238] 汪旭晖，聂可昱，陈荣．"解释行为"还是"解释反应"？怎样的在线评论更有用——基于解释类型的在线评论对消费者购买决策的影响及边界条件 [J]．南开管理评论，2017，20（4）：27-37.

[239] 王天夫．数字时代的社会变迁与社会研究 [J]．中国社会科学，2021（12）：73-88，200-201.

[240] 王伟，高宁，徐玉婷，等．基于 LDA 的众筹项目在线评论主题动态演化分析 [J]．数据分析与知识发现，2021，5（10）：103-123.

[241] 王文韬，钱鹏博，丁雨辰，等．个性化内容推荐关闭对移动社交媒体持续使用意愿的影响 [J]．图书情报工作，2023，67（11）：88-100.

[242] 王潇，李文忠，杜建刚．情绪感染理论研究述评 [J]．心理科学进展，2010，18（8）：1236-1245.

[243] 王新新，潘洪涛．社会网络环境下的体验价值共创：消费体验研究最新动态 [J]．外国经济与管理，2011（5）：17-24.

[244] 王正沛，李国鑫．奖励众筹用户的项目分享意愿研究 [J]．软科学，2019，33（3）：92-95，100.

[245] 王正位，王新程．信任与捐赠：社会网络在捐赠型众筹中的认证作用 [J]．管理世界，2021，37（3）：4-7+34-50.

[246] 魏守波，程岩．虚拟氛围对在线消费者冲动购买意向影响的实证研究 [J]．系统管理学报，2012，21（4）：531-539.

[247] 吴风，谭馨语．社交动机自我呈现：弱关系主导下社群意见表达策略的实证研究 [J]．现代传播，2021（6）：157-162.

[248] 武文珍，陈启杰．基于共创价值视角的顾客参与行为对其满意和行为意向的影响 [J]．管理评论，2017，29（9）：167-180.

[249] 习近平．科学统筹突出重点对准焦距，让人民对改革有更多获得感 [N]．人民日报，2015-02-28.

[250] 肖凤秋，郑志伟，陈英和．共情对亲社会行为的影响及神经基础 [J]．心理发展与教育，2014，30（2）：208-215.

[251] 谢倩．互联网公益传播效果及策略研究——以 99 公益日为例 [J]．东南传播，2020（3）：105-108.

[252] 谢新洲，黄杨．组织化连接：用户生产内容的机理研究 [J]．新闻与

写作 2020（6）：74-83.

[253] 辛本禄，穆思宇. 组态视角下企业服务创新绩效的影响因素研究——基于 fsQCA 的实证分析 [J]. 科学学与科学技术管理，2023，44（3）：169-184.

[254] 熊烨. 我国地方政策转移中的政策"再建构"研究——基于江苏省一个地级市河长制转移的扎根理论分析 [J]. 公共管理学报，2019，16（3）：131-144+175.

[255] 胥琳佳，屈启兴. 突发公共卫生事件中社交媒体内容与社会网络结构对转发行为的影响 [J]. 现代传播：中国传媒大学学报，2018，40（11）：155-160.

[256] 徐戈，袁韵，贾建民. 新冠疫情下"就地过年"幸福感的调查研究 [J]. 南开管理评论，2021，24（2）：204-213.

[257] 徐虹，杨红艳. 社会排斥对消费者拟人化品牌选择倾向的双路径影响机制研究 [J]. 南开管理评论，2022，25（2）：214-226.

[258] 徐家良. 互联网公益：一个值得大力发展的新平台 [J]. 理论探索，2018（2）：18-23，38.

[259] 杨付，刘军，王婷，等. 中国组织情境下员工职业发展过程中"边界困境"产生机理：工作不安全感的视角 [J]. 南开管理评论，2019，22（6）：176-187.

[260] 杨慧，王舒婷. 品牌拟人形象性别一致性和品牌态度关系研究：品牌热情与能力类型的调节作用 [J]. 商业经济与管理，2020（2）：56-68.

[261] 杨敏. 微信朋友圈慈善众筹信息分享行为影响因素探究——以水滴筹为例 [J]. 图书情报导刊，2018，3（10）：59-64.

[262] 杨学成，陶晓波. 从实体价值链、价值矩阵到柔性价值网——以小米公司的社会化价值共创为例 [J]. 管理评论，2015，27（7）：232-240.

[263] 杨学成，涂科. 出行共享中的用户价值共创机理——基于优步的案例研究 [J]. 管理世界，2017（8）：154-169.

[264] 杨正馨，李杨，王丽. 图片类型对微公益传播效果的影响 [J]. 宁波大学学报（教育科学版），2016，38（3）：37-40.

[265] 于贞朋，曾慧，郝辽钢. 参与氛围对顾客在线参与意愿影响的实证研究——基于社会交换理论视角 [J]. 管理工程学报，2022，36（5）：49-61.

[266] 虞佳玲，王瑞，袁勤俭. 社会认同理论及其在信息系统研究中的应用

与展望［J］.现代情报，2020，40（10）：159-167.

［267］喻国明，马慧.互联网时代的新权力范式："关系赋权"——"连接一切"场景下的社会关系的重组与权力格局的变迁［J］.国际新闻界，2016，38（10）：6-27.

［268］袁永娜，宋婷，吴水龙，等.绿色广告诉求对购买意向影响的实证研究——基于绿色购买情感的中介效应和自我建构的调节效应［J］.预测，2020，39（1）：81-88.

［269］张皓，肖邦明.社会化商务社区关系涌现与维持机制研究——基于动态视角的网络闭包理论［J］.南开管理评论，2020，23（3）：39-50.

［270］张坤.微信朋友圈用户健康信息转发行为形成机理与概念模型的扎根研究［J］.图书馆杂志，2020，39（6）：103-110.

［271］张敏，马臻，聂瑞，等.基于二阶信息生态链的用户社交健康信息分享意愿的形成机理分析［J］.现代情报，2019，39（2）：96-106.

［272］张茗，朱文琪.微信使用中的情绪感染：关系紧密度的作用［J］.中国健康心理学杂志，2020（4）：548-552.

［273］张嵩，汤亚男，陈昊.互联网慈善信息转发行为研究——基于说服传播理论的双重态度模型［J］.图书情报工作，2021，65（14）：109-118.

［274］张泰瑞，陈渝.基于 LDA 模型因素提取的健康信息用户转移行为研究［J］.图书情报工作，2019，63（21）：66-77.

［275］张星，吴忧，夏火松.在线健康谣言的传播意愿研究——谣言来源，类型和传播对象的作用［J］.南开管理评论，2020，23（1）：200-212.

［276］张振伟."被需值"：新时期价值观的新指向和新视角［J］.太原城市职业技术学院学报，2017（8）：51-52.

［277］赵海霞，李一鸣.大学生微信朋友圈转发行为与动机对内容提供商的启示［J］.图书馆学研究，2018（17）：41-47.

［278］朱良杰，何佳讯，黄海洋.数字世界的价值共创：构念、主题与研究展望［J］.经济管理，2017（1）：195-218.

# 附　录

## 附录1　网络公益平台用户连接
## 行为调查的过滤式问卷

尊敬的先生/女士：

您好！非常感谢您参加本次调研，本问卷意在了解您使用网络公益平台的情况，所得的资料仅用于学术研究，您的个人信息绝对保密！请您仔细阅读相关概念并理解后再作答。非常感谢您的配合，祝您生活愉快！

中国地质大学经济管理学院

在答题前，请先仔细阅读以下说明！

> 网络公益平台的定义：是指由各慈善基金会、公益组织、企业通过互联网设立的 PC 端网站/网页、移动客户端的 APP 应用软件以及小程序等数字服务虚拟空间，如腾讯公益、支付宝公益、微公益、轻松筹、水滴筹等。

个人基本信息（请在相应的"□"中打√）

Q1. 您的性别：□男　□女

Q2. 您的年龄：□<20 岁　　　□20~29 岁　　　□30~39 岁

　　　　　　　□40~49 岁　　　□50~59 岁　　　□60 岁及以上

Q3. 您的受教育程度：□高中及以下　　　□专科　　　□本科

　　　　　　　　　　□硕士研究所　　　□博士研究生

Q4. 您的职业：□学生　　　　□教师　　　　□科研人员　　□公务员
　　　　　　　□企业人员　　□事业单位人员　□其他

Q5. 您的月平均收入：□<3000 元　　　　　□3000~5999 元
　　　　　　　　　　□6000~9000 元　　　□>9000 元

网络公益平台使用情况（请在相应的"□"中打√）

Q6. 您是否访问/浏览/登录/点击/关注过网络公益平台：□是　　　□否

Q7. 若 Q6 的答案为是，那么您访问/浏览/登录/点击/关注过网络公益平台
有（多选）：

□腾讯公益　　□支付宝公益（如捐步、种树等）　　□微公益　□轻松筹

□水滴筹　　　□百度公益　　　□字节跳动公益　　　□阿里巴巴公益

□京东公益　　□新华公益　　　□公益宝　　　□联劝网

□广益联募　　□美团公益　　　□滴滴公益　　□中银公益　　　□融 e 购公益

□苏宁公益　　□帮帮公益　　　□易宝公益　　□小米公益　　　□bilibili 公益

□平安公益　　□亲青公益　　　□360 公益　　□中国移动公益　□芒果公益

□慈链公益　　□携程公益

Q8. 您是否通过网络公益平台访问/点击/关注过公益项目：□是　　　□否

Q9. 您是否分享过网络公益平台上的项目：□是　　　□否

Q10. 您是否点击过他人转发的公益项目链接：□是　　　□否

问卷到此结束，再次感谢您的支持！

如果您对本研究感兴趣或愿意参与后续调查，请提供您的联系方式：

姓名：＿＿＿＿＿＿电话号码：＿＿＿＿＿＿

# 附录 2　网络公益平台用户连接行为研究的访谈提纲

概念说明：

网络公益平台的定义：问卷调查中涉及的网络公益平台是指由各慈善基金

会、公益组织、企业通过互联网设立的 PC 端网站/网页、移动客户端的 APP 应用软件（如公益中国）以及小程序等数字服务虚拟空间，如腾讯公益、支付宝公益、微公益、轻松筹、水滴筹等。

　　用户连接行为：是用户使用行为的一种，包括用户浏览、关注、访问、点击等操作以及用户的决策过程；具有动态性，伴随着关系或联系的建立。

　　受访者个人信息：

　　Q1. 性别：□男　□女

年龄：_____岁　　职业：_____

　　Q2. 教育程度：□高中及以下　　　□专科　　　□本科
　　　　　　　　　□硕士研究生　　　□博士研究生

　　Q3. 月平均收入：□<3000 元　　　　　□3000~5999 元
　　　　　　　　　　□6000~9000 元　　　□>9000 元

　　Q4. 性格特征（□外向　□内向）

　　Q5. 认知风格（是否容易受外界的影响？是否关注他人的感受和评价？是否喜欢独立思考？）

　　Q6. 公益意识（是否愿意帮助他人？）

　　网络公益平台情境下受访者的连接行为：

　　Q7. 您访问/浏览/登录/点击/关注过哪些网络公益平台？最常用的是哪个？

　　Q8. 您在什么情况下会访问/浏览/登录/点击/关注网络公益平台？哪些因素促使您访问/浏览/登录/点击/关注网络公益平台？（请描述您访问/浏览/登录/点击/关注网络公益平台的情境和目标：如上网时被偶遇的公益广告触动、被"99 公益日"的公益氛围感染、亲朋好友推荐的等）

　　Q9. 您连接网络公益平台后还会有哪些行动呢？（如浏览公益项目、点击公益项目以了解详情、捐款、转发等）

　　Q10. 您如何从浏览的众多公益项目选择要点击的目标项目？

　　Q11. 了解了某一公益项目的详细状况后，您接着会怎么做呢？（退出、捐款，还是转发该项目？）为什么这么做呢？

　　Q12. 您如何对待他人（如亲友同事等）转发给您的公益项目链接？是否会点击？为什么会点击/不点击呢？

Q13. 请回忆您印象最为深刻的一次网络公益项目连接经历，尽量详细地描述连接的情境（时间、过程、动机、目标等），从如何产生连接意愿到与项目创建连接关系的具体过程，以及在整个过程中自身的体验、感知、情绪、情感变化等心理活动。

Q14. 关于网络公益平台情境下的连接行为，您有其他补充的话题或内容吗？

# 附录3　吸引注意阶段网络公益平台用户连接行为的影响因素调查

尊敬的先生/女士：

您好！感谢您能参与本次问卷调查。我们正在做一项关于网络公益平台用户连接行为的科学研究，希望了解您作为公益项目潜在支持者的真实想法。调查结果仅供本研究所用，绝不挪作他用，对于您的个人资料及回答，我们将严格保密，谢谢您的大力支持！

中国地质大学经济管理学院

在答题前，请先仔细阅读以下说明！

> 网络公益平台的定义：是指由各慈善基金会、公益组织、企业（如蚂蚁科技集团股份有限公司）通过互联网设立的 PC 端网站/网页、移动客户端的 APP 应用软件（如公益中国）以及小程序（如腾讯公益、轻松筹）等数字服务虚拟空间。
>
> 连接意愿及行为的定义：是指个体通过访问、点击、关注、登录、浏览等方式与网络公益平台、网络公益项目及其他用户建立联系的意向、倾向或付诸实际的行动。

一、个人基本信息

Q1. 您的性别：□男　□女

Q2. 您的年龄段是：□18 岁及以下　　□19～30 岁　　□31～40 岁
　　　　　　　　　□41～50 岁　　　□51 岁及以上

Q3. 您的学历：□初中及以下　　　□高中　　　　　□大专/本科
　　　　　　　　□硕士研究生　　　□博士研究生

Q4. 您每月的收入是：

□1000 元以下　　□1001～2000 元　　□2001～3000 元　　□3001～4000 元

□4001～5000 元　　□5001～6000 元　　□6001～7000 元　　□7001～8000 元

□8001～9000 元　　□9001～10000 元　　□10000 元及以上

Q5. 以下网络公益平台，您熟悉的有（可多选）：

□腾讯公益　　□支付宝公益（如捐步、种树等）　　□微公益　　□轻松筹

□水滴筹　　　□百度公益　　　□字节跳动公益　　　□阿里巴巴公益

Q6. 您是否访问/浏览/登录/点击/关注过网络公益平台：□是　　　　□否

二、请您根据自己的第一反应，针对您第 5 题选择的平台，选择下列现状描述的认可程度，并在适当位置打√。

| 序号 | 题项 | 非常不同意 | 比较不同意 | 有点不同意 | 中立 | 有点同意 | 比较同意 | 非常同意 |
|---|---|---|---|---|---|---|---|---|
| 1 | 我身边有不少人参与公益 | 1 | 2 | 3 | 4 | 5 | 6 | 7 |
| 2 | 我身边有不少人谈论公益活动 | 1 | 2 | 3 | 4 | 5 | 6 | 7 |
| 3 | 我身边的人对公益组织或公益项目的评价很好 | 1 | 2 | 3 | 4 | 5 | 6 | 7 |
| 4 | 亲朋好友会向我推荐网络公益平台 | 1 | 2 | 3 | 4 | 5 | 6 | 7 |
| 5 | 亲朋好友会跟我分享或交流关于网络公益平台的信息 | 1 | 2 | 3 | 4 | 5 | 6 | 7 |
| 6 | 亲朋好友会向我展示网络公益平台 | 1 | 2 | 3 | 4 | 5 | 6 | 7 |
| 7 | 在社交媒体、网页上能搜到网络公益平台的相关信息 | 1 | 2 | 3 | 4 | 5 | 6 | 7 |
| 8 | 上网或玩手机时能收到关于网络公益平台的推送信息 | 1 | 2 | 3 | 4 | 5 | 6 | 7 |
| 9 | 上网或玩手机时能收到关于公益项目的推送信息 | 1 | 2 | 3 | 4 | 5 | 6 | 7 |
| 10 | 连接网络公益平台有助于我接触更多的公益项目 | 1 | 2 | 3 | 4 | 5 | 6 | 7 |
| 11 | 连接网络公益平台能让我方便、快捷地参与公益 | 1 | 2 | 3 | 4 | 5 | 6 | 7 |
| 12 | 连接网络公益平台有助于我与求助者、其他捐助者进行互动 | 1 | 2 | 3 | 4 | 5 | 6 | 7 |
| 13 | 在线公益平台的有关信息（如爱心加餐项目中孩子们的纯真笑容）能让我感到高兴 | 1 | 2 | 3 | 4 | 5 | 6 | 7 |
| 14 | 网络公益平台的有关信息（如环境保护，守护绿水青山）能让我感觉到希望 | 1 | 2 | 3 | 4 | 5 | 6 | 7 |

| 序号 | 题项 | 非常不同意 | 比较不同意 | 有点不同意 | 中立 | 有点同意 | 比较同意 | 非常同意 |
|------|------|-----------|-----------|-----------|------|---------|---------|---------|
| 15 | 我会选择合适的方式与网络公益平台建立连接，比如关注、登录等 | 1 | 2 | 3 | 4 | 5 | 6 | 7 |
| 16 | 我会经常浏览/访问/点击已关注过的网络公益平台 | 1 | 2 | 3 | 4 | 5 | 6 | 7 |
| 17 | 我未来会通过合适的方式连接网络公益平台 | 1 | 2 | 3 | 4 | 5 | 6 | 7 |

如果您对本研究感兴趣或愿意参与后续调查，请提供您的联系方式：

本次调查到此结束，再次感谢您的帮助与参与！

姓名：＿＿＿＿＿＿＿＿　　电话号码：＿＿＿＿＿＿＿＿

# 附录4　引起兴趣阶段网络公益平台用户连接行为的影响因素调查

尊敬的先生/女士：

您好！感谢您能参与本次问卷调查。我们正在做一项关于网络公益平台用户连接行为的科学研究，希望了解您作为公益项目潜在支持者的真实想法。调查结果仅供本研究所用，绝不挪作他用，对于您的个人资料及回答，我们将严格保密，谢谢您的大力支持！

中国地质大学经济管理学院

在答题前，请先仔细阅读以下说明！

> 网络公益平台的定义：是指由各慈善基金会、公益组织、企业（如蚂蚁科技集团股份有限公司）通过互联网设立的 PC 端网站/网页、移动客户端的 APP 应用软件（如公益中国）以及小程序（如腾讯公益、轻松筹）等数字服务虚拟空间。
>
> 连接意愿及行为的定义：是指个体通过访问、点击、关注、登录、浏览等方式与网络公益平台、网络公益项目及其他用户建立联系的意向、倾向或付诸实际的行动。

一、个人基本信息

Q1. 您的性别：□男　　□女

Q2. 您的年龄段是：□18 岁及以下　　□19~30 岁　　　　□31~40 岁
　　　　　　　　　□41~50 岁　　　□51 岁及以上

Q3. 您的学历：□初中及以下　　　□高中　　　　　□大专/本科
　　　　　　　□硕士研究生　　　□博士研究生

Q4. 您每月的收入是：

□1000 元以下　　□1001~2000 元　　□2001~3000 元　□3001~4000 元

□4001~5000 元　□5001~6000 元　　□6001~7000 元　□7001~8000 元

□8001~9000 元　□9001~10000 元　□10000 元及以上

Q5. 以下网络公益平台，您熟悉的有（可多选）：

□腾讯公益　　　□支付宝公益（如捐步、种树等）　　□微公益　　□轻松筹

□水滴筹　　　　□百度公益　　　□字节跳动公益　　　□阿里巴巴公益

Q6. 您是否访问/浏览/登录/点击/关注过网络公益平台：□是　　　□否

二、请您根据自己的第一反应，针对您第 5 题选择的平台，选择下列现状描述的认可程度，并在适当位置打√。

| 序号 | 题项 | 非常不同意 | 比较不同意 | 有点不同意 | 中立 | 有点同意 | 比较同意 | 非常同意 |
|---|---|---|---|---|---|---|---|---|
| 1 | 网络公益平台呈现的项目相关图片容易吸引我的关注 | 1 | 2 | 3 | 4 | 5 | 6 | 7 |
| 2 | 信息呈现设计合乎情境的公益项目更能引起我的注意 | 1 | 2 | 3 | 4 | 5 | 6 | 7 |
| 3 | 呈现信息在视觉上布局清晰合理的公益项目更能吸引我的注意 | 1 | 2 | 3 | 4 | 5 | 6 | 7 |
| 4 | 支持者多的公益项目更容易实现其筹款目标 | 1 | 2 | 3 | 4 | 5 | 6 | 7 |
| 5 | 已筹到金额大的公益项目更容易实现其筹款目标 | 1 | 2 | 3 | 4 | 5 | 6 | 7 |
| 6 | 筹款目标小的公益项目更容易成功 | 1 | 2 | 3 | 4 | 5 | 6 | 7 |
| 7 | 与我有相似经历的受益人会让我感同身受 | 1 | 2 | 3 | 4 | 5 | 6 | 7 |
| 8 | 受益人的乐观积极情绪会让我更愿意对其施以援助 | 1 | 2 | 3 | 4 | 5 | 6 | 7 |
| 9 | 受益人是孩子、女性、农民等弱势群体的项目会更让我关注 | 1 | 2 | 3 | 4 | 5 | 6 | 7 |
| 10 | 网络公益平台呈现的公益项目信息让我相信受益人的困境 | 1 | 2 | 3 | 4 | 5 | 6 | 7 |

| 序号 | 题项 | 非常不同意 | 比较不同意 | 有点不同意 | 中立 | 有点同意 | 比较同意 | 非常同意 |
|---|---|---|---|---|---|---|---|---|
| 11 | 网络公益平台呈现的公益项目信息让我认可受益人的诉求 | 1 | 2 | 3 | 4 | 5 | 6 | 7 |
| 12 | 网络公益平台呈现的公益项目信息能让我认可项目的价值 | 1 | 2 | 3 | 4 | 5 | 6 | 7 |
| 13 | 网络公益平台呈现的公益项目信息能让我真切地体会受益人的艰难处境 | 1 | 2 | 3 | 4 | 5 | 6 | 7 |
| 14 | 网络公益平台呈现的公益项目信息能让我懂得受益人的内心感受 | 1 | 2 | 3 | 4 | 5 | 6 | 7 |
| 15 | 网络公益平台呈现的公益项目信息能让我同情受益人的遭遇 | 1 | 2 | 3 | 4 | 5 | 6 | 7 |
| 16 | 我愿意访问/浏览/点击网络公益平台的公益项目 | 1 | 2 | 3 | 4 | 5 | 6 | 7 |
| 17 | 我愿意经常访问/浏览/点击我已关注过的公益项目 | 1 | 2 | 3 | 4 | 5 | 6 | 7 |
| 18 | 我未来会选择合适的公益项目，与之建立连接关系 | 1 | 2 | 3 | 4 | 5 | 6 | 7 |

本次调查到此结束，再次感谢您的帮助与参与！

# 附录5　自我建构的启动材料（"网球场景法"）

启动独立自我建构的激活材料：

我正在打一场网球晋级赛。下午 4 点 15 分，太阳照射着我，数着球拍上的网线，我弹了几下球。此刻，我就是世界的中心。我暗暗想道："这是我的战斗，是我的机会。不论输赢，我都将向自己证明我的价值。"

启动依存自我建构的激活材料：

我们团队正在打一场网球晋级赛，我代表我们团队参加决赛。下午 4 点 15 分，太阳照射着我，数着球拍上的网线，我弹了几下球。此刻，我的教练和队友都盯着我。我暗暗想道："这是我们的战斗，是我们的机会。不论输赢，我都将向我的团队证明我的价值。"

# 附录6 自我建构的调查问卷

尊敬的先生/女士：

您好！感谢您能参与本次问卷调查。我们正在做一项关于网络公益平台用户连接行为的科学研究，希望了解您作为公益项目潜在支持者的真实想法。调查结果仅供本研究所用，绝不挪作他用，对于您的个人资料及回答，我们将严格保密，谢谢您的大力支持！

中国地质大学经济管理学院

请您根据自己的第一反应，选择下列现状描述的认可程度，并在适当位置打√。

| 序号 | 题项 | 非常不同意 | 比较不同意 | 有点不同意 | 中立 | 有点同意 | 比较同意 | 非常同意 |
|---|---|---|---|---|---|---|---|---|
| 1 | 此时此刻，同伴们的幸福对我来说很重要 | 1 | 2 | 3 | 4 | 5 | 6 | 7 |
| 2 | 此时此刻，保持团队内部的和谐是很重要的 | 1 | 2 | 3 | 4 | 5 | 6 | 7 |
| 3 | 此时此刻，我的幸福在很大程度上取决于我周围人的幸福 | 1 | 2 | 3 | 4 | 5 | 6 | 7 |
| 4 | 此时此刻，如果我的家人不同意，我会牺牲我非常喜欢的一项活动 | 1 | 2 | 3 | 4 | 5 | 6 | 7 |
| 5 | 此时此刻，即使我非常不同意小组成员的意见，我也会避免争论 | 1 | 2 | 3 | 4 | 5 | 6 | 7 |
| 6 | 此时此刻，如果他们需要我，我会留在团队中，即使我对团队不满意 | 1 | 2 | 3 | 4 | 5 | 6 | 7 |
| 7 | 此时此刻，对我来说，尊重团队的决定是很重要的 | 1 | 2 | 3 | 4 | 5 | 6 | 7 |
| 8 | 此时此刻，我独立于他人的个人身份对我来说非常重要 | 1 | 2 | 3 | 4 | 5 | 6 | 7 |
| 9 | 此时此刻，我喜欢与众不同，喜欢在很多方面与众不同 | 1 | 2 | 3 | 4 | 5 | 6 | 7 |
| 10 | 此时此刻，我是一个独一无二的人 | 1 | 2 | 3 | 4 | 5 | 6 | 7 |

| 序号 | 题项 | 非常<br>不同意 | 比较<br>不同意 | 有点<br>不同意 | 中立 | 有点<br>同意 | 比较<br>同意 | 非常<br>同意 |
|---|---|---|---|---|---|---|---|---|
| 11 | 此时此刻，我宁愿直接对别人说"不"，也不愿冒被误解的风险 | 1 | 2 | 3 | 4 | 5 | 6 | 7 |
| 12 | 此时此刻，我喜欢在与人竞争的环境中工作 | 1 | 2 | 3 | 4 | 5 | 6 | 7 |
| 13 | 此时此刻，竞争是自然法则 | 1 | 2 | 3 | 4 | 5 | 6 | 7 |
| 14 | 此时此刻，如果我和别人讨论时，我喜欢直截了当 | 1 | 2 | 3 | 4 | 5 | 6 | 7 |